江苏大学五棵松文化丛书

本书由江苏大学专著出版基金资助出版
本书为国家社会科学基金青年项目（项目号：11CJL052）研究成果

资源与环境双重约束下
我国经济发展方式转变的实证研究

陈海波　刘　洁　著

江苏大学出版社
JIANGSU UNIVERSITY PRESS
镇江

图书在版编目(CIP)数据

资源与环境双重约束下我国经济发展方式转变的实证研究/陈海波,刘洁著. —镇江:江苏大学出版社,2016.10
ISBN 978-7-5684-0341-2

Ⅰ.①资… Ⅱ.①陈… ②刘… Ⅲ.①中国经济—经济发展—研究 Ⅳ.①F124

中国版本图书馆 CIP 数据核字(2016)第 266731 号

资源与环境双重约束下我国经济发展方式转变的实证研究
Ziyuan yu Huanjing Shuangchong Yueshu xia Woguo Jingji Fazhan
Fangshi Zhuanbian de Shizheng Yanjiu

著　者/	陈海波　刘　洁
责任编辑/	柳　艳
出版发行/	江苏大学出版社
地　址/	江苏省镇江市梦溪园巷 30 号(邮编:212003)
电　话/	0511-84446464(传真)
网　址/	http://press.ujs.edu.cn
排　版/	镇江文苑制版印刷有限责任公司
印　刷/	江苏凤凰数码印务有限公司
开　本/	890 mm×1 240 mm　1/32
印　张/	9.875
字　数/	275 千字
版　次/	2016 年 10 月第 1 版　2016 年 10 月第 1 次印刷
书　号/	ISBN 978-7-5684-0341-2
定　价/	48.00 元

如有印装质量问题请与本社营销部联系(电话:0511-84440882)

前　言

　　经济发展方式是经济增长方式的深化与扩展,其表述首次见之于党的十七大报告并被提到重中之重的地位。2007 年 10 月 15 日,胡锦涛同志在党的十七大报告中首次提出"加快转变经济发展方式",强调"实现未来经济发展目标,关键要在加快转变经济发展方式、完善社会主义市场经济体制方面取得重大进展";"加快转变经济发展方式,推进产业结构优化升级。这是关系国民经济全局紧迫而重大的战略任务"。党的十八大报告进一步提出把"转变经济发展方式"作为经济发展的主线,必须以改善需求结构、优化产业结构、促进区域协调发展、推进城镇化为重点,着力解决制约经济持续健康发展的重大结构性问题。习近平总书记提出中国经济新常态,并指出新常态将给中国带来新的发展机遇,主要特点是经济增长从高速增长转为中高速增长,经济结构不断优化升级,增长动力从要素驱动、投资驱动转向创新驱动。多年来,我国经济一直处于高速增长之中,但总体上看仍属于典型的高投入、低产出、高消耗、低效益的粗放型经济增长模式。2008 年国际金融危机的爆发,使我国传统经济发展方式的弊端暴露无遗。外需受到了前所未有的阻碍,提高内需势在必行。然而近年来全球气候变暖和日益严峻的资源环境问题,又对中国经济发展方式的转变带来了双重约束。中国经济要想迅速崛起和赶超世界发达国家,就必须在资源与环境的双重约束下,及时调整和优化经济结构、加快转变经济发展方式。

　　本书全面梳理了资源、环境与我国经济发展方式转变的基本内涵,从我国经济发展转变进程的现状及问题入手,对我国经济发展转变进行评价与分析,揭示影响经济发展方式转变的关键因素,并对经济发展方式转变中的需求结构、产业结构及要素投入结构进行剖析,构建基于资源与环境双重约束下的我国经济发展方式转变的系统动态仿真模型,最后提出我国经济发展方式转变的战略及对策建议。

本书着重对我国经济发展方式转变进行实证分析。首先,本书运用层次分析法对 2000—2013 年我国经济发展方式转变进行了系统评价与分析,同时运用因子分析和聚类分析对我国省域经济发展方式转变状况展开评价与分析。其次,选择主成分回归的方法对影响我国经济发展方式转变的关键因素进行比较甄别,并利用我国区域经济发展方式转变评价的结果,选择判别分析法筛选影响经济发展方式转变的关键因素,再次验证影响转变的关键因素。第三,在对我国经济发展方式转变的核心展开研究时,采用联立方程模型对需求结构转变中消费、投资、净出口与资源消耗、环境污染和经济增长的关系展开分析,运用 VAR 模型的脉冲响应函数确定产业结构与就业结构对经济增长冲击的时间轨迹,建立人均地区生产总值(PCGDP)对研究发展内部支出(R&D)的对数线性回归模型,考察创新要素投入与经济发展之间的关联性。第四,构建由资源环境、科技发展、社会发展和产业结构四大子系统构成的我国经济发展方式转变的系统动力学模型,借助 Vensim PLE 软件对资源与环境双重约束下的经济发展方式转变进行系统动态仿真,通过控制关键变量对未来经济发展方式转变进程和结果进行模拟和预测。

资源与环境双重约束下我国经济发展方式转变的实证研究得出的主要结论是:

第一,在我国资源现状方面,水资源仍然缺乏,区域间水资源不平衡;人口将继续增长,而耕地后备资源却又十分有限;水土流失、土地沙漠化、土壤污染的总体形势相当严峻,已对生态环境、食品安全和农业可持续发展构成威胁;能源结构进一步优化,但能源紧缺的现象仍未有效解决。在环境现状方面，全国地表水国控断面总体为轻度污染，湖泊（水库）富营养化问题仍突出，水质变差的比例大于水质转好的比例，形势依然严峻；全国城市环境空气质量总体稳定，酸雨污染情况出现好转，但是污染程度依然较重；工业固体废物排放量逐年下降，综合利用取得明显成效，循环经济发展呈现良好势头。

而我国经济发展总体情况则呈现出高增长、高增加、低投入、低消耗、低排放的良好趋势。产业结构逐步得到优化，节能工作取得了较满意的成效，环境保护呈现良好的发展态势，自主创新取得丰硕成果。但经济发展中仍面临许多问题，如产业结构失衡、需求结构失衡、城乡结构失衡、收入分配结构失衡及就业问题等仍不同程度地显现，阻碍着经济发展方式的转变。

第二，构建了由经济发展、社会发展、科技发展和资源与环境支持4个一级指标、9个二级指标和34个三级指标组成的我国经济发展方式转变评价指标体系。采用层次分析法对2000—2013年我国经济发展方式转变进行实证研究，结果表明我国经济发展方式转变综合评价值总体保持增长，在2003年出现小幅下降后以平稳的速度逐年增长，其中经济发展指标由于金融危机的冲击而在2008年和2009年下降，而且资源与环境问题受到重视，节约资源、保护环境使得经济发展的压力增大。社会发展和科技发展指标也出现不同程度下滑，但整体的上升趋势明显。虽然面临严峻的资源不足、环境污染等问题，资源与环境支持力度并没有减弱，这主要受到新能源开发、资源利用率提升等的影响。经济发展、社会发展、科技发展及资源与环境支持均有所波动，不过没有影响经济发展方式转变取得的成效。因此我国经济发展方式转变需要多方面的支持，有助于经济健康发展。运用因子分析和聚类分析以区域为评价对象，共获得第一主因子——经济活动基础及产出总量因子、第二主因子——科技创新投入强度及产出效率因子、第三主因子——资源利用效率及环境治理绩效因子。结果表明,转变示范型区域,为广东、江苏。转变先进型区域,为北京、上海、山东和浙江。转变平缓型区域,为天津、四川、辽宁、福建、河南、湖北、安徽、湖南、陕西、重庆、江西、河北。转变滞后型区域,为广西、海南、云南、黑龙江、山西、吉林、内蒙古、贵州、甘肃、新疆、宁夏和青海。区域间经济发展方式转变仍存在不平衡性,对于我国整体经济发展方式转变亦有重要的影响。

第三,运用主成分回归及判别分析对影响我国经济发展方式转变的关键因素进行实证研究。主成分回归结果表明:人力资本、科技发展、政府政策、结构调整、能源利用效率、市场化程度及国际化程度在不同程度上影响我国经济发展方式转变。其中,人力资本、科技发展、结构调整和能源利用效率是关键,政府政策、市场化程度及国际化程度是重要支撑。值得注意的是,代表结构调整的第三产业产值、科技发展指标的高技术产业主营业务收入和 R&D 经费支出占 GDP 比重及代表能源利用效率的万元 GDP 电耗、万元 GDP 能耗在判别分析中得以体现,验证了这些指标对中国区域经济发展方式转变的重要影响。此外,判别分析研究结果表明,地区生产总值、第三产业产值、高技术产业主营业务收入是一个地区经济发展实力的体现,全社会 R&D 经费支出占 GDP 比重则反映了各个地区对利用科技创新驱动经济发展的重视程度,万元 GDP 电耗、万元 GDP 能耗则表明了各个地区对资源的利用效率。

第四,我国经济发展方式转变的核心分析中,通过研究需求结构、产业结构和要素投入结构及资源环境约束的分析来深入挖掘经济发展方式的影响因素,为转变经济发展方式寻找路径。在需求结构方面,我国的消费、投资和货物与服务净出口需求在总体规模和需求结构上都发生了很大的变化。我国经济一直处于高速增长之中,但总体上看仍属于典型的高投入、低产出、高消耗、低效益的粗放型经济增长模式。由于我国最终消费对总需求的拉动效果减弱,消费动力持续减小,成为经济发展方式向好转变的阻力之一。投资需求在总需求中的比重在改革开放以后保持稳步上升趋势,货物和服务净出口在总需求中的比重呈现先升后降趋势。在产业结构转变方面,我国产业结构、就业结构和经济增长之间存在长期稳定的协整关系,产业结构高度化、就业结构高度化对经济增长具有显著的影响,但经济增长对产业结构高度化、就业结构高度化的影响不显著。在要素投入结构方面,我国要素投入结构的转变已经从主要依靠增加物质资源消耗向依靠提高劳动者素质和科技进步转变,自主创新的效应已初步显现。尽管如此,我国经济发展仍以消耗资源、粗放经济的传统模式为主,企业技术自主创新的观念和方式仍未能很好地适应市场经济的要求。因此,自主创新道路任重而道远。

第五,建立包括社会发展子系统、科技发展子系统、产业结构子系统和资源环境子系统在内的经济发展方式转变的系统动力学模型,通过四个子系统之间的联系,各个系统相互促进、相互制约,发挥整体功能,从而实现我国经济发展方式的转变。仿真结果表明:我国经济发展方式的转变与经济增长是相互影响的;资源利用和环境优化随着时间的推移呈现不断改善的趋势,但发展不稳定且时有波动,改善的速度较慢,这在一定程度上抑制了经济发展方式的转变;如果加大政府政策激励力度,经济发展方式转变和经济增长会十分显著,如果加强资源环境政策的调控,环境污染和能源利用受到的影响也很大,政策的微小波动引起的变化是放大的。

第六,通过SWOT分析和QSPM分析表明,加快我国经济发展方式转变的战略应该是发展循环经济、节能减排,合理利用和节约资源,加大科技创新力度,促进新能源的开发,坚持扩大内需的方针,实现区域经济协调发展,不断加速我国经济发展方式的转变。因此,资源与环境双重约束下我们经济发展方式转变应着重从以下六个方面着手:重视人才培育,推动科技创新,加快自主创新;推动产业结构优化升级;合理利用自然资源,发展循环经济;推动节能减排,积极开发新能源;保障人民生活,不断扩大内需;发挥地区优势,实现区域经济协调发展。

目　录

第1章 绪 论

1.1 研究的背景和意义

1.1.1 研究背景

转变经济发展方式,是贯彻落实科学发展观,实现国民经济又好又快发展的根本要求。经济发展方式是经济增长方式的深化与扩展,其表述首次见之于党的十七大报告并被提到重中之重的地位。2007年6月25日,胡锦涛同志在中央党校省部级干部进修班上发表的重要讲话中首次提出"转变经济发展方式",指出:"转变经济发展方式,是在探索和把握我国经济发展规律的基础上提出的重要方针,也是从当前我国经济发展的实际出发,提出的重大战略。"以转变经济发展方式代替转变经济增长方式,经济发展方式的提法和内涵发生了第二次历史性转变。同年10月15日,胡锦涛同志在党的十七大报告中首次提出"加快转变经济发展方式",强调"实现未来经济发展目标,关键要在加快转变经济发展方式、完善社会主义市场经济体制方面取得重大进展";"加快转变经济发展方式,推进产业结构优化升级。这是关系国民经济全局紧迫而重大的战略任务"。2010年10月18日,中国共产党第十七届中央委员会第五次全体会议通过的《中共中央关于制定国民经济和社会发展第十二个五年规划的建议》进一步把"加快转变经济发展方式"确定为整个"十二五"时期经济社会发展的主线,并提出了加快转变经济发展方式的基本要求。党的十八届三中全会进一步指出要加快转变经济发展方式,加快建设创新型国家,推动经济更有效率、更加公平、更可持续发展。习近平总书记指出当前中国经济呈现新常态,新常态就是经济增长从高速增长转为中高速增长,经济结构不断优化升级,增长动力从要素驱动、投资驱动转向创新驱动。

从发达国家的经济发展历程来看,从工业革命到20世纪50年代期间,发展着重强调的是经济增长的过程,即经济产值和利润的增长及物质财富的增加。然而其后近30年中,越来越多的人开始认识到,发展应属于一个更为广泛的概念,不仅包括经济的繁荣,还应包括社会状况的改善和政治体制的进步。1972年联合国斯德哥尔摩会议通过《人类环境宣言》之后,人们逐渐认识到,发展是受限制的,而资源环境因素的限制是最关键的,经济与资源环境之间的协调又被纳入发展的视野。到1992年联合国环境与发展大会时,经济社会可持续发展思想开始受到国际社会的普遍重视,并日渐成为各国制定社会和经济发展战略的重要目标和依据。20世纪70年代,迫于资源环境危机和可持续发展考虑,发达国家开始调整经济结构、转变经济发展方式,大力发展资源再生产业,把传统的以"资源—产品—废弃物—污染物排放"单向流动为基本方式和以高耗能、低利用、高污染的"线性经济"发展模式,转变为以"资源—产品—再生资源—产品"和低能耗、低污染、高利用率、高循环率的"循环经济"为特征的发展模式。这一转变对这些国家提高资源的利用率、缓解资源短缺、减轻环境污染压力产生了显著效果,尤其是应运而生的环保产业为这些国家带来了丰厚的利润。发达国家的历史经验表明,经济发展不仅要遵循经济规律,还要遵循自然规律,把经济建设、社会发展同生态环境保护、资源合理开发利用结合起来,切实转变消耗高、资源浪费、污染环境的粗放型经济发展方式[1]。

近年来,我国经济一直处于高速增长之中,但总体上看仍属于典型的高投入、低产出、高消耗、低效益的粗放型经济增长模式。长期以来，我们以廉价的劳动力、土地资源、优良的基础设施及中央和地方政府的优惠政策，吸引各国资本，成为世界的制造工厂。然而发展过程中，一些被发达国家禁止的或者是设置了较高门槛的污染产业陆续转移到中国，使得我国经济呈现出过度工业化的特征。2008 年国际金融危机的爆发，使我国传统经济增长方式的弊端暴露无遗。金融危机对我国经济的冲击表面上是对经济增长速度的冲击，实质上就是对我国经济结构和经济发展方式的冲击。过度依赖出口和投资的经济结构和发展方式，带来的后果是顺差在中国、污染在中国、利润在欧美。从长远看，这种产业结构低度化、增长方式粗放化和国际分工低端化的发展格局是与我国经济发展的根本利益和目标相违背的。

国际金融危机爆发后，以美国为代表的发达国家纷纷进行了政策调整，经济的战略转型使得新一轮贸易保护主义愈演愈烈。这一变化使得我国以投资和出口拉动的经济增长遇到直接挑战，产能过剩，结构性矛盾突出，中国经济亟待调整结构、加快转变经济发展方式。外需受到了前所未有的阻碍，提高内需势在必行，然而全球气候变暖和日益严峻的资源环境问题，又对中国经济发展方式的转变带来了双重约束。十七大报告中首次提出"加快转变经济发展方式"之后，"转变经济增长方式"到"转变经济发展方式"，变"增长"为"发展"，虽然只有一词之差，其本质却发生了根本的转变，从对"量"的追求转向了更加注重"质"的提升。除了经济增长以外，转变经济发展方式通常还包括经济结构的优化升级、资源环境的合理利用开发、城乡区域的平衡发展、收入分配的公平合理等内容，远比转变经济增长方式有着更为广泛、丰富、深远的内涵，不仅包含了内容上的丰富和完整，更体现了发展理念和发展途径的战略性转变。

中国经济要想迅速崛起和赶超世界发达国家，就必须在资源与环境的双重约束下，及时调整和优化经济结构，转变经济发展方式。通过制度建设，强化政策导向，通过产业政策和治理行动积极调整优化经济结构,构建资源节约型、环境友好型产业体系和发展模式,加快经济发展方式转变,实现资源与环境双重约束下的经济社会可持续发展。

1.1.2 研究意义

"十二五"期间我国经济发展面临双重挑战:一方面,在经济全球化的背景下,资源和环境问题对世界经济格局产生越来越重要的作用,对中国经济可持续发展亦有着深远的影响,随着我国经济快速增长,对煤电油运等重要能源资源的需求量明显增加,价格大幅度上涨,一些重要能源资源对外依存度大幅度上升,我国重要能源资源短缺对经济发展的制约进一步加剧;主要污染物排放量已经超过环境承载能力,流经城市的河段普遍受到污染,许多城市空气污染严重,生态破坏呈加剧之势,水土流失量大、面广,草原退化,生物多样性减少。另一方面,实现节能减排目标面临的形势日益严峻。"十二五"规划的目标是单位工业增加值用水量降低30%,农业灌溉用水有效利用系数提高到0.53,非化石能源占一次能源消费比重达到11.4%。单位国内生产总值能源消耗降低16%,单位国内生产总值二氧化碳排放降低17%。主要污染物排放物中,化学需氧量、二氧化硫排放均减少8%,氨氮、氮氧化物排放均减少10%。当前我国传统的高能耗、高排放、低效率的粗放型增长方式已难以为继,未来"十三五"期间双重挑战依然存在,只进行经济增长方式的转变是远远不够的,只有"加快转变经济发展方式"才能更好地体现科学发展观的本质要求。

因此,研究资源和环境双重约束下的我国转变经济发展方式问题,具有十分重要的理论和实际意义。

在理论研究中,本书阐明了经济发展方式转变的内涵及其理论演变,分析了我国经济发展方式转变的主要内容,以及影响我国经济发展方式转变的因素,着重强调了资源环境对我国经济发展方式转变的约束,对全面理解我国经济发展方式转变的必要性、迫切性有着重要的理论意义。

在实证分析中,本书研究采取定量描述与模型构建的方法对我国经济发展转变进行评价与分析,揭示影响经济发展方式转变的关键因素,并对经济发展方式转变中的需求结构、产业结构及要素投入结构进行剖析,构建基于资源与环境双重约束下的我国经济发展方式转变的系统动态仿真模型,进一步提高了对资源与环境双重约束下我国经济发展方式转变研究的精密度,拓展研究的空间,具有重要的学术参考价值。同时,在当前资源环境压力大,已有的发展模式遇到了巨大的冲击时,所提出的战略和对策对于坚持科学发展观、构建社会主义和谐社会、促进经济又好又快发展、打造中国经济升级版亦具有十分重要的现实意义。

1.2 国内外研究现状

1.2.1 国外的研究现状

国外学者是通过分析不同因素对经济增长的贡献来认识经济增长方式问题的。从亚当·斯密(Adam Smith)、李嘉图(Ricardo)、约翰·穆勒(John Mill)、马歇尔(A. Marshal)、熊彼特(J. Schum Peter)到凯恩斯(Keynes)及其追随者舒而茨(Schultz)、阿罗(K. Arrow)、罗默(Paul Romer)、卢卡斯(G. Lucas)、钱纳里(Chenery Hollis)等西方著名的经济学家均从经济学的不同分支及角度分析探讨了经济增长方式问题。20 世纪 50 年代美国最早实现了经济发展方式的转变。20 世纪 70 年代中期以后,日本、新加坡、中国香港及台湾地区和韩国等国家和地区相继实现了经济发展方式的转变,其转变过程一般都经历了"劳动密集型—资本密集型—知识技术密集型"的投资结构演进,而投资结构的演进推动了产业结构的调整和升级,并在此基础上实现了经济发展方式从粗放型向集约型转变。在最近的年份之中,众多国外学者从不同的方面对影响经济增长和经济发展方式转变的各类因素进行了分析和研究。

(1) 自然环境与经济增长或经济发展方式转变

自然环境与经济增长的问题,一直是国外学者探讨的重要内容。环境是人类社会发展的自然基础条件,在不同时期或区域始终都影响人类的生活方式。自然环境与经济增长两者的协调可持续发展,才能真正有效地促进经济发展方式的转变。Jeroen 等(1994)提出了一个经济和自然环境长期发展的模型,该模型提供了资源节约型技术与经济环境发展的演化路径[2]。资源节约型技术能有效地促进经济发展环境的改善,从而促进经济可持续发展。Antoci,Galeotti 和 Russu(2007)通过模型分析了环境恶化和消费选择的相互作用对经济增长动力和经济主体福利的影响。研究表明,如果私有物品替代环保商品被消费,那么经济的增长可能导致环境的恶化。在这种情况下,可能会出现不良经济增长,其特点是总资本积累和经济主体福利之间的逆相关性[3]。这种情形的出现不仅不能转变经济发展方式,反而阻碍了这种转变。

(2) 基础设施建设投资、金融等产业发展、外资、贸易等因素与经济增长或经济发展方式转变

第一,基础设施建设投资有效地促进经济增长与经济发展方式的转变。包括建筑工程、交通设施及便利程度、宽带网络等多种因素均与经济增长及发展方式转变有关。

Lopes,Ruddock 和 Ribeiro(2002)以撒哈拉以南非洲发展中国家长期发展的趋势为基础,建立模型确定了建筑投资与人均国内生产总值之间的相互依赖性。假设前提是发展中国家的建筑投资存在一个最低的水平(以建筑增值 CVA 占 GDP 的比重来测算)来实现经济的可持续增长,研究发现建筑在 GDP 中所占的比重与国民收入水平呈正相关的关系[4]。而 Khan 和 Levy(2003)通过对一系列由美国联邦公路局支持的有关交通运输与农村经济发展之间关系的问题展开研究,研究认为交通基础设施投资对地区经济增长具有重要的促进意义。以旅游部门为例,它是国民

经济的一个关键部门,为经济的发展提供了巨大的潜力,同时它的发展也依赖于交通基础设施的改善。研究表明,假设有一整套支持项目的实施,一个成熟的旅游业在松岭每年可以吸引超过100 万的游客,这估计将会在 15 年间带来 1.53 亿美元的经济影响。最后,这些游客将会产生超过每年 100 万的汽车旅游,其中日均流量将会达到 5 200 辆。由此可见,旅游业所能带来的潜在收益并且认为需要提高运输业水平来促进旅游业的发展。而这些潜在收益的产生均与当地交通基础设施的提高及服务水平有关,包括主要道路功能类的升级及在道路整个生命周期内的维护工作,而这些交通投资的成本估计达到了 7 330 万美元[5]。另外几位学者同样进行了这样的研究活动。Ertekin D. O.,Berechman J. 和 Ozbay K. (2003)研究了交通便利性变化对某一区域经济发展水平的影响。研究中将经济发展量化为收入和就业方面的变化,观测了包括新泽西和纽约地区的 18 个县 1990—2000 年交通便利性变化与经济发展的数据。采用多元回归分析的结果显示交通便利性的变化与经济发展之间有着紧密和显著的关系。所提出的模型为交通规划者提供了有关于交通投资对经济影响的经验证据[6]。Horst 和 Moore(2003)研究了交通投资与经济发展之间的关系,用就业和收入或生产率增长来衡量经济发展。然而,对于一些经济体而言,现有经济基础的稳定性和多元化是力求达到的理想结果,即使是传统发展目标也是如此。尤其是像美国密西西比河三角洲地区的农村和持续贫困地区的经济情况。这些地区人口稀少且特别偏远,制约了在此定位和扩大市场的厂商的数量和类型,从而限制了居民的就业机会,并且导致年轻和受过良好教育的工人持续向外迁移。文章引用了国会和联邦公路管理局管理发起的"经济发展公路倡议"中的内容,研究分析了路易斯安那州公路投资和经济多元化之间的联系,以此来评估是否这种类型的投资可以稳定这些经济欠发达地区。文章使用两位数的就业数据,计算了 1977—1997 年路易斯安那每个教区(县)的工业多样性综合指数,然后将该指数与教区-州际公路、分车道公路和主要干道这些不同的道路种类联系起来,结果表明,公路质量与产业多元化有关,甚至影响了经济的规模[7]。Creasey E. A.(2010)研究结果表明国家建设支出增加1%,经济增长将增加0.8%。国家建设业务,包括对基础设施建设、农业、水和卫生设施的有针对性的经济补助,显示了对经济增长最大的边际效应[8]。

Badran M. 和 Badran H.(2011)认为新兴国家在全球经济中具有重要作用,经济学家和政策制定者坚信,未来新兴国家将引领全球经济增长。将现有经济转为知识经济宽带设施至关重要,文章研究1998—2008年包括阿拉伯国家在内的22个新兴国家宽带基础设施对经济增长的影响。实证研究表明宽带的安装对经济增长产生积极影响。此外,文章引入电信竞争指数来控制对外直接投资占GDP的百分比,建议各国政府应在本国创造有利的环境和开放的竞争市场来建立更多的宽带和电信网络[9]。

第二,产业结构的升级有效地促进了经济增长与经济发展方式的转变。第三产业的发展,尤其是金融业、物流业的发展有力地促进经济发展方式的转变。

James(2008)研究发现金融发展促进了马来西亚经济发展[10]。Xu和Wang(2010)探讨了1978—2007年中国金融发展与经济增长之间的因果关系,在理论系统的基础上以适当的规范、金融的发展增长和其他关键增长因素的长期关系建立面板数据框架进行分析,实证结果表明:中国的金融发展和经济增长存在单向的因果关系,金融发展引领和促进经济增长,同时结论给出了一些政策建议[11]。Herwartz和Walle(2014)对73个经济体的1975—2011年金融与经济发展的数据进行了半参数分析,结果表明金融业对经济发展的影响在高收入国家要比低收入国家的影响大[12]。

Liu,Li和Zhu(2010)利用基于VAR模型的动态计量经济分析方法对河南省物流增长和经济增长之间的关系进行实证分析。研究结果表明,物流增长和经济增长之间存在稳定的长期均衡关系。从脉冲响应函数分析来看,经济增长和物流的增加之间存在密切的长期关系。因此,为了刺激河南物流业的快速发展,应该制定一个长期的政策而不是短期的政策以保证经济增长对物流业的积极拉动作用[13]。Lean,Huang 和 Hong(2014)利用最新数据运用动态结构模型对中国物流与经济发展关系进行分析,结果表明经济发展带动了大量的物流需求,促进了物流业的发展,同时也发现陆地交通运输有力地促进了经济增长[14]。

Liu 和 Cui(2006)通过文献研究发现,生产性服务业在西方经济体的所有行业中具有最高的增长率,并在提升竞争力、创造就业机会等方面对区域经济发展起到了至关重要的作用。从产业集群的不同角度出发,文章重点研究新兴市场经济体的生产性服务业在区域经济增长中的作用,探讨了生产性服务业对制造业产业集群的影响,并基于该理论框架得出了生产性服务业对产业集群产生的四种效果。这些结论对区域经济增长具有积极的战略性作用。最后,对长江三角洲生产性服务业的发展情况进行了定量研究,运用协整检验和 Granger 检验来分析生产性物流服务业发展是否会影响区域经济增长[15]。

第三,外资、贸易等因素有效地促进经济增长与经济发展方式的转变。

Liu 和 Fan(2000)利用柯布—道格拉斯生产函数建立模型评估外国资源(如利用外资、引进技术和进口贸易)对本国经济增长的贡献,并对模型中的贡献系数进行动态分析,分析和预测国外资源在各种情况下对本国经济增长的贡献[16]。

Xiao,Zhuo 和 Ding(2008)研究指出美国对外直接投资(FDI)不仅为中国引进外资提供物质来源,而且还是吸收先进技术和管理经验的重要途径。文章对美国对外直接投资和中美经济增长之间的相互关系进行了实证研究,对 1983—2006 年的数据采用

Johansen 协整检验,向量误差修正模型和方差分解技术进行分析。结论表明,中国经济增长,而非美国经济增长,是美国对外直接投资的 Granger 原因。美国对中国的直接投资和中国经济增长两者都是美国经济增长的 Granger 原因,但美国对中国的直接投资和美国经济增长两者都不是中国经济增长的 Granger 原因[17]。因此,利用外资的质量尤为重要。

Elsadig Musa Ahmed(2012)对 FDI 溢出效应对马来西亚经济增长的输入驱动进行分析,研究了 FDI 溢出效应的技术转让和开发人力资本。FDI 对人力资本、劳动力、吸收能力和物质资本都是重要的,其中人为因素起着至关重要的作用。而 FDI 通过输入驱动实现经济增长起到了重要的作用。他还发现了人力资本、劳动力和吸收能力之间显著的正相关关系[18]。

Halmi(2013)认为,在宏观经济环境中,投资决策变得越来越困难,关于投资和全球战略的讨论也越来越难。因此,投资者和全球公司的管理者面临金融、商业、技术和政策的日益变化而做出投资决定更加困难。因此,无论投资类型如何,投资决策总是意味着希望获得利润,假设投资风险,投资决定是一国直接对外直接投资的反映,同时也反映了与之相联的风险。投资对一国的发展和经济增长产生影响,许多研究认为对外直接投资与经济增长有关[19]。

Shahbaz,Khan 和 Tahir(2013)构建了金融发展、国际贸易、资本构成和能源消费与经济增长的生产函数。实证结果表明各变量间存在长期关系,金融发展、资本、出口、进口和国际贸易对经济增长有积极的影响。Granger 因果关系分析显示能源使用与经济增长间存在单向的因果关系,金融发展与能源使用之间存在双向的因果关系,国际贸易与能源使用之间存在双向的因果关系,金融发展与国际贸易之间存在反馈关系,同时,资本与能源供应之间、金融发展与经济增长之间、全球贸易与经济增长之间均存在双向的因果关系。该文对能源经济学的显著贡献在于为政策制订者探索新的替代能源指明了方向,这有利于满足能源的不断需求,从而推动经济的快速发展[20]。

Menyah,Nazlioglu 和 Wolde-Rufae(2014)运用 21 个非洲国家面板数据对金融、贸易发展与经济发展的关系进行分析,结果表明在这些国家中,金融导向型和贸易导向型仅有限支持经济发展[21]。

（3）碳排放与经济增长或经济发展方式转变

Bengochea-Morancho,Higón-Tamarit 和 Martínez-Zarzoso (2001)考察了欧盟的经济增长与碳排放之间的关系。文章选取十个欧洲国家并利用 1981—1995 年的面板数据估计了其 GDP 与碳排放之间的关系。研究显示了工业最发达国家和其他国家之间的重要差别。结果表明所有国家并不支持一个统一的政策去控制碳排放;而是通过考虑特定的经济形势和每个欧盟成员国的产业结构来减少排放[22]。Yang(2000)考察了台湾的煤耗量与经济增长之间的因果关系,通过协整检验和 Granger 因果关系检验研究两个经济序列之间的关系。协整检验和 Granger 因果关系检验的结果是基于 1954—1997 年的台湾数据得到经济增长与煤耗量的单向因果关系没有反馈效应。主要研究结果支持煤耗量对经济增长保持中立这一假说。此外,这一结果对宏观经济领域的决策者在制定实际政策时有一定的影响,这是由于煤炭保护政策是对经济增长没有破坏性影响的可实行的政策[23]。

Huntington(2005)在评估不同发展阶段的碳排放增长时,发现美国的长期经验强调了电气化控制和其他重大技术变革的重要性。在第一次世界大战之前,美国碳排放的年增长速度比每年经济增长速度高 2.3%。但由于用电量扩大和蒸汽机变得更大,碳排放增长速度开始比每年经济增长速度低 1.6%。适应这一技术转变后,经济体不断扩大,大约每增长 10% 会导致碳排量增加 9%。没有证据表明这个弹性的下降与收入水平上升存在着联系。结果表明,美国如果想要遏制其人均排放量的进一步增加,并且保持其人均经济年增长超过 1.8%,那么就需要找寻其他的政策来遏制碳排放[24]。

Heinz Schandl 等(2015)将经济和环境模型相结合来评估了13 个国家和地区的政策效果,分析能源消耗减少的潜在可能性。还研究了三种不同政策对自然资源使用和碳排放影响的差异,发现能源的使用会持续增加,对生活水平的提升作用却很小。所以低碳和减少材料使用的行为必须和政策相结合,才能不影响生活水平[25]。

(4) 资源、能源消费与经济增长或经济发展方式转变

资源和能源消费与经济增长的关系密切,水资源、金属材料、煤炭、石油、电力等各类资源和能源与经济发展之间相辅相成。由于不同国家和地区所处的经济发展阶段不同,经济结构不同,两者之间的关联性亦存在一定的差异。

Wichelns,Barry,Müller,Nakao,Philo 和 Zitello(2003)发现随着人口的增加、经济的发展、收入水平的提高及粮食安全的实现,尼罗河流域的北部水资源的竞争将会愈演愈烈。缺水及低效的水资源配置会阻碍干旱地区经济发展的步伐,尤其是在国家无法协调增长经济与增加水资源的时候。文章讨论了关于尼罗河盆地北部国家水资源分配问题,这可能会使如国际贸易和跨境投资之类的重大合作限制经济的发展。作者提出了一个概念性的框架,描述了合作与国际协议如何才有助于实现各个国家的发展目标并同时加强区域经济发展。最后,作者指出了几种可能有助于实现这些目标的交界投资方法[26]。Hallowes,Pott 和 Dockel(2008)研究了发生在南非的水资源分配、管理和运作问题,主要目标是分配、管理和运营水资源,以取得集水区水资源利用的公平、有效和可持续之间的最佳平衡。在文章中提出了水资源配置和能力共享(FWACS)的概念,探索分配和管理水权的方法。这个概念引入的意义在于它鼓励水市场机制的潜在可能性,同时可确保社会(股权)和可持续发展的要求得以实现。该 FWACS 系

统是作为南非及许多其他国家在缺水的情况下获得水的利用效率的指导框架[27]。

Halada,Shimada 和 Ijima(2007)研究分析了经济增长中 22 种金属消费的脱钩状态。这些金属是铁、铝、铜、铬、锌、锰、铅、镍、钴、锡、锑、硅、钼、钨、锂、铟、镓、银、金、铂、钯和稀土。各金属人均年消费量与人均 GDP 之间的关系可近似用一个两步线性公式表示：$yM＝aM,1X(X＜cM)$ 和 $yM＝aM,2X＋bM,2(X＞cM)$，其中 yM 是金属 M 每年的消耗量，X 为人均国内生产总值。当金属仅有一个单一关系 $yM＝aM$ 时，1X 被判定为在耦合状态。当 $aM,1＞aM,2$，这种状态被判定为脱钩状态。此外，当 $aM,2＜0$，金属将被判定为绝对脱钩。往往表现出绝对脱钩特点的金属是金、锡、锌和钨，而铜和铅处于临界状态。铁、铝、镍、钼、锑、银、钯从人均 GDP 脱钩，硅和铂仍然耦合于经济增长。至于钴、锂、铟和稀土，在过去几年则出现了伴随经济增长的新耦合关系[28]。

Cheung 和 Thomson(2011)研究指出就电力的总消耗而言，中国目前在世界上排名第二，仅次于美国。中国对电力的需求在 1999 年至 2020 年期间将以年均 5.9% 的速度增长，明显高于 3.3% 的世界平均水平。为了制定有效的政策，政府必须了解经济增长变化是如何影响电力消费的。文章考察了中国在 1952 年至 2000 年期间的消费弹性与经济增长之间的因果关系，并通过协整方法得出了长期收入弹性和长期价格弹性分别为 1.1 和 1.3。同时误差修正模型显示，国内生产总值与电力消耗之间存在双向的因果关系，也就是说，电力消费与经济增长之间存在 Granger 因果关系[29]。

Asafu-Adjaye(2000)利用协整和误差修正模型考察了印度、印尼、菲律宾及泰国的能源消耗与收入之间的关系。结果表明短期内印度和印尼的能源与收入存在单向 Granger 因果关系，而泰国和菲律宾的能源与收入存在双向 Granger 因果关系。其中，就泰国和菲律宾的情况来看,能源、收入和价格是相互因果关系。除了在短期内中立被保留的印尼和印度,这项研究成果并不支持能源与收入是相互中立的观点[30]。

Baddour(2002)说明了石油出口国家在经济方面得不到增长的主要原因是由于不稳定的石油收入,这并不仅仅是许多专家所认为的荷兰综合征。实际上,1986 年原油价格的大幅度下滑及由此产生的资金短缺造成了石油生产国所面临的经济问题本质的深度转换。这些国家仍然极度依赖石油收入,他们不仅需要面对大量金融方面的有害影响,而且要承受资本短缺和不稳定的收入带来的负面影响。文章表明,永无止境的科威特石油收入的不稳定性破坏了经济增长速度,同时需要国家政府一直改变其支出政策,从而达到建立长期的发展计划的可能[31]。

Paul 和 Bhattacharya(2004)检验了不同方向的印度能源消费与经济增长之间的因果关系。对 1950—1996 年数据采用 Engle-Granger 协整方法进行标准 Granger 因果检验,结果发现能源消费与经济增长之间存在双向因果关系。此外,作者采用 Johansen 协整检验方法检验不同变量,发现能源消费与经济增长之间也存在双向因果关系。这与之前的研究结果不同[32]。

Morimoto 和 Hope(2006)借鉴了 Yang 的台湾地区生产总值和电力消费之间存在着双向因果关系的研究成果。采用 Yang 的模型来研究电力供应对斯里兰卡经济增长的影响。在成本效益分析模型中,电力供应增加(参数 EO)对经济产出的预期增长起着至关重要的作用。研究表明,Yang 的回归分析是一种可行的方法来更好估计参数 EO 的范围。估计表明,每增加 1 兆瓦时电力供应会增加 88 000～137 000 斯里兰卡卢比(相当于 1 120～1 740 美元)[33]。

Yoo 和 Jung(2005)采用 1977—2002 年度时间序列数据来研究韩国核能消费和经济增长之间的短期和长期因果关系。运用单位根检验、协整检验和基于误差修正模型的 Granger 因果检验方法,结果表明,韩国核能消耗和经济增长仅存在单向因果关系。这意味着,为了避免对经济增长产生不利影响,韩国政府应努力克服制约核能消费的因素[34]。

Mahadevan 和 Asafu-Adjaye(2007)根据 20 个净能源进口国和出口国 1971—2002 年的数据利用面板误差修正模型重新审查了能源消费和 GDP 增长之间的联系。其中能源出口国,不管是从长期还是短期而言,发达国家的经济增长和能源消费之间存在双向因果关系,而发展中国家的能源消费仅在短期内刺激经济增长。前者也依然适用于能源进口国,而后者仅适用于这一类别中的发达国家。此外,相较于发展中国家,就增加能源消费以刺激经济增长方面发达国家的弹性效应越大,尽管其收入弹性较低且小于 1。最后,他们呼吁用一个更全面的方法来释义能源政策并进行了探讨[35]。

Shuai 和 Qi(2008)认为落后的经济发展水平与丰富的自然资源禀赋共存于中国西部地区,这是类似"资源诅咒"的症状。研究还认为"资源诅咒"效应也适用于解释省级现象。其主要的实证分析提出了该地区遭受"诅咒"的可能性,随后建立长期收入效应的经济模型以验证假设和分析"资源诅咒"效应功能的传输通道。通过西部 12 个省份的面板数据,利用可行的一般最小二乘法(FGLS),并选择用能源开发度来代替自然资源丰裕度以进行具体的实证研究。实证分析的结果表明,假设是正确的。大量的能源开采不是经济增长的长期因素,它往往通过一些间接渠道影响经济增长[36]。

Chang,Huang 和 Lee(2009)采用面板门限自回归(PTR)模型,探讨了不同经济增长速度体制下能源价格对可再生能源发展的影响。实证数据来自 1997—2006 年每个经合组织成员国。研究发现居民消费价格指数(CPI)在随能源变化的范围内,与具有较高经济增长的体制下可再生能源在能源供应中的贡献显著正相关,但在较低经济增长的体制下则不相关。因此,高经济增长的国家能够应对可再生能源使用增加所带来的高能源价格,而当低经济增长的国家涉及可再生能源的水平时往往对能源价格变动反应迟钝[37]。

Jin-ke,Wang 和 Song(2009)认为在发达国家与发展中国家之间存在着不同的能源结构,不同的燃料使用模式,以及不同的消费趋势。文章采用 Granger 因果检验方法对 1980—2005 年期间主要发达国家和发展中国家的年煤炭消费与 GDP 之间的因果关系进行检验。虽然没有发现主要发达国家和发展中国家年煤炭消费和 GDP 之间的因果关系类似,但它们都验证了煤炭的利用与经济发展息息相关,并制定出科学的煤能源政策以减少二氧化碳(CO_2)的排放量,满足《京都议定书》规定的标准[38]。

Zhou,Wang 和 Ji(2009)认为煤矿城市是一个依靠煤矿资源的开采和利用来进行经济和社会发展的一个独特的城市经济体。在煤矿资源储量的约束和资源开采的影响下,一个煤矿城市的发展大致经历了四个阶段:起步期、成长期、成熟时期和衰退期。煤矿资源的开发,一方面支持了煤矿城市经济的发展,另一方面对生态环境产生了一些严重的负面影响,极大影响了煤矿城市的可持续发展。通过建立基于煤矿城市成长和发展轨迹的 Logistic 动态模型,文章模拟了城市的不同发展时期。这表明,当开发项目基数为零时,采煤对全市经济发展的贡献达到可持续发展的阈值。此外,煤矿城市进入衰退期之前,为避免其对单一行业的依赖,可建立多元化的产业结构,从而实现可持续发展[39]。

Apergis 和 Payne(2011)拓展了对 1990—2007 年发达国家和发展中国家可再生和不可再生能源的消费和经济增长之间的关系研究,异质面板协整过程显示实际国内生产总值、可再生能源的消耗、不可再生能源的消耗、实际固定资本形成总额和与之相应的通过发达和发展中国家统计算出的系数劳动力之间存在长期的均衡关系,面板误差修正模型的结果显示从短期和长期来看每个国家的可再生能源和不可再生能源的消费与经济增长之间存在双向的因果关系[40]。

Fondja 和 Yris(2013)通过三个步骤来研究喀麦隆的能源消费与经济增长之间的关系,Granger 因果关系检验证明了石油与 GDP 之间存在强烈的单向的因果关系,协整检验也表明两者紧密联系,误差协整模型(ECM)表明石油产品消费每增加 1 个百分点,经济大约增长 1.1 个百分点。该结论一方面证实了改善能源供应将对经济增长产生积极影响,另一方面说明了能源缺乏是喀麦隆经济进一步发展的主要瓶颈[41]。

Canan 和 Ceyda(2015)用 VEC 模型研究了土耳其等 7 个国家 1992—2012 年的经济增长和能源消耗之间的关系,发现两者存在长期的双向因果关系,不存在短期作用。经济增长依赖能源消耗,可持续的经济增长要求能源消耗速度不能过快,而且两者关系还影响到国家能源政策,因此文章的另一个重点是寻找一国在世界能源格局和地理政治中的位置和作用[42]。

Michael 等(2015)重新研究了采煤业,发现其作为污染较大的行业之一,虽然能够提供大量的工作机会,但是往往带来贫困和长期的经济疲软。文章借助一系列经济指标研究美国采煤业的发展情况,发现其中存在细微差别,而且与地区的人口、企业家精神及未来的经济增长存在联系[43]。

(5) 研发活动、创新与经济增长或发展方式转变

当前众多的文献研究表明,研发活动、创新对经济增长与经济发展方式的转变具有重要的促进作用。企业、高等学校和科研院所等创新主体的创新活动有力地促进经济发展。

Associates 和 Maplewood(2002)研究旨在确定大学研发活动是否会影响当地新公司的成立与经济增长。文中把美国的劳动市场区域(LMA)和由 LMA 形成的新公司的数据相结合创建了一个大学 R&D 支出的模型。文中通过控制其他相关外生经济变量利用多元回归分析对假设关系进行检验。结果表明,大学 R&D 支出与新公司的建立存在显著相关性且在同一 LMA 区域

内。此外,文中检验了 R&D 支出与当地经济增长之间的关系,同时通过 LMA 测算了就业增长率。研究结果显示,如果在之前就控制了人口出生率,则大学 R&D 支出对经济增长不存在显著相关性。总之,出生率的变化受到 R&D 支出的影响,并且与 LMA 水平的增长率紧密相关[44]。

Jalava 和 Pohjola(2002)通过调查研究证实了美国在 1990 年 ICT 的生产和使用是改善经济的重要因素。同时应用增长计算法来估计其对芬兰所造成的影响。结果表明,通过使用 ICT 所带来的产出增长从 20 世纪 90 年代初的 0.3 增加到 90 年代末的 0.7。此外,ICT 产业的多因素生产力的快速增长产生了一股更加强大的冲击力。但不同于美国,芬兰劳动生产率并没有加速增长的趋势[45]。

Meng 和 Sun(2007)认为技术引进是提升技术水平和促进经济发展的最有效的手段之一,揭示了技术引进和经济增长的内在联系。对技术引进进行定性分析后,通过测度技术引进对全要素生产率的贡献,以及评估技术引进对国内技术和经济进步的影响,分析了中国技术引进及其经济增长间的相关关系[46]。

He 和 Zhu(2007)利用软计算方法来估计生产要素对经济增长的影响。利用 GA-ISODATA 算法,根据科学技术(S&T)水平对中国(包含 31 个省)进行分类,然后建立生产要素(固定资产、人力资本和耕地)与经济产出之间的模糊映射关系,结果表明:1999—2003 年,生产要素对科技水平不同的区域的经济增长影响是明显不同的。固定资产、人力资本在科技发达地区对经济的影响比科技欠发达地区的影响更大,但耕地在科技发达地区的影响要小于科技欠发达的影响。人力资本对经济增长的影响大于固定资产的影响。科技进步和体制创新对于经济增长发挥了根本性作用[47]。

Farhadi 和 Ismail(2012)研究了在世界不同国家和地区信息通信技术(ICT)对经济发展的影响,结果表明在世界 153 个国家中世界 GDP 与以 ICT 发展指数衡量的 ICT 发展之间存在正相关关系。研究还发现中高等收入群体的通信技术发展对经济增长的影响高于其他国家,这意味着如果某些国家想加快本国的经济增长速度就需要制定特定的政策来促进通信技术的发展[48]。

Vu(2013)认为新加坡经济发展的显著成功与该国通过通信技术革命促进经济增长密切相关,文章提供了 1990—2008 年通信技术发展对新加坡经济增长的全面调查,有三个主要发现:第一,通信技术的使用和增值效率与部门层面的劳动生产率增长之间有强烈的正相关关系;第二,在 1990—2008 年通信技术对新加坡的 GDP 大约贡献了一个百分点,随着时间的推移,通信技术对新加坡的经济增长的推动作用越来越大;第三,信息通信技术制造业对新加坡的经济增长的贡献虽然很显著,但仍在下降,面临重组的挑战。文章从发达国家和发展中国家视角提出了利用信息通信技术推动经济增长的对策建议[49]。

Silaghi,Alexa 和 Jude(2014)运用动态面板数据模型解释了中欧和东欧国家 1998—2008 年私人部门和公共部分研发在经济发展中的作用,短期中私人部门每增加 1‰ 的研发支出,经济增长 0.05%,公共部门统计检验结果不显著[50]。

(6)国际、国家政策与经济增长或经济发展方式转变

Abdelgalil 和 Cohen(2007)通过一般均衡(CGE)模型模拟在有效的政策范围内,可较好地解决经济增长与资源退化之间的冲突,从而促进绿色 GDP 上升,这些政策包括提高技术水平、使用可再生资源等[51]。

Bener,Yousif,Al-Malki,El-Jack 和 Bener(2011)考察了社会发展在华盛顿共识式的新自由主义经济增长战略成败,在整个拉丁美洲及发生在该地区的政治暴力增长程度的影响所起的作用。同时还分析了有针对性的合法的社会支出在所有类型的政权结构调整方案实施中的作用。最后运用判别分析将拉丁美洲国家和加勒比国家划分成两个截然不同的可优化发展的地理和经济

区域,同时运用方差最大旋转因子法对整体数据和两区域进行分析,以确定与整个拉丁美洲增长潜力密切相关的潜在的制约因素。然后,利用普通最小二乘法回归对 17 个拉丁美洲国家和加勒比国家(1970—2000)与结构调整法案实施有关的有针对性的社会支出的影响进行分析,同时还分析了在拉丁美洲国家(1996—2008)不等的政治暴力程度与经济增长的影响。最后,用判别分析法对几个拉丁美洲在世界经济论坛进行了重新分类,从而提出了更有针对性的发展战略[52]。

Esteban-Pretel 和 Sawada(2014)对战后日本经济发展进行了分析,研究表明政府政策对经济发展至关重要,农业的价格和投资补贴,以及产业政策在战后日本快速增长中扮演着关键角色[53]。

Danju,Maasoglu Y. 和 Maasoglu N. (2014)讨论世行和国际货币基金组织在东亚金融危机中发挥的作用和采取的措施。国际货币基金组织(IMF)提供短期财政援助,以帮助各国处理情况,发挥着重要的作用[54]。

Randall Akee 等(2015)在数据分析基础上研究美洲印第安部落发展历史中的重要时期对经济发展的影响,包括接受宪法时美国总统所在政党之类的因素。在保证其他变量一定和稳定性的情况下,研究发现这些事件对经济发展产生的影响深远,特别是所在政党这一因素会带来长期的经济影响[55]。

1.2.2　国内的研究现状

国内学者关于经济发展方式的研究主要在党的十七大之后,这之前主要研究集中在经济增长及经济增长方式转变,而在十七大之后,随着经济发展方式内涵的深入和拓展,国内学者逐渐开始从经济发展方式内涵问题、实现经济发展方式转变的关键因素、途径和对策研究,以及研究方法的创新和实践进行了多方面、多角度的研究。

(1) 关于经济发展方式的内涵问题

国内学者针对经济发展方式的内涵从多方面入手进行了系

统的分析和阐述,提出了一些近似又有差别的概念和特征。

一是从总体上把握经济发展方式内涵的。吴树青(2008)、黄泰岩(2007)指出转变经济发展方式的内涵包括向发展目标多元化转变、向经济增长的质量和效益并举转变,向以人为本这一发展核心转变,向经济结构全面优化转变,向知识经济条件下的发展方式转变,向建设资源节约型、环境友好型社会转变[56,57]。白雪飞(2011)研究指出,转变经济发展方式是指在经济发展的进程中,紧紧围绕以人为本这个核心,在实现经济增长总量和速度稳定提升、经济质量进一步提高、经济结构不断优化的基础上,实现经济发展和社会发展相协调、经济发展与资源环境相协调、经济发展与科技进步相协调在内的全面协调,真正实现又好又快的发展[58]。王宁西、张文婷(2012)指出加快转变经济发展方式的前提是以人为本,重点是经济结构调整,目标是统筹协调发展,核心是自主创新,根本保证是社会主义基本经济制度[59]。温大安(2011)指出转变经济发展方式有四个重要意义:是我党发展思想的战略转变;是科学发展的必然要求;是完善社会主义市场经济体制的必然要求;是国际形势发展变化的需要[60]。黄家顺、邬沈青(2014)在整理分析国家政策报告之后提出了转变经济发展方式的新内涵,分别是转变经济发展方式的新模式、新机制和新道路。转变经济发展方式需要全面深化体制改革、实施创新驱动发展战略、推进经济结构战略性调整和实行积极主动开放战略[61]。

二是从与经济增长方式比较的基础上提出经济发展方式内涵的。周叔莲(2008)指出,经济发展方式包括经济增长方式,除此之外还应包括收入分配、居民生活、产业结构及区域结构、资源利用和生态环境等方面的内容[62]。姜作培(2008)认为转变经济发展方式比转变经济增长方式更全面、更系统、过程更复杂,是对转变经济增长方式的发展和深化[63]。胡学勤(2008)认为转变经济发展方式与转变经济增长方式二者的侧重点不同,转变经济增长方式只侧重于经济数量上的增长,转变经济发展方式侧重于经济质量和结构的改善,即重量更重质[64]。张光辉(2011)提出经济发展方式转变不仅意味着超越原有经济增长模式,还彰显对人自由全面发展的深切关怀。基于中国自身的发展逻辑,无论是超越原有的经济增长模式还是实现经济发展方式转变意蕴的良善政治价值,都离不开政治体制改革及社会道德体系支撑[65]。

三是立足于其全球经济发展提出我国经济发展方式内涵的。王一鸣(2008)指出我国转变经济发展方式的意义在于顺应世界发展新潮流、适应我国发展新要求和实现中国特色现代化的重要途径[66]。戴翔(2013)认为伴随国内外环境的深刻变化,我国简单纳入全球分工体系以扩大出口的传统机遇正在弱化,对外经济发展方式亟待转变。国内国际环境变化倒逼我们扩大内需、提高创新能力、促进经济发展方式转变,又为加快转变对外经济发展方式提供了新的战略机遇。为此,中国新一轮的开放需要牢牢把握扩大内需这一战略基点,将需求市场规模优势真正转化为对外经济合作的新优势,实施创新驱动的经济发展战略,加快外向型产业结构调整和转型升级,加快转变经济发展方式,将国内发展和对外经济发展方式结合起来[67]。张志敏、何爱平(2015)认为以数量扩张为特征的粗放型对外经济发展方式已无法适应经济发展的新要求,对外经济发展方式转变是物质利益关系的演化,随着利益关系的变化,各经济主体的行为也会随之发生变化,与此相适应的制度安排必须做出调整。因此通过利益格局变化、主体行为博弈、调整制度安排、设计激励结构的理论框架来分析经济发展方式的转变[68]。

四是从哲学与经济学结合的角度,以马克思发展方式观界定经济发展方式内涵的。李陈、李家祥(2013)从哲学和经济学相结合的维度探讨了马克思的发展方式观,认为马克思的发展方式观是以内涵经济发展方式为基础,以社会发展为手段,以人的自由全面发展为目的的有机辩证的发展观,并探讨了马克思的发展方式观对中国加快转变经济发展方式的启示[69]。

（2）关于实现经济发展方式转变的关键因素

国内学者从不同视角针对实现经济发展方式转变的关键因素、途径和对策展开研究。

一是劳动主体技能水平。钱津（2008）认为经济发展的本质是劳动整体的技能水平提高。由劳动发展决定的经济发展在现时代的表现是资本对劳力和土地的利用方式发生了具有创新意义的变化。经济发展的动力来自劳动主体的智力因素。贯彻党的十七大精神，在科学发展观的统领下，加快经济发展方式转变，重点在于高度重视非生活必需品消费的扩大，鼓励人们普遍地增加非生活必需品消费，尤其是增加劳务性的非生活必需品消费；积极地全方位推进农业生产的市场化和现代化，从根本上改变第一产业落后的状态，从基础上实现优先发展教育事业，关键是实现高等教育的优先发展[70]。

二是产业结构调整。李京文（2008）指出大力发展现代服务业是转变经济发展方式的关键[71]。钟芸香（2008）研究了转变经济发展方式与中部六省崛起的关系，指出转变经济发展方式是中部崛起的突破口，建立特色产业集群是中部崛起的内在驱动力[72]。刘旭青（2013）阐明了创新能够促进经济发展质量和效益的提升，推动现代产业发展新体系的构建，推进开放型经济发展新优势的培育，创造新的需求并拓展消费空间，是实现可持续发展的必由之路，因此，创新是推进经济发展方式转变的内在驱动力[73]。肖翔、武力（2015）研究了中国产业结构与经济发展方式演变的历史进程，指出依靠重化工业拉动的外延式经济发展方式面临成本增大、效益降低等挑战，已经难以维系。未来既需要克服人均资源不足、环境脆弱的不利因素，又应当发挥大国经济的优势，尽快完成经济发展方式转变和产业结构优化升级[74]。

三是创新因素。张玉梅（2008）基于转变经济发展方式视角研究了欠发达地区自主创新问题，指出以转变经济发展方式为核心的自主创新要紧紧围绕重点区域、重点产业、重点企业、重点产品"四个重点"和人力资源结构优化展开[75]。钞小静(2013)分析指出创新驱动会带来经济发展方式转变中的经济结构优化、资源利用效率提高和生态环境改善。中国加快转变经济发展方式的创新驱动机制需要加强自主科技创新与制度创新的持续互动[76]。潘宏亮(2015)认为创新驱动不仅能克服稀缺性资源的瓶颈制约问题,解决资源环境约束压力,而且还能激发产业转型升级动力。他分析了"互联网+"的产业创新能力重构、基于精益管理的产业创新软实力培育、基于产业融合创新的产业转型升级等作用路径[77]。

四是制度约束因素。郭晗、任保平(2013)认为经济发展方式转变滞后的原因在于现有的经济发展方式存在着多重路径依赖和锁定效应,其基本特征体现为经济增长对高投资、外需、廉价劳动力、房地产和资源环境的依赖。形成这种多重路径依赖的根源是体制机制约束,包括要素定价机制、市场运行机制、政绩考核机制和财税激励机制。破解经济发展方式转变的路径依赖,要将经济发展的目标从追求数量转变为追求质量和效益,将经济发展的动力从要素驱动转变为创新驱动,将经济发展的重点从短期因素转变为长期因素,将经济发展的政策从调节需求转变为改善供给。要通过一系列机制设计破解经济发展方式转变中路径依赖的体制机制性障碍[78]。刘郭方(2013)认为改革开放30多年来,我国经济取得了举世瞩目的高增长,但同时也面临经济发展方式转变的突出问题。在经济发展方式转变的过程中遇到的许多制约性因素往往可以归因于政策环境。因此,政策环境是阻碍经济发展方式转变的主要障碍。然而,改革政策环境不存在一步到位的方案,必须深入政策环境内部分析,充分考虑既得利益者的抵制与人民群众的支持[79]。邵慰(2014)指出市场机制并没有有效地促使经济增长由数量扩张型向效益提高型转变,需要在政府行为的视角下从政府行为、政府职能转变及制度体系等各个层面进行全方位的调整和创新。政府迫切需要逐步从与民争利的经济发展型政府向公共利益的社会服务型政府转变,从行政干预过多的全能型政府向让市场发挥作用的有限政府转变,确保实现制度层面经济发展方式全面转型的促使作用[80]。

五是资源环境因素。周灵(2014)分析了我国不同的经济发展阶段采取的不同环境规制手段。资源的稀缺性特征决定了可持续的经济发展必然是建立在资源的有效配置基础之上,而我国仍然存在环境规制作用环节不完备、法规制度体系不完善等问题,环境规制对经济发展有一定制约性。因此可以通过建立环境保护的市场激励机制、完善环境与经济协调发展的财税体制,以及建立环境友好型技术创新体系,促进环境保护与经济发展方式转变[81]。孟潋蕾等(2015)指出发展生态消费是实现经济发展方式切实转变的有效途径,其倡导的自然、人、社会的和谐、协调、可持续发展与经济发展方式转变所追求的价值理念和目标导向趋于一致。生态消费理念可以合理解决经济发展与生态问题[82]。

(3) 关于实现经济发展方式转变的途径和对策研究

一是充分利用改革的红利。周叔莲等(2008,2010)认为转变经济发展方式应加快调整经济发展诸因素的配置方式和利用方法,必须继续深化改革来奠定牢固的制度基础[83,84]。王军(2009)认为转变经济发展方式应在宏观上扩大消费需求;中观上提升制造业核心竞争力,加快发展服务业;微观方面深化市场化改革、提升自主创新能力、大力培育人力资本、实施管理创新[85]。徐徐、王相白(2010)从欧美日、亚洲"四小龙"和"四小虎"、苏联与东欧国家、拉美国家的转变经济发展方式实践总结其经验教训,指出我国经济发展方式转变重正在对创新、人才及产业结构调整[86]。辜胜阻、王敏、李洪斌(2013)指出在新的发展时期,转变经济发展方式的立足点将从速度至上和规模扩张转向"质量和效益优先",经济社会发展将更加体现以人为本和民富优先,以及与资源环境的协调发展。经济增长动力源泉也将从"要素驱动""投资驱动"

转向通过技术进步来提高劳动生产率的"创新驱动",从过度依赖"人口红利"和"土地红利"转向靠深化改革来形成"制度红利"。通过深化经济体制改革形成新的"制度红利",推动经济发展走上"创新驱动、内生增长"的轨道[87]。夏先良(2013)认为经济全球化是大趋势,开放的市场经济是新的时代特征。改革开放进程快慢是转变开放经济发展方式最关键的影响因素。在西方主要经济体受国际金融经济危机和欧债危机长期化困扰的严峻形势下,世界各大国经济都在深度调整和转型,准备好新一轮战略博弈。中国也要加快改革开放步伐,继续深化改革[88]。

二是提升经济运行的整体能力。路风、余永定(2012)把握撬动中国经济发展方式转变的杠杆,需要认清现行方式的本质特征及其形成原因。中国国际收支"双顺差"悖论所反映的实质问题是,中国在经济发展过程中出现了能力缺口,并与外资依赖互为因果,阻碍了产业升级,使粗放发展方式顽固地延续甚至恶化,也使中国经济越来越容易受到外部力量的左右。在国际经济环境发生重大变化的历史关头,如果不能在技术能力、组织能力和制度建设等方面取得深刻的发展,外资依赖与能力缺口就有可能使中国经济发展遭受重大挫折。因此,能力成长才是转变中国经济发展方式的关键变量[89]。王颂吉、白永秀(2013)认为,转变经济发展方式主要受人力资源、管理、技术、投入、消费五个因素影响;要实现经济发展方式由粗放型到集约型的根本转变,就必须从调整以上五个影响因素入手,着力提升人力资源水平、加快政企管理创新、推进科学技术进步、提高要素投入效率、扩大居民消费需求[90]。杜军(2013)指出在工业化起飞阶段,我国的经济增长方式主要表现为依赖要素投入促进增长,具有典型的粗放型特征。随着工业化进程的不断深化,实现从粗放型向集约型的转变,提高经济的整体素质和效益,对于我国经济持续和高质量发展具有重要意义[91]。任保平(2015)认为我国新常态背景下经济发展方式转变的通道应该是再工业化,通过再工业化的改善供给和刺激需求的双重效应来加以实现,路径在于:传统制造业的现代化,老工业基地的产业振兴、资源枯竭型城市的转型、实体经济的转型发展[92]。于新东、牛少凤(2013)在对新的经济发展方式的基本内涵和本质特征进行界说的基础上,研究提出在促进全面协调可持续与和谐发展、扩大居民消费和有效投资、提高自主创新能力和深化科技体制改革、发展现代服务业和集聚高端要素、推进新型城镇化和城乡发展一体化、促进文化经济相互融合和增强文化软实力、增加居民收入和扩大社会保障、建设生态文明社会等路径对策[93]。李翀(2014)认为我国经济发展正处在一个关键时期,如果我国不能成功地实现经济发展方式的转变,经济则有可能陷入长期停滞。因此,我国政府应该实施"一点两翼"发展战略,以加快经济发展方式的转变。突破点是核心技术自主创新,同时推进的两翼是人力资本积累和产业结构调整。"一点两翼"相互协调共同推进,将能够促进我国经济长期发展[94]。

三是加强制度建设。张群、孙志燕(2013)认为,目前我国正处于经济社会发展的转型阶段,多种矛盾交织交汇。特别是在转变经济发展方式的过程中,各级政府应重点创造有利于"创新驱动"的体制机制,将投资政策、市场规制、产业政策三方面作为我国近期推进政府职能转变的先行突破口[95]。程宏斌(2013)指出要加快形成新的经济发展方式,就必须全面深化经济体制改革。制度是保障,只有制度科学了、完善了,才能预防、处理、解决经济建设中的问题;只有全面深化经济体制改革,不断增强经济长期发展的后劲,才能推动可持续协调发展[96]。范剑勇、莫家伟(2013)从城市化模式的视角考察经济发展方式转变。他们发现,经济发展方式、地方政府的职能转换不力与以土地平面扩张为主的城市化模式有内在联系,今后城市化应尊重"现阶段产业结构低端化、农业经营收入占农村家庭收入一半左右的份额"等基本国情,并遵循"地方政府逐步退出土地市场、人口城市化替代土地城市化、不可急速推进土地市场的城乡一体化、富余工业土地存量转化为商住用地四项原则"[97]。

四是内需成为经济发展方式转变的重要途径。冷兆松(2013)对近年来扩大内需与转变经济发展方式、调整经济结构问题的研究,主要表现在以下三个方面:一是扩大内需战略方针的提出、对扩大内需内涵的揭示和实施效果的评估,二是扩大内需关系到转方式、调结构的成败,三是扩大内需促进转方式、调结构的对策思路[98]。李英、陈立华(2014)指出在我国目前投资率较高的情况下,转变经济发展方式必然落在拉动消费上。我国目前消费率偏低的原因是政府政策导向、居民收入较低及城镇化水平较低。要刺激消费,必须改变政府的收支结构,提高居民收入水平并提高城镇化水平等[99]。陈明鹤、魏亚男(2015)针对消费不足提出增加信息消费,促进经济发展方式转变。国内外发展经验表明信息产业的发展、信息产品的不断更新换代已经在社会生产生活的各个领域形成了多方位全新的经济增长点,比如电子商务的大规模发展极大地刺激了市场需求。信息消费作为新的消费方式,将推动传统产业体系的创新和新兴产业体系的整合与发展[100]。

五是实现区域经济方式转变。周绍朋(2013)认为转变经济发展方式已经到了刻不容缓的地步。转变经济发展方式的本质是实现经济结构优化和经济效益提升。要加快形成新的经济发展方式,必须把经济发展的立足点彻底转变到提高质量和效益上来。实现城乡区域发展协调互动,是加快形成新的经济发展方式的基本要求之一。长期以来,我国区域经济发展的主要问题是区域之间发展不平衡、不协调,产业结构雷同,缺少特色。要实现区域经济科学发展,必须搞好城乡一体化建设、产业体系建设、基础设施和生态环境建设、民生工程建设[101]。李言规(2012)通过构建指标体系,采集2008—2010年统计数据和利用DEA模型及其曼奎斯特FTP指数公式,测度湖南各市州转变经济发展方式的相对能力、综合能力指数及其分解指数。结果表明,综合实力较强的市州，即使相对能力暂时落后，也能够较快提升；全省平均综合能力 2009 年最高，相对能力逐年下降，技术进步逐年上升，但两者幅度均逐渐收窄。在此基础上提出了打造适合各自市州情的"两型"产业聚集区、创新体制机制和加大科技投入力度的对策建议[102]。尹合伶（2013）认为转变经济发展方式需要实施创新驱动发展战略。文章从安徽转变经济发展方式的实际出发，探讨了安徽经济发展方式转变的现实基础、面临的问题及加快转变安徽经济发展方式所需要进行的理念创新、体制创新、制度创新、自主创新和服务创新，以期为安徽经济的快速发展提供有价值的分析，促进安徽经济健康稳定地发展[103]。韩君、梁亚民（2013）指出区域资源禀赋是区域经济发展方式路径选择的基础。研究认为，甘肃省各地区的经济发展方式不仅具有区域差异性，而且具有区域趋同性。他们采用系统聚类分析根据经济发展方式评价指标体系将甘肃省各地区划分为四类区域；而可持续发展的本质是实施生态经济战略，因此结合各类区域的资源禀赋特征，提出了适合各区域的生态经济发展模式[104]。

（4）关于转变经济发展方式实证研究

在实证研究中，主要采用了构建评价指标体系建立经济发展方式转变的评价，层次分析、因子分析、主成分分析是比较常见的方法。运用灰色关联分析、DEA 模型、面板数据模型、VAR 模型及各类计量模型对关键影响因素进行分析和甄别。

一是指标体系的构建和评价。熊健益等（2008）采用要素投入量与要素生产率的变化对经济增长的相对贡献大小、科技进步贡献率高低、系列相关指标的变化三种方法对成都市经济发展方式的转变进行研究[105]。韩和林（2009）采用 5 大类 42 项单项指标，选择层次分析法对山西省经济发展方式转变进行定性和定量分析[106]。李志平、刘世奎（2010）从推力和拉力两个方面构建了转变经济发展方式评估体系，并以湖北 30 年的实践对评估体系进行验证。结果显示湖北转变经济发展方式的主要力量来自经济结构失衡形成的推力因素,而高新技术等拉力因素则日益疲软[107]。何菊莲、张轲、唐未兵(2012)在分析经济发展方式转变内涵的基础上,构建经济发展方式转变进程测评的指标体系和指数权重体系,对我国 2000—2009 年的经济发展方式转变进程进行测度和评价,得出基本结论:我国经济发展方式转变进程需要加快,并分析了其中的制约因素,建议通过大力培养人力资本智能推动科技进步;进行制度创新和政策调整促进产业结构优化;提升人力资本的自主创新能力等措施加快经济发展方式转变[108]。关浩杰(2012)的研究指出,目前国内关于经济发展方式转变评价指标体系的研究尚处于探索阶段,如何构建一个科学合理的评价指标体系对转变经济发展方式来说具有重大的理论意义和现实意义。在前人研究的基础上,从经济增长、经济结构、经济效益、自主创新、资源环境及社会事业和民生六个方面构建了一套评价指标体系,对 2001—2010 年河南省经济发展方式的变化趋势进行实证研究[109]。王坤(2012)从经济发展方式的内涵出发,对我国 17 个典型资源型地区的经济增长目标的转变、经济发展动力的转变、经济发展约束的转变和经济发展成果的转变构建了指标评价体系,并对 2001—2010 年的发展方式转变程度进行测评,结果发现:近 10 年来,资源型地区经济发展方式转变没有随着经济高速增长同步变化,主要原因是发展动力和发展约束的制约及发展成果分享的不公平性等方面的问题,最后提出了相应的政策建议[110]。尹奥、袭著燕、刑旭东(2012)立足于山东转变经济发展方式的主要内涵,建立了一个包括经济增长、经济结构、经济效益、资源环境、科技创新、和谐社会 6 个系统的指标体系来评价经济发展方式转变状态。运用该评价指标体系对 1995—2009 年山东经济发展方式总体类型进行了评估判断,发现山东省经济发展方式的综合得分呈上升趋势,先后经历了高度粗放型、粗放型和准集约型 3 个发展阶段,初步说明该评价指标的有效性[111]。韩晓明(2013)通过分析转变经济发展方式的核心、目标和措施,并结合国家、部门和地方国民经济及社会发展统计制度,遵循统计指标体系设计的一般规律、规范及标准,运用量化分析方法,从经济发展状况、发展动力、资源环境支撑和发展质量四个维度构建了转变经济发展方式的"测度与评价体系"(测评体系)。测评体系应突出以人为本,追求全面、协调和可持续发展,更应关注人的安全、权利公平及人的全面发展,以便为动态测评转变经济发展方式演化进程提供一个客观、科学和较普遍适用的工具[112]。戴卫东、肖玉巧、顾英伟(2013)构建了辽宁省转变经济发展方式的指标体系。该指标体系的总体框架可分为三个层次:第一层次为辽宁省转变经济发展方式的四个主要领域,反映了经济发展方式转变的主要内涵,包括经济增长、自主创新、服务经济和资源环境,是辽宁省转变经济发展方式的主要内容,也是评价指标体系的出发点和支撑点。第二层次为 10 个一级指标,包括规模速度指标、财政收入指标、创新投入指标、创新产出指标、服务业发展指标、水资源承载力指标、能源承载力指标、环境承载力指标、综合指标和就业指标,它们是对五大领域的细化,也为具体指标的确定提供了范围和方向。第三层次涵盖 13 个二级指标,包括GDP 增长率、人均 GDP、财政收入增长率、全社会 R&D 经费支出占 GDP 比重、每万人从业人员拥有科技活动人员数、专利授权量、服务业增加值增长率、服务业增加值占 GDP 比重、废水排放量、单位 GDP 综合能耗、二氧化硫排放量、城镇居民家庭恩格尔系数和城镇登记失业率,它们是评价经济发展方式转变的具体指标[113]。蓝晓宁(2013)从经济增长、经济结构、经济动力、科技创新、民生改善、生态资源六大方面构建了经济发展方式评价综合指标体系,运用熵值法确定指标权重,分析了欠发达地区——衢州 2000—2011 年经济发展方式的转变[114]。林海潮(2015)建立的指标体系将概念具体化为资源利用效率、环境污染及治理、经济结构和教育与科技投入四个方面;建立评价模型将转变效果定量化,对全国各省转变经济发展方式效果进行分析评价[115]。许端阳等(2015)构建了科技支撑经济发展方式转变的指标体系,从需求结构、产业结构、要素结构三个角度形成经济增长的动力结构,包括要素内生化、高科技产业化、服务业知识化、投资结构优化等在内的 10 个二级指标,并采用等权重的方法自下而上计算科技支撑经济发展方式转变指数[116]。

二是采用了总需求—总供给模型、一般均衡法。李志华(2012)用总需求—总供给模型来分析经济发展方式转变的必要性。我国的经济发展,当前正受着国际、国内两个市场的严峻考验,总需求的减少必然会对宏观经济造成影响,只有转变经济发展方式,增加总需求,才能恢复充分就业的均衡;我国经济的发展如果不转变方式,势必存在着宏观经济滞涨的风险,因此,必须以科学发展观为指导,改变传统的外延型、粗放式的经济增长模式,建立资源节约型、环境友好型社会;我国由于缺少自主知识产权和核心技术,在国际分工中依然处于产业链的低端,所以,必须更加坚定地把科技进步和创新作为经济社会发展的首要推动力量,把提高自主创新能力作为调整经济结构、转变经济发展方式、建设创新型国家作为面向未来的重大战略[117]。姜照华、刘则渊、丛婉等(2012)揭示了中国转向低碳的投资——创新双驱动的新发展方式的必要性;借鉴国内外学者的相关研究,建立科技促进发展方式转型的经济增长模型和节能减排模型;在此基础上,利用一般均衡分析方法,对 2012—2020 年中国向低碳经济转型中的科技、环保投入、能耗、污染物排放量、投资率、产业结构、人力资本及经济增长率等进行优化设计和模拟分析,以确定中国经济发展方式转型的优化路径[118]。

三是运用因子分析法、主成分分析法、灰色关联分析法、面板数据模型、多元线性回归、向量自回归模型、系统工程法、DEA 模型、空间计量模型。黄永兴、刘佩(2012)利用 2000—2010 年数据,运用主成分分析法和灰色关联分析法,对中国经济发展方式的转变效果及影响因素进行实证研究。结果表明:我国经济发展方式在经过 2001—2008 年的缓慢转型之后，进入快速转变阶段；人文保障因素对经济发展方式转变的关联度最大，科技创新、产业结构、资源环境和金融发展等因素次之[119]。丁刚、陈阿凤（2012）将单一指标法与综合指标法相结合，在运用单一指标法构建面板数据模型对 TFP 及其贡献率进行测算的基础上，较为全面地构建出一套含有 TFP 和 TFP 贡献率指标的用于我国区域经济发展方式转变现状评价的指标体系，并通过因子分析法和 ESDA 方法的运用对全国各省域经济发展方式转变的空间关联模式进行了探讨分析。结果表明，我国各省域的经济发展方式转变现状水平存在较大差异，不均衡态势十分突出，其空间关联模式呈现出三种类型（high-high 型、low-high 型和 low-low 型）特征，省域经济发展方式转变空间格局中的"高地"和"洼地"已初步形成，但当前经济发展方式转变的"高地"效应甚为薄弱，"洼地"特征较为明显[120]。孙晓雷、何溪（2015）通过经典的环境库兹涅茨曲线（EKC）这一生态经济理论，对中国城市层面的数据进行面板回归，验证环境污染程度与中国的经济发展之间存在倒"U"形的关系，即随着经济的发展，污染程度增加，但是当经济发展到一定的阶段，污染程度又会逐渐下降[121]。周荣荣、吴熙云、郭家欣（2013）剖析了"十一五"以来江苏经济发展的动力结构特征，并与国际国内发展水平进行横向比较分析，以新古典经济增长源泉理论、卢卡斯的经济增长理论模型为依据，运用 21 年时间序列，建立人力资本、科技、能源效率、城市化、产业结构全要素对经济增长贡献多元回归扩展模型，对经济增长进行核算，指出转型升级的制约因子；提出推进江苏经济发展方式转变，增强内生动力有效对策建议[122]。裴卫旗（2013）认为经济发展方式合理性综合评价指标应该由经济效益、经济发展的要素配置、经济结构、经济与社会和谐、经济发展与资源环境和谐五个层面构成[123]。关欣、乔小勇、孟庆国（2013）选取我国 1995—2010 年关于高技术产业和经济发展方式转变的相关数据，建立向量自回归模型（VAR），且进行了误差修正,采用脉冲响应和方差分解方法实证检验了我国高技术产业发展和经济发展方式转变之间存在的长期及短期的动态影响关系。研究表明:我国高技术产业发展与经济发展方式转变之间存在互为因果的关系,且彼此的作用影响将长期持续化;经济发展方式转变将有利于高技术产业发展,消费需求扩大可促进高技术产品升级和产业增值,推动我国新型工业化转型;高技术产业作为先导产业长期来看会促进需求结构的调整,将推动我国经济发展方式向"内需主导""消费驱动"转变[124]。杜栋、顾继光(2013)基于科学发展观,运用系统工程方法,在转型能力评价、转型进程评价的基础上,强调转型绩效评价,构建转变经济发展方式背景下城市经济转型评价体系,即"目标+过程+结果"立体化城市经济转型评价体系,在转型前明确转型目标,转型中加强过程监控,转型后评价转型绩效,为城市经济转型评价提供全方位蓝图,以促进科学判断城市经济转型进程和效果[125]。白雪飞(2013)认为经济发展方式转变是涵盖经济、社会、自然和科技的多维复合系统。经济发展方式转变的程度,不仅取决于各个系统的发展度,更重要地取决于各个系统的协调度。因此构建了经济—社会—自然—科技系统协调度测度模型,并建立协调度评价指标体系,基于1995—2010年的数据进行实证分析。研究表明:1995—2010年,经济、自然和科技系统有序度呈上升趋势,社会系统有序度呈较为平缓的趋势,四个系统的协调度整体呈下降趋势,并存在波动[126]。王少林(2013)采用我国1995—2010年关于高技术产业和经济发展方式转变的相关数据,运用VAR模型实证分析了高技术产业发展对经济发展方式转变之间长期及短期的动态影响关系。研究表明:高技术产业发展与经济发展方式转变之间互为因果关系,且彼此的作用影响将长期持续化;经济发展方式转变将有利于高技术产业发展,推进我国新型工业化转型;高技术产业作为先导产业将推动我国经济发展方式向"内需主导""消费驱动"转变[127]。李言规(2012)通过构建指标体系,采集 2008—2010 年统计数据和利用 DEA 模型及其曼奎斯特 FTP 指数公式,测度湖南各市州转变经济发展方式的相对能力、综合能力指数及其分解指数。结果表明,综合实力较强的市州,即使相对能力暂时落后,也能够较快提升;全省平均综合能力 2009 年最高,相对能力逐年下降,技术进步逐年上升,但两者幅度均逐渐收窄。在此基础上,他提出了打造适合各自市州情的"两型"产业聚集区、创新体制机制和加大科技投入力度的对策建议[128]。汪素芹(2014)构建了反映经济、外贸发展方式转变水平的指标体系,对经济、外贸发展方式转变水平进行评价,然后用 Granger 因果关系检验、OLS、脉冲响应函数与方差分解等方法,对经济发展方式转变与外贸发展方式转变之间的相互关系实证分析。研究结果表明:我国经济发展方式与外贸发展方式转变存在着因果关系,经济发展方式转变与外贸发展方式转变相互影响效果明显[129]。李树、鲁钊阳(2015)运用中国 1992—2012 年 31 个省级单位的截面数据,对省域经济发展方式转变可能存在的空间依赖性问题进行了验证,通过引入空间滞后变量,构建省域经济发展方式转变的空间计量经济学模型,从全域视角和局域视角分别研究了经济系统、科技创新系统、社会系统和环境系统四个方面的指标对省域经济发展方式转变的影响情况[130]。

　　综上所述,学者们对转变经济发展方式的理论研究居多,而实证研究的成果较少,其深度和广度仍有拓展的空间:第一,经济发展方式的转变是与经济发展阶段相适应的,当前资源与环境问题对经济影响深远,如何在此约束下实现转变引人深思。第二,研究方法仍可以进一步整合,如层次分析、因子分析、聚类分析、判别分析、主成分回归、系统动力学等集成运用可增加研究的深度和精密度。第三,转变经济发展方式应考虑植入微观思维和方法,如可深入探讨企业技术创新、管理创新等问题。

1.3 研究思路、主要内容及研究方法

1.3.1 基本思路

本书全面梳理了资源、环境与我国经济发展方式转变的基本内涵,从我国经济发展转变进程的现状及问题入手,对我国经济发展转变进行评价与分析,揭示影响经济发展方式转变的关键因素,并对经济发展方式转变中的需求结构、产业结构及要素投入结构进行剖析,构建基于资源与环境双重约束下的我国经济发展方式转变的系统动态仿真模型,最后提出我国经济发展方式转变的战略及对策建议。

1.3.2 主要内容

(1) 资源、环境与我国经济发展方式转变的基本内涵

阐述了经济增长与经济发展,经济增长方式与经济发展方式,以及经济发展方式转变的内涵,探讨了经济发展方式转变的理论演变,介绍了经济发展方式转变的主要内容,分析了影响我国经济发展方式转变的因素及资源和环境对我国经济发展方式转变的约束问题。

(2) 资源与环境约束下我国经济发展的现状及方式转变中存在的问题

阐述了资源与环境的现状,以及资源和环境双重约束下我国经济发展的现状,并揭示了我国转变经济发展方式进程中存在的问题。

(3) 基于资源与环境约束下的我国经济发展方式转变评价体系研究

从经济发展方式转变的内涵入手构建包括经济发展、社会发展、科技发展及环境约束、资源约束等在内的转变经济发展方式的指标体系与方法体系,运用层次分析法对我国 2000—2013 年经济发展方式转变进行了系统评价与分析,同时运用因

子分析和聚类分析对 30 个省域经济发展方式转变状况展开评价与分析。

（4）影响经济发展方式转变的关键因素分析

基于评价结果，首先，通过理论分析遴选出影响经济发展方式转变的关键因素，并选择主成分回归的方法对影响我国经济发展方式转变的关键因素进行了比较甄别；其次，利用我国区域经济发展方式转变评价的结果，选择判别分析法对影响经济发展方式转变的关键因素进行筛选，再次验证影响转变的关键因素。

（5）我国经济发展方式转变的核心分析

第一，需求结构转变分析，重点研究消费、投资、出口协同作用对经济发展方式转变的影响。第二，产业结构转变分析，研究产业结构优化对我国经济发展转变的促进作用。第三，要素投入结构转变分析，重点对科技进步、劳动者素质提高、管理创新转变进行实证研究。

（6）基于资源与环境双重约束下的我国经济发展方式转变的系统动态仿真研究

构建由社会发展、科技发展、产业结构和资源环境四大子系统构成的我国经济发展方式转变的系统动力学模型，借助 Vensim PLE 软件对资源与环境双重约束下的经济发展方式转变进行系统动态仿真，通过控制关键变量对未来经济发展方式转变进程和结果进行模拟和预测。

（7）资源与环境约束下我国经济发展方式转变的战略思考及对策建议

针对发展方式存在的突出问题及其深层次体制性缺陷，运用 SWOT 和 QSPM 分析法，提出相应战略，并从政府政策层面和企业实践层面提出相应的对策建议。

1.3.3　研究方法

研究方法包括：

第一,演绎与归纳分析相结合。通过对国内外经济发展方式转变理论和实证研究进行广泛的归纳分析,从一般规律的总结具体到我国经济发展方式转变的研究。

第二,定性与定量分析相结合。选择层次分析、因子分析和聚类分析对我国经济发展方式转变的综合评价,采用计量经济模型、主成分回归、判别分析揭示影响转变的关键因素,构建系统动态仿真模型对经济发展方式转变进行系统研究,在此基础上进一步展开定性的研究和探索。

第三,比较与综合分析相结合。国际比较体现在对影响美国、日本及亚洲新兴工业化国家的经济发展方式转变研究和实践的比较上。国内比较体现在从时间和区域两个维度分析比较我国经济发展方式转变存在的问题及差距。

第四,静态与动态分析相结合。本书不仅着眼当前格局,更着眼于未来的发展可能,特别是在战略和对策研究部分采用动态分析方法,体现了后危机时代我国经济发展的长远战略构架。

1.4 研究框架和创新点

1.4.1 研究框架

本书的研究框架、研究思路与方法如图 1-1 所示。

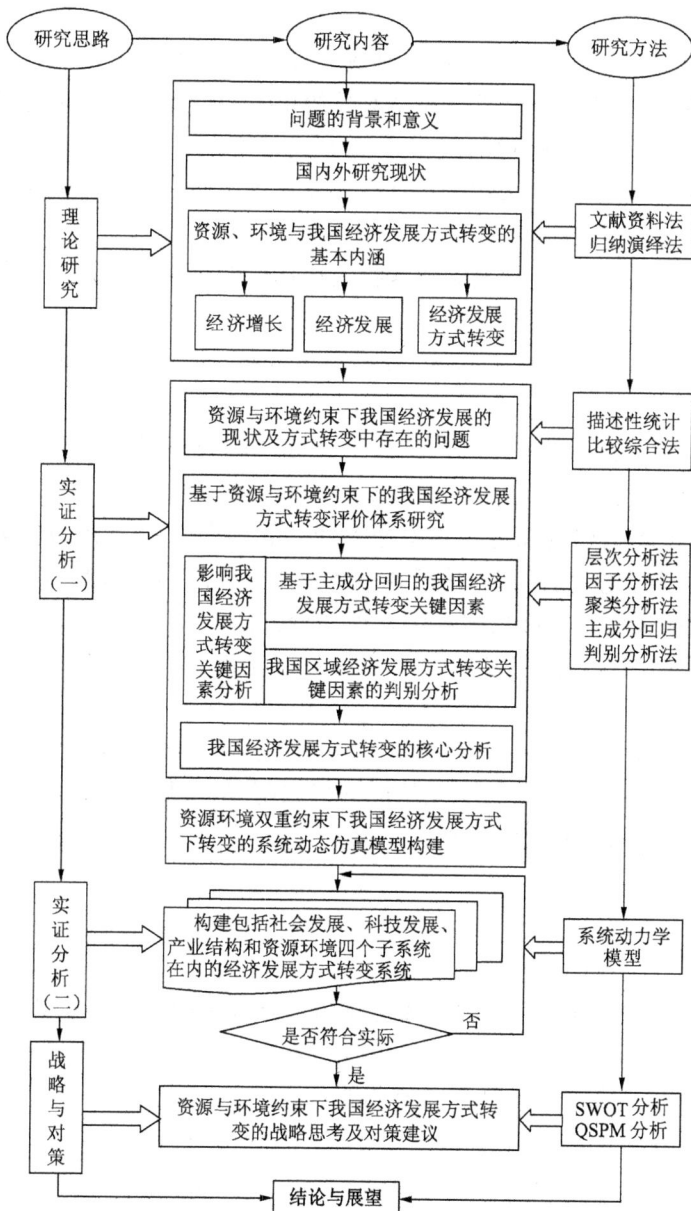

图 1-1　本书的基本思路与方法

1.4.2　创新点

（1）突破了现有研究中对我国经济发展方式转变的定性为主的研究，建立了资源与环境双重约束下的我国经济发展方式转变的评价体系，构建的经济发展方式转变评价指标体系较为全面，由经济发展、社会发展、科技发展和资源与环境支持4个一级指标、9个二级指标和34个三级指标组成。同时构建了以需求结构转变、产业结构转变和要素投入结构转变为核心的综合分析体系，具有一定的创新性。

（2）以实证分析为主，选择层次分析法、多元统计分析的因子分析、聚类分析、判别分析、主成分回归及联立方程模型等各类计量经济模型等方法加以集成组合，运用于中国经济发展方式转变的各类问题研究中，提高研究的深度和精密度。

（3）构建资源与环境双重约束下的我国经济发展方式转变的系统动态仿真模型，使得各个系统相互促进、相互制约，发挥整体功能，从而强化我国经济发展转变方式的动力，全面系统地分析和模拟我国经济发展方式转变的过程及其在未来各时点的动态状况。

（4）使用SWOT和QSPM分析方法对中国经济发展方式转变的战略和对策进行了系统的分析和研究，增强了对策建议的科学性、针对性和可操作性。

1.5　本章小结

本章介绍了研究的背景和意义，分析了国内外研究现状，对本书的研究思路、主要研究内容和研究方法进行了阐述，指出了本书的研究总体框架和主要创新点。

围绕经济增长和经济发展方式转变等核心内容进行了广泛的国内外文献研究。国外学者的研究主要集中在对经济增长和经济发展方式转变的关键因素方面，主要从自然环境、基础设施建设投资、金融等产业发展、外资、贸易、碳排放、资源、能源消费、研发活动、创新及国家政策等多角度、多因素对经济增长和经济发展方式问题展开了研究。国内学者对经济发展方式的研究主要在党的十七大之后,主要集中在经济发展方式的内涵、实现经济发展方式转变的关键因素、途径和对策,以及经济发展方式研究的方法等领域和问题。综合而言,国内外学者对经济发展方式及其转变从不同角度展开了较为系统的研究,但对中国经济发展方式转变的系统性研究,如关键因素的甄别、未来发展预测等方面仍有可继续深入研究的领域,在方法应用上仍可进一步拓展。

第2章 资源、环境与我国经济发展方式转变的基本内涵

资源与环境双重约束下的我国经济发展方式转变研究，必须要明确经济增长与经济发展、经济增长方式与经济发展方式，以及经济发展方式转变的内涵问题，这样才能有效地开展我国经济发展方式转变的客观评价和关键影响因素的甄别。为此，本章从经济增长与经济发展、经济增长方式与经济发展方式，以及经济发展方式转变的内涵界定入手，回顾经济发展方式转变的理论演变，概括我国经济发展方式转变的主要内容，分析影响我国经济发展方式转变的基本因素，探讨资源和环境对我国经济发展方式转变的约束问题。

2.1 经济发展方式转变的内涵

2.1.1 经济增长与经济发展

党的十七大报告在全面部署经济建设时，把加快转变经济发展方式、完善社会主义市场经济体制取得重大进展，作为实现未来经济发展目标的关键。其中，加快转变经济发展方式是在探索和把握我国经济发展规律的基础上提出的重要方针，也是从当前我国经济发展的实际出发提出的重大战略。报告不仅用"发展"取代了"增长"二字，而且赋予经济发展方式更丰富的内涵。党的十八大报告进一步提出把"转变经济发展方式"作为经济发展的

主线,必须以改善需求结构、优化产业结构、促进区域协调发展、推进城镇化为重点,着力解决制约经济持续健康发展的重大结构性问题。

从理论角度来看,经济发展与经济增长既有联系又有区别。经济增长指一国或一地区在一定时期内,包括产品和劳务在内的产出的增长。一般用国内生产总值的总量或人均国内生产总值衡量。经济发展则意味着随着产出的增长而出现的经济、社会和政治结构的变化,包括投入与产出结构、产业结构、分配结构、消费模式、社会福利、文教卫生、群众活动等在内的变化。经济增长是手段,经济发展是目的。经济增长是经济发展的基础,经济发展是经济增长的结果。一般而言,没有经济增长是不可能有经济发展的,但有经济增长不一定有经济发展。

2.1.2　经济增长方式与经济发展方式

经济增长和经济发展的不同,必然导致经济增长方式和经济发展方式的内涵的不同。经济增长方式是指通过要素结构变化,包括生产要素数量增加和质量改善来实现经济增长的方法和模式。通常把主要依靠增加生产要素投入、追求产品数量扩张的增长方式,称为粗放型增长方式;把注重依靠科技进步和提高劳动者素质、加强管理、提高效益的增长方式,称为集约型增长方式。因而,经济增长方式主要是就增长过程中资源、劳动、资本等投入的效率而言的。而经济发展方式,既涵盖要素结构的变化,也包括产业结构、需求结构、城乡结构、区域结构的变化,还包括资源和生态环境的状况。在中国社会经济发展过程中,经济增长方式和经济发展方式的两字之差,体现的是经济发展观念的巨大变化。

2.1.3　经济发展方式转变的内涵

所谓经济发展方式转变,就是要在经济发展的进程中紧紧围绕以人为本这个核心,真正做到全面协调可持续发展,统筹城乡发展、区域发展、经济社会发展、人与自然和谐发展、国内发展和对外开放,使经济朝着有利于人和社会全面发展的目标前进。

"经济发展方式转变"不同于过去所讲的"经济增长方式转变"。经济增长方式转变通常是指从粗放型增长方式转变为集约型增长方式,即从主要依靠增加资源投入和消耗来实现经济增长转变为主要依靠提高资源利用效率来实现经济增长。而经济发展不仅包含数量上的增加,也包括结构的改善、质量和效率的提高及发展的可持续性。

改革开放30多年来,中国经济出现了较快的增长,有中国特色的社会主义市场经济体制的建立,形成了经济快速增长的内生推动力,从而促使促进经济增长的各种因素积累和组合,形成了30多年经济增长的主推动力。首先,工业和现代服务业的快速发展成为经济结构升级的主体。一方面,大量的农村富余劳动力急速向工业和现代服务业转移,人力资源得到了相对有效利用;另一方面,工业和现代服务业的发展促进了科技创新,提高了劳动生产力,实现了经济的快速增长。其次,城镇化形成了经济增长的空间载体。城镇化的发展带来了第三产业的蓬勃发展,与工业化形成了互动融合,为经济高速增长提供了重要的空间载体,容纳了大量的农村剩余劳动力,同时亦为工业和现代服务业的发展提供了巨大的市场空间,刺激了生产和消费需求。再次,有中国特色的社会主义市场经济体制的建立,是经济增长的重要体制基础。市场化带来了资源配置效率的提升,推动了生产要素在各部门资源的优化配置,促进了生产效益的提升,所有制结构的变化加强了生产者之间的竞争意识,提高了企业的经营效益。最后,国际化进程的快速推进是中国改革开放以来重要的经济增长支柱,不仅填补了国内资金缺口,引进了先进技术和设备,拓展了国际市场,而且通过外商直接投资的技术外溢效应和竞争效应,提升了内资企业的国际竞争力,从而保持经济增长的强劲势头。

然而现有资源环境的容量却难以支撑过去这种经济增长,当前经济发展既处在全球化的国际背景下,又处于国内经济新常态的环境中。为此,必须要寻求经济增长新的驱动力,必须要转变经济发展方式。然而,在中国经济发展方式转变中仍存在着许多问题,这些问题在很大程度上阻碍了经济发展方式的转变。在产业结构方面存在比例失调问题,与经济发展方式转变的要求仍有一定距离,表现为第一产业基础薄弱;第二产业内部结构失衡,重工业比例偏高,高技术产业发展不足;第三产业发展滞后。在需求结果方面,呈现投资膨胀、消费低迷和出口依赖的失衡局面。在城乡结构方面,城市化率、城乡居民收入水平仍不够高,半城市化人口面临劳动保障和社会保障覆盖不足等困境。在收入分配结构方面,基尼系数由改革开放之初 1978 年的 0.331 上升到 2011 年的 0.47,已超过 0.40 的国际警戒线水平,收入差距呈现不断扩大的趋势。在就业方面,存在劳动力供大于求的矛盾,大学毕业生就业问题也日趋严峻。

　　当前我们正处在经济发展方式转变的过程中,一方面我们要解决经济发展过程中存在的各类问题,一方面寻找影响经济发展方式转变的各种因素,并加以组合创新,形成经济发展的创新驱动力,进而转化为内生性增长,使得在资源与环境双重约束下,减少物质资源的投入,抛弃旧的经济增长方式,实现经济发展方式的突破。这些关键因素应该包括以创新人才为核心的人力资本因素、以产业结构为核心的经济结构因素、以创新为核心的技术水平因素、以政府职能为核心的经济体制因素、以资源为核心的生产投入因素和以消费为核心的有效需求因素。

　　最终经济发展方式转变实现的是从数量速度型发展向质量效益型发展转变,从资源耗费型、环境污染型发展向资源节约型、环境友好型发展转变,从经济主导型发展向经济社会协调发展转变,从低成本扩张型发展向高效率创新型发展转变[131−133]。

　　资源环境与我国经济发展方式转变的系统构架,如图 2-1 所示。

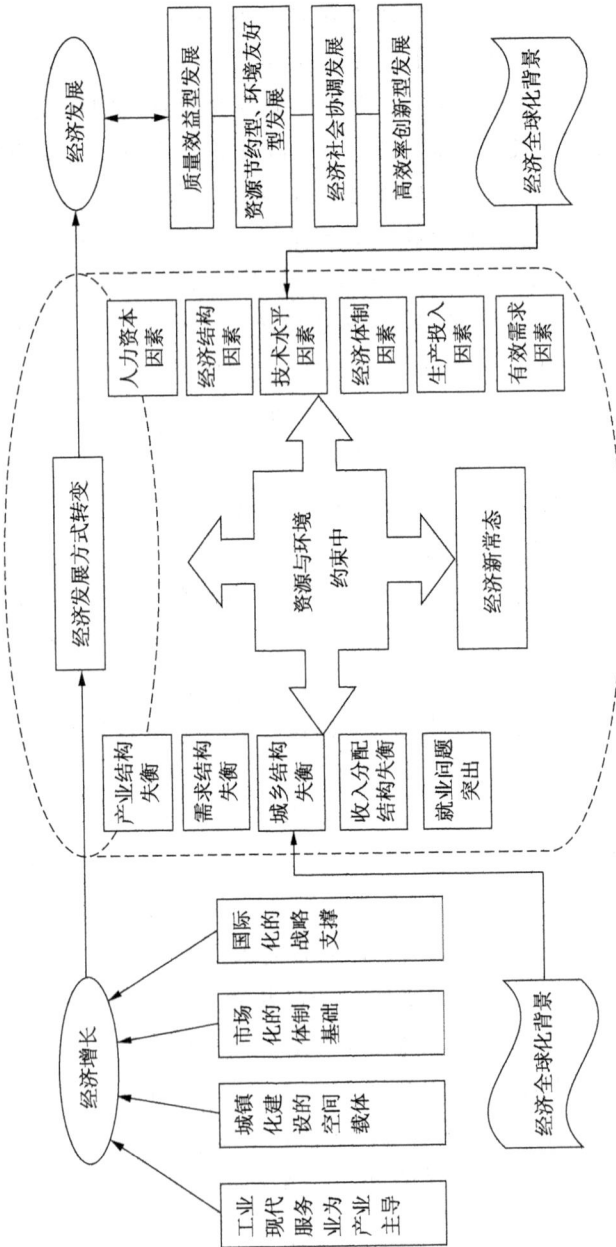

图 2-1　资源环境与我国经济发展方式转变的系统构架

2.2　经济发展方式转变的理论演变

经济发展方式是经济增长方式的深化与扩展,其表述首次见诸党的十七大报告之中并被提到重中之重的位置。国外经济发展理论研究中鲜见这样的提法,主要在于国内学者的诸多研究之中。

2.2.1　国外经济发展理论的变迁

通过对国外相关文献研究可以发现,在众多与经济发展相关的理论中,没有转变经济发展方式这一提法,但是通过对经济发展相关理论的梳理,可以看出国外有关经济发展理论在不断地深入、不断地扩展,发展的本质由以物为中心转变到以人为中心,发展的内涵由经济层面渗透到社会层面,发展的质量由只重视经济增长到经济与社会各方面协调发展,这个过程体现了经济发展方式转变的思想。国外的经济发展理论大致经历了四个阶段,即经济增长论、综合发展论、可持续发展论和以人为中心综合发展论。

（1）经济增长论

经济增长理论,又称传统发展论,盛行于 20 世纪 50 年代到 60 年代。其认为发展中国家要实现发展的唯一路径就是实现经济快速增长,把发展与经济增长等同,国内生产总值或国民生产总值成为衡量一个国家是否实现发展的唯一标准。以经济增长论为基础理论时期,采取不均衡的发展战略,通过大量生产要素的投入、大量自然资源的消耗来实现经济增长,形成了高投入、低产出的粗放型经济发展方式,实行“先增长后治理”的环境路线,只重视经济总量的增长,忽视社会公平。当时具有代表意义的著作——刘易斯的《经济增长理论》很好地反映了这种经济发展观点,其认为“发展就是人均产出的增长”。很显然经济增长理论忽视了“发展”和“增长”的区别,将二者混为一谈。

经济增长论盛行时期,经济增长对社会财富的增加起到了一定的积极作用,但是其忽视了社会机构的完善、科技进步的变化、社会公平,割裂了经济增长和社会进步的关系、经济增长与生态环境的关系,造成社会分配不公、贫富差距扩大、环境破坏严重,出现"有增长无发展"的局面。

（2）综合发展论

随着社会的发展,人们逐渐认识经济增长并不等于发展,发展的内涵比增长更加宽泛,发展是涉及社会各个方面协调发展的系统工程。20世纪70年代,美国率先发起"社会指标运动",建立起综合社会评价指标体系,包括经济、社会、环境、文化、生活等各个方面,立足于评价整个社会发展结果,使人们对社会发展做出全面综合的判断。同时,联合国第二个十年发展报告中也指出:发展已不再是单纯的经济增长,社会制度和社会结构的变迁及社会福利设施的改善具有同等重要的地位。1983年法国经济学家佩鲁推出《新发展观》一书,对发展有了新的解释,认为发展是"整体的""综合的""内生的",在此基础上形成了综合发展观[134]。综合发展论是发展理论演变过程中的一个飞跃,它将人与人、人与环境、人与组织、组织与经济的合作作为新的发展主题,把发展看成是包括经济增长、政治民主、科技水平、文化观念、社会转型、自然协调、生态平衡等各种因素在内的综合发展过程。这种发展理论强调了社会各个方面,但是没有突出重点,也没有考虑到后代发展空间的问题。

（3）可持续发展论

可持续发展概念最早是在1972年联合国人类环境研讨会上正式讨论,1980年在《世界自然资源保护大纲》中正式指出:必须研究自然、社会、生态和自然资源之间关系,以确保全球可持续发展。但可持续发展的内涵首次被比较全面地表达出来是在1987年联合国世界环境与发展委员会发布的《我们共同的未来》研究报告中,即"可持续发展是满足当代的需求,又不对满足后代需求能力造成危害的发展"[135]。

到 1992 年,可持续发展论被全球普遍认同,其标志是《里约热内卢宣言》和《21 世纪议程》这两个纲领性文件在联合国环境与发展大会上获得通过。可持续发展的核心观点包括三点:一是可持续发展认为现在发展是摆脱贫困的路径;二是强调发展与环境的辩证关系,认为发展与环境保护之间是相互影响、相互制约的;三是以公平看待发展,揭示了发展的代际公平与代内公平。

可持续发展强调今天的发展必须以未来的发展为约束条件,现在的发展不能以牺牲未来的发展为代价,可以说可持续发展是在时间的维度上强调发展的连续性。虽然这种发展观比较好地协调了当代发展和未来发展的关系,但是阿玛蒂亚·森(Amartya Sen)认为这种发展观仍然不够全面,没有全面考虑人类全面发展和协调发展的问题。

(4)以人为中心综合发展论

随着社会的发展,人们对发展的认识进一步扩展和深入,20世纪 90 年代以来,人们对发展内涵更进一步深入理解的表现之一就是认识到经济发展的终极目标是人类自身的发展。人类发展概念是在 1990 年由联合国发展计划署首次提出的,自此以来联合国发展计划署每年都会编制并发布一份《人类发展报告》,该报告通过构建人类发展指数来反映人类社会在各领域取得的主要成就,并以此指数对世界各国发展情况进行评价并排序,其目的是使人们对发展的认识更加全面、更加准确,而不要把发展局限在经济这一个领域,应该涉及多个方面,把人类自身的发展作为发展的中心。为了更全面地反映人类发展状况,该机构又编制了人类贫困指数、性别赋权尺度和与性别有关的发展指数作为补充。人类发展主要体现在各种能力的提升,有延长寿命的能力、享受健康身体的能力、获得更多知识的能力、拥有充分收入来购买各种商品和服务的能力、参与社会公共事务的能力等。1996年的《人类发展报告》中指出了五种伪发展状况,即仅有经济增长而无人类发展的状况,更进一步说明了经济增长和人类发展的关系。一是无工作的增长,即经济的增长并没有带来工作机会的增加,没有使失业率下降;二是无声的增长,即经济增长没有惠及民生,没有带来人民生活状况的改善;三是无情的增长,即经济增长没有顾忌社会公平,分配不公,仅使一部分获益,贫富差距扩大;四是无根的增长,即经济增长没有与本土文化融合,或者为了经济增长压制文化的多样性,使少数民族接受标准的文化和语言,经济增长没有本土文化做支撑;五是无未来的增长,即经济增长伴随着生态破坏、自然资源的耗竭,使人类赖以生存的环境遭到破坏。如果出现上述情况,增长就没有带来人类的发展。

另一方面,不同国家达到转变经济发展方式的方法也不同。美国实现转变经济发展方式主要是以技术创新为先导,提高劳动生产率,降低成本;同时推动信息技术发展,改进企业的经营管理方法;发展教育,提高劳动力素质;在政策和体制上进行创新,促进经济发展方式的转变,其中技术创新是重点。日本转变经济发展方式是通过优化教育和人力资本、政府对经济活动的有效干预和正确指导及引进技术消化吸收、科技立国来实现的。纵观国外,实现转变经济发展方式的要素主要有技术创新、人力资源、产业结构的调整和升级,其中技术创新尤为重要。

2.2.2　国内经济发展理论的变迁

在改革开放初期,由于生产能力不足,社会产品总供给不能满足需求,因此温饱和生存是面临的主要问题,落后的生产力难以满足人民日益增长的物质文化需要是主要矛盾。为了解决这些问题,中央工作重点转移到以经济建设为中心上来。随后在党的十二大上又提出"三步走"战略,在以经济建设为中心的指导下,形成以经济增长为主导的经济发展方式,这种经济发展方式极大地提高了效率,促进了生产力的发展。

尽管经济增长主导型发展方式极大推动生产力提高,但这种发展方式存在缺陷,即对经济增长关注程度太高,忽略了协调发展的重要性[136]。经过长期积累,它给经济发展带来了突出问题:

一是经济、社会、生态发展不协调,环境污染、生态问题突出;二是公平和效率失衡。这种发展方式只注重经济增长效率,关注经济总量提高,对公平分配方面关注不够,造成贫富差距扩大,社会分配不公,地区差距明显;三是经济增长过度依赖投资和出口,需求对经济增长拉动不足,这种不合理的经济增长驱动方式,造成经济发展抗风险能力较差;四是产业结构不协调,第二产业大而不强,第三产业发展滞后,农业基础地位薄弱。

由于经济增长主导型发展方式的缺陷,党的十四届五中全会确立实现经济增长方式根本性转变的方针。尽管我国经济发展取得了举世瞩目的成就,但是我国经济的强劲发展是依靠传统的高投入、高消耗、高资本积累所带动的经济增长,而这种经济增长已经引发一系列经济和社会问题,并且给国民经济的持续稳定增长带来威胁。

1997年,党的十五大又明确提出,"转变经济增长方式,改变高投入、低产出、高消耗、低效益的状况"。2004年年底,胡锦涛同志在视察广东时提出加快推进经济增长方式的转变,2007年6月25日他在中央党校的重要讲话中指出:"实现国民经济又好又快发展,关键要在转变经济发展方式、完善社会主义市场经济体制方面取得重大新进展。"把转变经济发展方式作为今后一个时期的重要战略任务。

党的十七大报告中正式提出"加快转变经济发展方式,推动产业结构优化升级"。这是关系国民经济全局紧迫而重大的战略任务。"转变经济发展方式"新表述,是贯彻落实科学发展观的必然要求,是我党对我国经济发展规律认识进一步深化的一个重要标志,也是我国经济发展方式的第二次历史性转变。其实质在于提高经济发展的质量,实现经济社会和人的全面协调发展[137]。党的十八大报告则提出把"转变经济发展方式"作为经济发展的主线,把推动发展的立足点转到提高质量和效益上来,必须以改善需求结构、优化产业结构、促进区域协调发展、推进城镇化为重点,着力解决制约经济持续健康发展的重大结构性问题。党的十八届三中全会更指出要加快转变经济发展方式,加快建设创新型国家,推动经济更有效率、更加公平、更可持续发展。

2.3 发达国家经济发展方式转变的关键因素

2.3.1 影响美国经济发展方式转变的关键因素

从20世纪50年代开始,美国经济发展经历了"黄金时代",20世纪七八十年代经历了萧条和复苏时期,90年代进入了"新经济"时代,到21世纪始终保持世界第一的经济发展水平,在全世界率先实现了经济发展方式的转变,尽管其中亦经历过多次经济危机,但其经验对于我国经济发展方式的转变仍具有较大的借鉴价值。

首先,科技创新是推动经济发展方式转变的强大动力,美国对科技创新非常重视,成立了国家科学技术委员会,由总统和副总统任正副主任,由一些部长担任委员,以加强对技术创新的国家领导,重视科技成果在经济上的应用,支持国家实验室、大学、科研院所与企业合作,促进科技成果商业化[138]。研究与开发投入增长很快,2008—2012年,美国R&D经费支出分别为4 062.6亿美元、4 050.7亿美元、4 086.6亿美元、4 151.9亿美元和4 535.4亿美元,分别占GDP的比重为2.86%,2.91%,2.83%,2.77%和2.79%,其绝对数保持世界第一。

其次,人力资本是经济发展方式转变的坚强基石。美国非常重视科技创新的人才队伍建设,一方面不遗余力地培养本国科技人员,另一方面采取多种措施吸引国外优秀人才到美国发展。美国世界顶级高校和科研院所林立,培养了众多的科技创新人员并吸引了世界各国的优秀人才前往美国,构筑了美国丰富的顶级人力资本,2012年美国R&D研究人员为125.29万人,为美国经济发展方式转变奠定了坚实基础。

再次,经济结构调整是经济发展方式转变的重要支持。美国不断巩固和加强高新技术的领先地位,较早确立了以信息服务业为主导的第三产业的发展趋势,并发展金融业等生产性服务业,确立了世界领先的地位。目前美国高技术产业领域,生命科学技术、新能源技术、新材料技术、空间技术、环境技术等处于世界领先地位,并持续保持增长态势。金融产业发展由于开发过度,造成了美国次贷危机,进而引发全球金融危机,值得各国借鉴[139]。

最后,强有力的政府政策是经济发展方式转变的政策保障。美国高度重视制定积极的科技创新战略,完善科技创新政策法规体系,建立强有力的科技创新资金保障体系,培养和引进科技创新型人才队伍,健全科技创新成果转化体系,构建起系统完整的国家创新体系。坚持对经济高效率的宏观调控,利用财政、金融、税收等手段刺激、调整经济发展[140,141]。

2.3.2　影响日本经济发展方式转变的关键因素

20 世纪 70 年代中期以后,日本实现了经济发展方式的转变,且经济增长的集约化程度不断提高,到了 90 年代末,已成为全世界集约化程度最高的国家之一。

首先,产业结构调整是日本经济发展转变的关键因素。日本产业政策经历了“产业合理化—扶植重化学工业—发展创造性的知识密集型产业—重视环境保护”的调整。20 世纪 50 年代,在二战后经济恢复时期,日本依靠“倾斜生产方式”,政策倾向于支持军工、煤炭、钢铁产业及与之密切相关的电力、运输行业的发展;20 世纪 60 年代的高速增长时期,日本推行以重化工业为中心的产业政策,鼓励企业提高重化工业生产能力及其技术装备水平;20 世纪 70 年代及“石油危机”以后日本进入稳定的中低速增长时期,转而实施知识和技术密集型产业政策,重视提高国民生活质量。产业政策调整的直接效果是优化了产业结构,并通过产业结构的优化推动了经济发展方式的转变[138]。

其次,高等教育的蓬勃发展和终身学习的倡导,积累了优秀的人力资本。20世纪50年代日本就实现了九年义务教育的普及;60年代促进了中等教育及中等职业教育的发展;70年代推动高等教育的大众化;80年代推进教育的个性化、信息化和国际化;90年代在高等教育大众化的基础上发展研究生教育;近年进一步促进高等职业教育的实质性发展,并推进高层次远程教育,倡导终身学习。在教育发展的基础上,注重培养多元化的技术人员和科研人才,尤其重视理工科人才的培养,为经济发展方式转变储备了数量大、质量高的人力资源[138]。

最后,技术进步带动了经济发展方式转变。日本一直以来注重引进符合本国经济发展水平、国民收入水平、市场需求等世界先进技术,不断加快技术装备现代化,提高产业和企业的国际竞争能力。此外,注重技术研发,进行源头创新,研发投入是重要的物质保障,20世纪90年代中期以来日本政府和企业的研发投入一直占国内生产总值的3%以上,居世界前列。2008年至2012年,R&D经费支出分别为173 772.2,158 177.28,156 964.79,159 450.6和158 835.9亿日元,分别占日本当年GDP的比重为3.47%,3.36%,3.26%,3.39%和3.35%。

2.3.3 影响亚洲新兴工业化国家和地区经济发展方式转变的关键因素

韩国、新加坡、中国台湾和香港地区,是二战后发展最快的亚洲国家和地区,随着资本和技术的积累,资本和技术密集型产业逐步发展起来,成为新兴工业化国家和地区。此后,包括印度尼西亚、马来西亚和泰国在内的亚洲23个国家和地区,也被纳入新兴工业化国家和地区的行列。新兴工业化国家和地区的经济发展方式转变过程具有较高的相似性,一般都经历了"劳动密集型—资本密集型—知识技术密集型"的投资结构演进,而投资结构的演进推动了产业结构的调整和升级,并在此基础上实现了经济发展方式从粗放型向集约型转变。

第一,政府主导是"东亚经济模式"的显著特征之一,亚洲新兴工业化国家和地区在发展战略、人才培养、技术引进、金融稳定、价格保护、结构调整等方面都由政府主导,这样在短时间内可以进行有效的资源配置,有力地促进了经济发展方式的转变。

第二,亚洲新兴工业化国家和地区先后经历了进口替代到出口导向的外向型经济战略转换,通过对外资实行优惠政策,建立外商投资工业园区,加强改善外商投资条件的各种基础设施建设,设立专门机构对出口进行指导和协调,以及建立出口加工区、出口自由区等措施鼓励出口。这一系列措施使得新兴工业化国家和地区迅速地融入全球价值链和国际化进程中,充分利用国际市场及资本来推动本国经济发展,为实现经济发展方式转变准备了必要的条件。

第三,亚洲新兴工业化国家和地区在经济发展的不同阶段进行了大规模的产业结构调整。20 世纪 60 年代,新兴工业化国家和地区抓住劳动密集型产业转移的机遇,开始经济起飞前的积累;70 年代通过引进设备构建钢铁、化工等基础工业,构建资本密集型产业;80 年代抓住以汽车、电子等产业为代表的技术密集型产业转移的机会,成功地实现从资本密集型产业向技术密集型产业转变;90 年代开始转向以信息、电子、生物等为代表的高新技术产业[138]。通过一系列的结构调整,这些国家和地区的产业结构不断高级化和外向化,成为经济发展方式转变的有力支撑。

第四,高度重视科技进步和人力资源。增加科技投入,建立科研机构和科研基地,制订高新技术产业计划,促进科技成果的推广等。新兴工业化国家和地区把提高人力资源的素质看作促进经济发展方式转变的根本前提,通过增加教育经费投入、实行普遍的义务教育、发展高等教育及职业技术培训、制定和完善人力资源开发的法律法规体系及"走出去、引进来"等措施,从社会需要出发,为经济发展方式转变提供了充足的人力资源。

此外,在不同的经济发展阶段实行有针对性的税收优惠政策,注重各种优惠方式的协调配合,即注重直接优惠和间接优惠的相互补充、区域性优惠和产业性优惠的相互配合。如区域性优惠主要指对"自由贸易区""高科技园区"等区域的研发与创新活动予以扶持;产业性优惠主要是对高科技和技术密集型产业、风险投资企业、中小企业等特定的产业和企业的发展予以激励;等等[142]。

综合美国、日本和亚洲新兴国家或地区的经济发展方式转变的各类关键因素,可以看出,科技创新、产业结构调整、人力资本、国际化水平、政府政策、教育等在各国经济发展方式转变的历史进程中发挥了重要的作用。

2.4 我国经济发展方式转变的主要内容

转变经济发展方式是一项长期艰苦的任务。当前的经济发展越来越受到资源环境的制约,越来越受到结构不合理、社会发展滞后的制约,经济发展更多还依赖要素驱动而不是创新驱动。经济发展方式的转变主要包括四方面。

2.4.1 从数量速度型发展向质量效益型发展转变

转变经济发展方式,归根到底,就是要正确处理好与快的关系。在经济建设中不仅要继续加快发展,更要注重好字优先。要注重质的提升,好中求快,努力实现速度、质量、效益相协调,人口、资源、环境相协调,真正做到又好又快发展。"又好又快"就是要在提高效益的基础上体现较快的速度,把经济发展的重点放到提高国民经济的整体素质和竞争力上,在提高质量和效益的前提下保持经济快速发展。2013 年中国经济总体增长速度开始放缓,质量效益型发展转变开始初见端倪。

2.4.2 从资源耗费型、环境污染型发展向资源节约型、环境友好型发展转变

资源节约和环境保护是当前实现高速增长中应该优先考虑的问题。过去的经济发展主要靠增加投入、扩大投资规模,造成资源和环境的代价大,这种竞争力不强的粗放式增长,带来的问

题就是资源的大量消耗和环境的污染。仅中国一个国家每年就消费了世界近一半的钢材、水泥和煤炭,造成二氧化碳和二氧化硫的排放量都是世界最大的,但是中国的 GDP 只占世界的 10%左右。因此,将粗放式增长转变为科技含量高、经济效益好、资源消耗低、环境污染少的集约型增长势在必行,亦是我国经济发展方式转变的重要内容。

2.4.3　从经济主导型发展向经济社会协调发展转变

转变经济发展方式必须做到经济社会协调发展。经济发展方式转变的内涵已经远远超出了经济增长方式转变的内涵。经济发展方式转变除了要高质量地发展经济之外,还要深入实施民生工程,切实为老百姓办实事,解决就业、就医、就学、安居等突出问题,解决好稳定物价、调节房价等带有普遍性的问题。

2.4.4　从低成本扩张型发展向高效率创新型发展转变

目前,国内产品的劳动力优势、低成本优势越来越受到其他地区和国家的挑战,来自周边的越南、孟加拉国、印度、印度尼西亚等国的成本优势高于中国。另一方面,我国仍处于工业化进程中,与先进国家相比还有较大差距,自主创新能力弱,而且国际金融危机发生后,发达国家纷纷实施"再工业化"战略,重塑产业竞争新优势。所以我国也必须形成经济增长新动力,塑造新的竞争优势。从长期发展来看,必须用"高效率"优势逐渐取代"低成本"优势,坚持把创新摆在产业发展全局的核心位置,完善有利于创新的制度环境,推动跨领域跨行业协同创新,突破一批重点领域关键共性技术,走创新驱动的发展道路。中国经济发展唯有走出属于自己的"中国创造",才能在世界经济发展中拥有立足之地。

2.5　影响我国经济发展方式转变的因素

从 1987 年党的十三大提出转变经济增长方式,二十多年来我国粗放型的经济发展方式并未能实现根本转变,由此可见转变经济发展方式是一个长期、复杂和艰难的过程。一国经济发展方式的转变受到多方面因素的影响，其中不仅受到各种投入要素的影响，而且受到政治、法律、文化、教育和经济体制的影响。因而，现阶段影响我国经济发展方式转变的因素很多，本节从人力资本因素、经济结构因素、技术水平因素、经济体制因素、生产投入因素及有效需要因素等方面加以阐述。

2.5.1 以创新人才为核心的人力资本因素

经济发展方式的转变离不开优秀人才的支撑。培育丰富而优质的人力资源，是实现经济长期平稳较快持续发展的根本保证。美国科技创新之所以获得巨大成就是以高质量的人力资本作为保证的。目前美国汇聚了全世界具有创新精神和基础研究能力的开拓创新型人才，为经济发展方式的转变提供强有力的智力支持。人力资源是一国管理创新的主体，是技术进步的源泉，亦是创新观念改变的执行者。一方面，优秀的创新人才可以在技术创新、管理创新上为经济发展做出巨大的贡献，另一方面，创新人才容易接受先进的思想和观念。观念的转变，是经济发展方式转变的前提条件。经济发展方式转变摈弃那种单纯追求经济增长速度，而不惜高投入、高消耗、高排放的发展观念；必须要牢固树立以人为本、全面协调可持续的科学发展观，打造中国经济升级版。

2.5.2 以产业结构为核心的经济结构因素

经济结构不合理是制约我国经济发展方式转变的主要因素。经济结构是一个由许多系统构成的多层次、多因素的复合体。它包括不同的生产资料所有制结构、产业结构、部门结构、地区结构、分配结构、就业结构等多种层面。因此，经济结构的不合理严重阻碍了我国经济发展方式的转变。如果经济结构合理就能充分发挥经济优势，有利于国民经济各部门的协调发展。在经济结构因素中，最核心的就是产业结构问题。产业结构的优化升级是促进经济发展方式转变的关键，亦是带动其他经济结构调整的关键。亚洲新兴工业化国家和地区在经济发展的不同阶段进行了大规模的结构调整,20 世纪 70 年代韩国资本密集型重工业开始面向出口,而技术密集型工业进入进口替代阶段。日本产业政策也经历了"产业合理化—扶植重化学工业—发展创造性的知识密集型产业—重视环境保护"的调整过程,在二战之后取得了令人瞩目的成绩。通过结构调整,这些国家和地区的产业结构不断高级化和外向化,成为经济发展方式转变的有力支撑。因此,纵观我国产业结构调整的步伐,近年来,高新技术产业、战略性新兴产业、第三产业比重在不断上升,在国民经济中的地位日益显著,但与发达国家相比仍存在着产业结构不合理、技术水平落后、生产性服务业发展缓慢等问题。因此加快调整以产业结构为核心的经济结构至关重要。

2.5.3　以创新为核心的技术水平因素

如前所述,经济发展方式转变的关键是产业结构优化升级,而科技创新和技术进步则是引领经济结构优化最重要的驱动力。发达国家,如美国一方面大力培养和引进科技人员,一方面在 R&D 经费投入上逐年增长,在成果应用上也多渠道支持。日本则致力于先进技术的研发,其 R&D 经费投入占 GDP 比重在 3%。由此可见,发达国家的经济发展是以创新为主的技术来支撑的。我国技术结构尚不合理,技术进步对经济发展的贡献率相对较低,产业创新能力弱、自主创新能力低,已成为我国参与国际竞争的重要制约。因此,中国必须建立国家创新体系和以企业为创新主体的技术创新体系,大力发展科学技术,不断提高经济发展中科技贡献的比重,加快经济发展方式的转变。

2.5.4　以政府职能为核心的经济体制因素

经济体制和运行体制对经济发展方式的影响深远,这种影响不仅体现在微观层次的企业经营机制,而且体现在宏观层次上的经济调控手段。我国经济体制改革的实质,就是要从根本上改变束缚我国生产力发展的经济体制,建立充满生机和活力的新体制。它的目标是建立和完善社会主义市场经济体制。党的十八届三中全会做出了关于全面深化改革若干重大问题的决定,决定指出:经济体制改革是全面深化改革的重点,核心问题是处理好政府和市场的关系,使市场在资源配置中起决定性作用和更好发挥政府作用。政府在经济体制改革中应做到一方面进一步扩大市场开放力度,让更多的民间资本投资到金融、能源、医疗卫生等行业中来,真正使市场有效地配置资源,加大市场竞争力度;另一方面进一步下放行政审批权限,提高工作效率,给予基层部门更多的职责和权限,定位在服务。政府职能的转变将进一步完善经济体制和运行体制,不断促进经济发展方式转变。

2.5.5 以资源为核心的生产投入因素

我国人口多,自然资源有限,人均资源匮乏。在未来的经济发展过程中,自然资源的约束将可能迅速扩大,特别是我国生态和环境问题变得越来越严峻的情况下,自然资源会越来越多地成为我国经济发展方式转变的瓶颈。粗放型经济发展方式主要依托增加要素投入数量来拉动经济增长,集约型经济发展方式则主要靠提高要素使用效率来促进经济增长。因此,如何进一步节能减排,提高资源的利用效率是我国经济发展方式转变的重中之重。

2.5.6 以消费为核心的有效需求因素

消费、出口、投资三大经济增长引擎共同发挥作用,带动中国经济发展已成为大家的共识。然而2008年的国际金融危机波及全球,全球经济进入萧条,甚至衰退,出口需求降低,过去单纯依靠外需的经济增长已经不能适应中国经济发展的需要。尤其是中国这样一个大国,经济要保持持续稳定快速的发展,只能依靠内需的增长。中国人口众多,近年来经济发展迅速,居民生活水平也在大幅提升,居民消费潜在需求巨大,因此应采取各项措施不断提升居民收入水平,有力地刺激居民消费能力,在教育、旅游、汽车等新的消费领域加强政府引导,将潜在需求转化为有效需求,加快经济发展方式转变。

2.6　资源和环境对我国经济发展方式转变的约束

2.6.1　资源方面的约束

（1）水资源约束

根据我国水利部发布的《2013 年中国水资源公报》,2013 年我国水资源总量为 27 957.86 亿立方米,其中地表水资源量为 26 839.47 亿立方米,地下水资源量为 8 081.11 亿立方米,地表水与地下水的重复量为 6 962.75 亿立方米。我国人均淡水资源为 2 059.69 立方米,扣除不能利用的淡水资源,可供利用的人均淡水资源约为 900 立方米,已成为世界严重缺水国家之一。我国已有 16 个省（区、市）人均水资源量低于国际公认的 1 000 立方米缺水警戒线。其中宁夏、河北、山东、河南、山西、江苏 6 省区人均水资源量低于 500 立方米,为极度缺水地区。水资源的严重缺乏已成为中国工业化和城市化进程中的一个硬性约束。

（2）土地资源约束

从工业用地增长情况看,近年来土地供需矛盾突出。截至 2013 年年底,全国耕地面积为 13 516.34 万公顷,在工业化、城市化建设进程中,建设用地需求与耕地后备资源不足的矛盾比较突出。2013 年,全国因建设占用、灾毁、生态退耕、农业结构调整等原因减少耕地面积 35.47 万公顷,通过土地整治、农业结构调整等增加耕地面积 35.96 万公顷,年内净增加耕地面积 0.49 万公顷。各地虽对征用土地资源采取了严格的控制措施,但近几年工业用地仍呈明显上升趋势。土地资源的不足严重威胁全国工业用地的增长,制约着工业化进一步发展的空间。同时,工业化和城市化进程中"三废"滥排滥放,化肥、农药的大量使用,森林植被和矿产资源掠夺性开发利用和保养不善,导致土地质量下降、土壤退化、土壤沙化和水土流失等,这些问题严重阻碍了经济发展方式转变。

（3）能源约束

能源是中国经济发展的一个长期制约因素,经济发展面临能源短缺的严峻挑战,主要表现在以下三方面:一是石油安全,中国石油资源相对短缺,随着经济的发展,中国的石油需求量大大增加,为了解决供需矛盾只得依赖进口,预计到 2020 年中国石油进口依存度将达到 60％,保障石油安全是中国面临的一项重大挑战;二是单位产值能耗高,由于钢铁、有色、石化、水泥高能耗产业扩张,设备、工艺、技术水平落后,导致企业单位产值能耗居高不下;三是能源生产消费对健康和环境的危害,如居民煤炭和柴草产生的室内污染,机动车排放的尾气造成的大气污染,等等。

（4）高消耗资源产品的约束

随着重化工业的快速发展,我国高能耗资源的产品产量迅速增长。比如 2014 年比 2013 年钢材产量增长 4.5％,十种有色金属产量增长 7.2％,汽车产量增长 7.1％等,客观上造成资源紧张。从总量看,我国是一个资源大国,但人均资源占有量却很少。中国人均铁矿、铜储藏量分别只有世界平均值的 42％ 和 18％,铝土矿只有世界平均值的 7.30％,大宗矿产绝大部分处于紧缺状态。对于快速增长的工业,我国矿产资源的配套情况较差。据统计,45 种主要矿产的现有储量,可以满足或基本满足 2020 年需求的有 26 种,不能满足的有 19 种。特别是铁、锰、铜、钾盐等大宗矿产,后备储量严重不足,已不能满足中国国民经济飞速发展的需要,供需缺口持续扩大。

2.6.2 环境方面的约束

从环境保护方面看,生产快速扩张与环境保护的矛盾突出。企业生产排放的污染物大量增加,对环境也造成了极大的压力,可持续发展面临现实威胁,成为影响工业增长的重要制约。污染主要有三个方面:

（1）大气污染

近年来,虽然我国大气污染防治工作取得了很大的成效,但由于各种原因,我国大气环境面临的形势仍然非常严峻,大气污染物排放总量居高不下。2013 年全国二氧化硫年排放量高达 2 043.9 万吨,工业粉尘 1 094.6 万吨,大气污染仍然十分严重。全国大多数城市的大气环境质量超过国家规定的标准,2013 年,256 个未执行《环境空气质量标准》新规定的地级及以上城市(含部分地、州、盟所在地和省辖市)中,环境空气质量达标城市比例为 69.5%,二氧化硫年均浓度达标城市比例为91.8%,劣三级城市比例为 1.2%。酸雨区污染日益突出,酸雨区由 20 世纪 80 年代的西南局部地区发展到现在的西南、华南、华中和华东 4 个大面积的酸雨区,酸雨覆盖面积已占国土面积的 30% 以上,我国已成为继欧洲、北美之后的世界第三大重酸雨区。根据调查统计,四川盆地受酸雨危害的森林面积最大,约为 28 万公顷,占所有林地面积的三成多。贵州受酸雨危害的森林面积约为 14 万公顷。根据某些研究结果,仅西南地区由于酸雨造成森林生产力下降,共损失木材 630 万立方米,直接经济损失达 30 亿元。据对南方 11 个省的估计,酸雨造成的直接经济损失可达 44 亿元。

（2）水污染

据环保部《2013 年中国环境状况公报》显示,截至 2013 年年底,全国十大水系水质总体为轻度污染。在监测的 200 条主要河流 469 个国控断面中,Ⅰ～Ⅲ类、Ⅳ～Ⅴ类和劣Ⅴ类水质断面比例分别为 71.7%,19.3% 和 9%。湖泊(水库)富营养化问题突出,富营养的湖泊(水库)占比为 27.8%,中营养的占比为57.4%。

监测结果显示,2013 年全国废污水排放量为 695.4 亿吨,氨氮排放总量为 245.7 万吨。多数城市的地下水受到一定程度污染,并且有逐年加重的趋势。日趋严重的水污染不仅降低了水体的使用功能,进一步加剧了水资源短缺的矛盾,而且还严重威胁到城市居民的饮水安全和健康。

(3)固体废物产生与排放

2013 年全国工业固体废弃物年产生量为 327 701.9 万吨,综合利用率 62.3%,2005 年分别为 134 449 万吨,综合利用率 57.3%,2013 年比 2005 年的综合利用率提升了 5%,数据表明由于技术进步,近年来工业固体废物排放量有所减少,综合利用率和利用量有所提高,但是大量的工业固体废物依然对生态环境构成威胁。必须采取适当的处理方法,否则有害物质将会通过水、气、土壤、食物链等途径危害环境和人类健康。一般工业、矿业等废物所含的化学成分会形成环境污染,人畜粪便和有机垃圾是各种病原微生物的滋生地和繁殖场,形成病原体污染。

2.7 本章小结

经济发展方式转变,就是要在经济发展的进程中紧紧围绕以人为本这个核心,真正做到全面协调可持续发展,统筹城乡发展、区域发展、经济社会发展、人与自然和谐发展、国内发展和对外开放,使经济朝着有利于人和社会全面发展的目标前进。经济发展方式转变的理论从国外发展演变看,经历了经济增长论、综合发展论、可持续发展论和以人为中心综合发展论等阶段,在国内亦经历了不同历史时期的发展过程,直至十七大明确提出加快转变经济发展方式。发达国家在经济发展转型中抓住了科技发展、人力资本、结构调整和政府干预等一系列关键因素。为此,我国经济发展方式转变的主要内容就是要从数量速度型发展向质量效益型发展转变,从资源耗费型、环境污染型发展向资源节约型、环境友好型发展转变,从经济主导型发展向经济社会协调发展转变,从低成本扩张型发展向高

效率创新型发展转变。而影响我国经济发展方式转变的基本
因素主要集中在生产要素、经济结构、市场状况、技术水平、经
济体制及观念意识方面。资源与环境对经济发展方式转变提
出了更高的要求,目前资源方面包括水资源约束、土地资源约
束、能源约束、高消耗资源产品的约束,环境方面包括大气污
染、水污染、固体废物产生与排放等都亟待解决。

第3章 资源与环境约束下我国经济发展的现状及方式转变中存在的问题

在资源与环境双重约束下,如何破解我国经济发展问题,是当前的重要问题。为此首先我们必须了解我国的资源与环境的现状、我国经济发展的现状,以及经济发展过程中存在的主要问题。本章着重探讨以上三方面的问题,为深入评价和探讨我国经济发展方式转变的战略及对策建议奠定基础。

3.1 我国资源和环境的现状

3.1.1 资源现状

(1) 水资源

水是生命之源,水资源影响人类的生存和发展,掌握我国的水资源状况对我国经济的发展具有十分重要的意义。根据我国水利部发布的《2013 年中国水资源公报》,2013 年我国水资源总量为 27 957.9 亿立方米,其中地表水资源量为 26 839.5 亿立方米,地下水资源量为 8 081.1 亿立方米,地表水与地下水的不重复量为 1 118.4 亿立方米。分区和流域的具体数据,如表 3-1 所示。

表 3-1　2013 年各水资源一级区水资源量　　　　　　亿立方米

水资源一级区	降水总量	地表水资源量	地下水资源量	地下水与地表水资源不重复量	水资源总量
全国	62 674.4	26 839.5	8 081.1	1 118.4	27 957.9
北方六区	21 944.9	5 538.2	2 693.3	969.8	6 508
松花江区	6 300.4	2 459.1	618.7	266.2	2 725.2
辽河区	1 807.6	539.4	222	93.4	632.7
海河区	1 750.9	176.2	259.8	180.1	356.3
黄河区	3 828.6	578.3	381.2	104.7	683
淮河区	2 339.8	451.6	345.6	219.7	671.2
南方四区	40 729.5	21 301.3	5 378.8	148.6	21 449.9
西北诸河区	5 917.7	1 333.7	866.1	105.7	1 439.4
长江区	18 354	8 674.6	2 336.2	122.6	8 797.1
太湖流域	402.4	139.9	41.5	20.6	160.5
东南诸河区	3 355	1 902.1	498.8	9.9	1 912
珠江区	10 080.7	5 287	1 257.1	16.1	5 303.2
西南诸河区	8 939.7	5 437.6	1 295.7	0	5 437.6

注:北方六区包括松花江、辽河、海河、黄河、淮河、西北诸河;南方四区包括长江(含太湖)、东南诸河、珠江、西南诸河

资料来源:《2013 年中国水资源公报》

表 3-1 显示,我国地表水是我国水资源的主要供给来源。全国地表水约占全国水资源总量的 96%,西南诸河区的水资源总量全部来源于地表水资源,东南诸河区、珠江区和南方四区中地表水资源总量占各区水资源总量达到 99% 以上,海河区的地表水占该区水资源总量的比例最小为 49.5%,淮河区的次之为 67.3%,其余各区的地表水资源总量占各区水资源总量的比例均在 84% 以上。综上分析表明,我国的地下水资源绝大部分是由地表水资源转化形成的,尤其是广大的平原区域,由于当地降水量极其稀少,地下水资源量几乎全部来自地表水的渗入补给。

因此,应该统一考虑地表水与地下水资源,进行地表水与地下水资源的统一评价和规划,在查清水资源数量、质量及其时空分布规律的基础上,对地表水与地下水资源进行综合规划,才能科学地指导水资源的合理开发和高效利用。

《2013年中国水资源公报》显示,2013年全国总供水量6 183.4亿立方米,占当年水资源总量的22.1%。其中,地表水源供水量占总供水量的81.0%,地下水源供水量占总供水量的18.2%,其他水源供水量占0.8%;2013年全国总用水量6 183.4亿立方米,其中生活用水占用水总量12.1%,工业用水占用水总量22.8%,农业用水占用水总量63.4%,生态与环境补水(仅包括人为措施供给的城镇环境用水和部分河湖、湿地补水)占用水总量1.7%。与2012年比较,全国总用水量增加52.5亿立方米,其中生活用水增加10.4亿立方米,工业用水增加26亿立方米,农业用水增加19亿立方米,生态与环境补水减少2.9亿立方米。分区和流域的具体数据,如表3-2所示。

表3-2显示,北方六区供水量2 822.0亿立方米,占全国总供水量的45.6%;南方四区供水量3 361.4亿立方米,占全国总供水量的54.4%。南方各省级行政区以地表水源供水为主,大多占其总供水量的88%以上;北方各省级行政区地下水源供水占有较大比例,河北、北京、河南、山西和内蒙古5个省(自治区、直辖市)地下水供水量占总供水量的一半以上。北方六区农业用水占北方六区总用水量的76.6%,工业用水占北方六区总用水量的12%,南方四区农业用水占南方四区总用水量的52.4%,工业用水占南方四区总用水量的31.8%,表明北方各省级行政区发展以农业为主,工业发展相对缓慢,而南方各省级行政区农业和工业都得到了很好的发展。

表 3-2　　2013 年各水资源一级区供用水量　　　　　　亿立方米

水资源一级区	供水量				用水量			
	供水总量	地表水	地下水	其他	用水总量	农业	工业	生活
全国	6 183.4	5 007.3	1 126.2	49.9	6 183.4	3 921.5	1 406.4	750.1
北方六区	2 822.0	1 784.1	1 000.8	37.1	2 822.0	2 161.3	337.7	253.9
松花区	509.9	290.2	218.8	0.9	509.9	407.1	60.4	28.6
辽河区	203.9	97.3	102.7	3.9	203.9	134.9	33.6	29.3
海河区	370.9	129.9	224.6	16.4	370.9	242.3	55.5	58.1
黄河区	397.2	259.8	128.5	8.9	397.2	282.2	62.4	42.1
淮河区	640.3	458.4	176.2	5.7	640.3	445.2	104.2	80.6
南方四区	3 361.4	3 223.2	125.4	12.8	3 361.4	1 760.2	1 068.7	496.2
西北诸河区	699.9	548.4	150.0	1.5	699.9	649.5	21.5	15.2
长江区	2 057.3	1 970.4	78.6	8.3	2 057.3	1 019.7	742.7	275.0
太湖流域	364.3	363.7	0.2	0.4	364.3	90.8	217.3	53.1
东南诸河区	339.1	329.1	8.6	1.4	339.1	152.0	117.3	62.7
珠江区	859.3	822.8	33.6	2.9	859.3	502.6	198.9	149.1
西南诸河区	105.7	100.9	4.6	0.2	105.7	86.0	9.8	9.4

注:北方六区包括松花江、辽河、海河、黄河、淮河、西北诸河;南方四区包括长江(含太湖)、东南诸河、珠江、西南诸河

资料来源:《中国环境统计年鉴 2014》

(2)土地资源

土地资源是农业生产最重要的物质基础,也是人类赖以生存发展必不可少的有限资源,我国国土总面积 960 万平方公里,仅次于俄罗斯和加拿大,居世界第三位,但我国的人均占有面积只有世界人均数的 29%,分别是澳大利亚、加拿大、俄罗斯、美国人均的 1.8%,2.4%,7.0% 和 21%。人均耕地、草地、林地分别是世界人均占有量的 33%,42% 和 26%。

改革开放以来,随着国民经济的快速发展,国内各项建设加大了对土地乃至耕地的需求量。1996 年年底我国耕地数量为 13 003.85 万公顷,截止到 2008 年年底,耕地面积变为 12 172 万公顷,净减少 831.85 万公顷,平均每年净减少 59.41 万公顷,敲

响了中国耕地面积的警钟。面对人口将继续增长,经济建设仍需继续占用耕地,而耕地后备资源却又十分有限的严峻现实,各级国土资源管理部门积极主动服务、严格规范管理,着力推进农村土地整治,夯实粮食增产基础,优化建设用地批供结构,有效保障社会民生,积极破解发展难题,提高土地资源支撑经济社会发展能力。

2014 年全年中央累计下达土地整治资金 245.90 亿元,新增耕地 25.56 万公顷,具体每年新增耕地面积如图 3-1 所示;2014 年全国批准建设用地 40.38 万公顷,其中转为建设用地的农用地 34.3 万公顷,转为建设用地的耕地 16.08 万公顷(如图 3-2 所示);2014 年国有建设用地实际供应总量 60.99 万公顷,同比减少 18.8%。其中,工矿仓储用地、商服用地和基础设施等其他用地供应量分别为 14.73 万公顷、4.93 万公顷、10.21 万公顷和 31.12 万公顷,同比分别减少 31.0%,26.4%,28.1%和 5.2%,如图 3-3 所示。

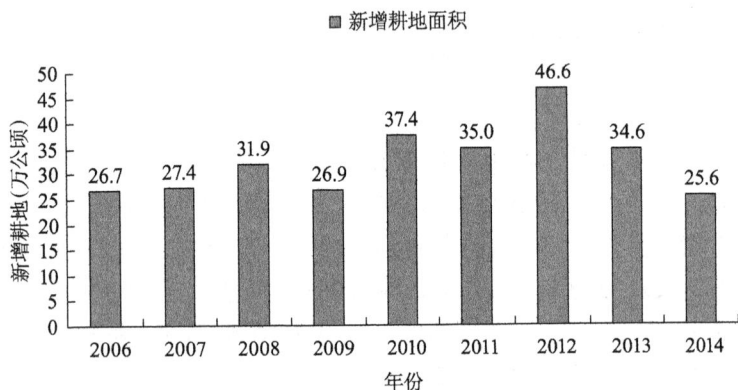

图 3-1 2006—2014 年土地整治新增耕地情况

资料来源:《2014 年中国国土资源公报》

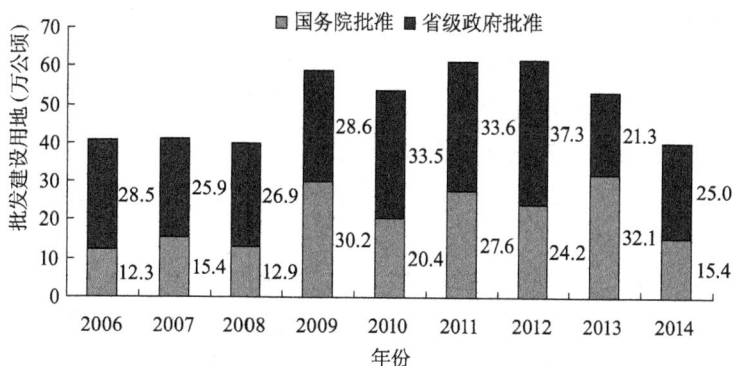

图 3-2　2006—2014 年批准建设用地情况

资料来源:《2014 年中国国土资源公报》

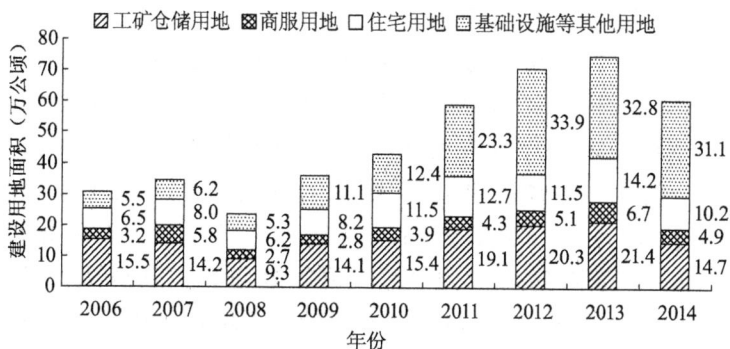

图 3-3　2006—2014 年国有建设用地供应变化情况

资料来源:《2014 年中国国土资源公报》

　　经过各级国土资源管理部门采取的一系列措施,我国的土地供需矛盾得到了一定的缓解,但是目前我国的水土流失、土地沙漠化、土壤污染的总体形势相当严峻,已对生态环境、食品安全和农业可持续发展构成威胁。根据第一次全国水利普查水土保持情况普查成果,我国水土流失面积 294.91 万平方千米,占普查范围总面积的 31.12%。其中水力侵蚀面积 129.32 万平方千米,风力侵蚀面积 165.59 万平方千米。面对这样的局面,2012 年中央层面投资 54.66 亿元用于水土保持重点治理,地方和各类企事业单位投入达 87.66 亿元。由此,全国共完成水土流失综合防治 7.9 万平方千米,治理小流域 3 400 条,新建大中型淤地坝 340 多座。全国累计实施封育保护面积达 75 万平方千米,其中 47 万平方千米的生态得到初步修复,水土流失面积和强度持续下降。

（3）能源

我国既是能源的消费大国,也是能源的生产大国。从表 3-3 可以看出,从 2006 年到 2013 年,我国的能源生产和能源消费量均逐年增加,年均增长均为 6% 左右。从能源生产结构来看,原煤所占比例由 2006 年的 77.8% 波动下降到 2013 年的 75.6%。原油所占比例逐年下降,由 2006 年的 11.3% 下降到 2013 年的 8.9%;天然气所占比例逐年增加,由 2006 年的 3.4% 上升到 2013 年的 4.6%;与此同时,一些新能源如水能、电能、风能所占比例大体逐年增加,由 2006 年的 7.5% 上升至 2013 年的 10.9%,2011 年比重较 2010 年有所下降但与 2006 年相比比重还是有所增加。从能源消费结构上看,煤炭消费比重几乎逐年减少,由 2006 年的 71.1% 下降到 2013 年的 66.0%,石油所占比例由 2006 年的 19.3% 下降到 2009 年的 17.9%,继而又上升至 2013 年的 18.4%;天然气所占比例由 2006 年的 2.9% 上升至 5.8%,所占比例仍均低于世界平均水平和主要能源消费国的一般水平;煤炭在一次能源消费中的比例由 2006 年的 71.1% 下降至 2013 年的 66.0%,远远超过全球的平均水平（28%）;与此同时,一些新能源如水能、电能、风能所占比例逐年增加,由 2006 年的 6.7% 上升到 2013 年的 9.8%。以上数据表明,我国的能源结构正逐步由原煤、石油、天然气等常规能源向水能、风能、核能等新能源转化,能源结构进一步优化。

表 3-3　2006—2013 年我国能源生产与消费情况

年份	能源生产总量（万吨标准煤）	占能源生产总值比重（%）				能源消费总量（万吨标准煤）	占能源消费总值比重（%）			
		原煤	原油	天然气	水电、核电、风电		煤炭	石油	天然气	水电、核电、风电
2006	232 167	77.8	11.3	3.4	7.5	258 676	71.1	19.3	2.9	6.7
2007	247 279	77.7	10.8	3.7	7.8	280 508	71.1	18.8	3.3	6.8
2008	260 552	76.8	10.5	4.1	8.6	291 448	70.3	18.3	3.7	7.7
2009	274 619	77.3	9.9	4.1	8.7	306 647	70.4	17.9	3.9	7.8
2010	296 916	76.6	9.8	4.2	9.4	324 939	68.0	19.0	4.4	8.6
2011	317 987	77.8	9.1	4.3	8.8	348 002	68.4	18.6	5.0	8.0
2012	331 848	76.5	8.9	4.3	10.3	361 732	66.6	18.8	5.2	9.4
2013	340 000	75.6	8.9	4.6	10.3	375 000	66.0	18.4	5.8	9.8

资料来源：《中国统计年鉴（2014）》

　　如果将大水电装机计算在内，中国是世界上新能源开发规模最大的国家，2011 年年底可再生能源装机（包括水电装机、风电、太阳能、生物质能、核电）占总装机容量的 27.5%，但如果去掉大水电，这一比例不到 10%。我国各类新新能源行业的发展阶段具体见表 3-4。

表 3-4　我国各类新能源产业发展阶段

分类	投入商业运行的程度
水力发电	产业化程度高，非常成熟，盈利稳定，毛利率高
风力发电	规模不断增长，设备成本高，靠补贴电价，仅能维持盈亏平衡
太阳能	热利用较为成熟，处于世界领先地位；光伏发电受高成本制约，产业化程度远远不够
生物燃油	大多数地区处于研制阶段
乙醇	处于试点推广阶段，靠国家补贴盈利
地热能利用	拥有地热资源的地区已经被开发，多依靠国家补贴
热泵	小部分地区正在小规模推广
燃料电池	基本上处于开发与研制阶段

资料来源：《2011 年中国新能源产业发展研究年度报告》

3.1.2 环境现状

(1)水环境

2013 年,全国废水排放总量为 695.4 亿吨,其中工业废水占全国废水排放总量的 30.2%,生活污水占全国废水排放总量的 69.8%。化学需氧量排放总量为 2 352.7 万吨,较 2012 年减少 71 万吨;氨氮排放总量为 245.7 万吨。2006—2013 年具体数据见表 3-5。由表 3-5 可知,废水总量从 2006 年的 536.8 亿吨增加到 2013 年的 695.4 亿吨,总趋势是逐年增加的,其中工业源排放量略有波动,波动量不大,工业废水排放达标率每年都超过 90%;生活源排放量逐年增加,增加量相对明显。从 2006 年到 2010 年,化学需氧量排放总量逐年减少,由于从 2011 年起在化学需氧量排放总量中增加了农业源的统计值,2011 年时化学需氧量排放总量为 2 499.9 万吨,此后各年稍有下降,但是下降幅度不大。2013 年时化学需氧量排放总量中大体上农业源排放量占 47.9%,生活源和工业源占排放量占 52.1%。氨氮排放量与化学需氧量排放总量趋势大体相同,其中生活源为主要的排放源。

表 3-5　2006—2013 年全国废水中主要污染物排放量年际变化

年份	废水总量(亿吨)	工业源(亿吨)	生活源(亿吨)	化学需氧量排放总量(万吨)	工业源(万吨)	农业源(万吨)	生活源(万吨)	氨氮排放量(万吨)	工业源(万吨)	生活源(万吨)	工业废水排放达标率(%)
2006	536.8	240.2	296.6	1 428.2	541.5	—	886.7	141.4	42.5	98.9	90.7
2007	556.8	246.6	310.2	1 381.8	511.1	—	870.8	132.3	34.1	98.3	91.7
2008	571.7	241.7	330	1 320.7	457.6	—	863.1	127.0	29.7	97.3	92.4
2009	589.1	234.4	354.7	1 277.5	439.7	—	837.9	122.6	27.4	95.3	94.2
2010	617.3	237.5	379.8	1 238.1	434.8	—	803.3	120.3	27.3	93	95.3
2011	625.1	250.4	374.6	2 499.9	355.5	1 186.1	938.2	260.4	28.2	147.6	92
2012	684.6	230.9	427.9	2 423.7	338.5	1 153.8	912.7	253.6	26.4	144.7	—
2013	695.4	209.8	485.1	2 352.7	319.5	1 125.8	889.8	245.7	24.6	141.4	—

资料来源:《中国环境统计年鉴(2014)》《2013 年中国环境统计年报》

　　2013 年,全国地表水国控断面总体为轻度污染,湖泊(水库)富营养化问题仍突出。长江、黄河、珠江、松花江、淮河、海河、辽河、浙闽片、西北诸河和西南诸河十大流域的国控断面中,Ⅰ~Ⅲ类、Ⅳ~Ⅴ类和劣Ⅴ类水质断面比例分别为 71.7%,19.3% 和 9.0%。主要污染指标为化学需氧量、高锰酸盐指数和五日生化需氧量,各大水系具体情况见表 3-6。

　　2013 年,监测的 62 个国控重点湖泊(水库)中,水质优良的比例为 60.7%,轻度污染比例为 26.2%,中度污染比例为 1.6%,重度污染的占比为 11.5%,主要污染指标为总磷、化学需氧量和高锰酸盐指数。对 60 个湖泊(水库)(不含密云水库和班公错)的营养状态监测显示,富营养状态占比为 6.7%,大多数为中营养状态,占比达到 57.4%;9 个为贫营养状态,占比 14.8%。各大湖泊(水库)具体情况见表 3-7。

表 3-6　2013 年十大水系水质状况

流域	总体状况	国控断面(个)	分类水质断面占全部断面百分比(%)			主要污染物
			Ⅰ~Ⅲ类	Ⅳ~Ⅴ类	劣Ⅴ类	
长江流域	良好	160	89.4	7.5	3.1	化学需氧量、五日生化需氧量、高锰酸盐指数
黄河流域	轻度污染	61	58.1	25.8	16.1	
珠江流域	优	54	94.4	0	5.6	
松花江流域	轻度污染	88	55.7	38.6	5.7	
淮河流域	轻度污染	95	59.6	28.7	11.7	
海河流域	中度污染	64	39.1	21.8	39.1	
辽河流域	轻度污染	55	45.5	49.1	5.4	
浙闽片流域	良好	45	86.7	13.3	0	
西北诸河流域	优	51	98.0	0	2.0	
西南诸河流域	优	31	100	0	0	

资料来源:《2013 年中国环境状况公报》

表 3-7　2013 年重点湖泊(水库)水质状况

湖泊(水库)类型	所属行政区	总体水质状况	营养状况
太湖	江苏、浙江、上海	轻度污染	轻度富营养
滇池	云南	重度污染	中度富营养
巢湖	安徽	轻度污染	轻度富营养
达赉湖	内蒙古	重度污染	轻度富营养
洪泽湖	江苏	中度污染	轻度富营养
南四湖	山东	优良	中营养
白洋淀	河北	重度污染	轻度富营养
博斯腾湖	新疆	轻度污染	中营养
洞庭湖	湖南、湖北	轻度污染	中营养
镜泊湖	黑龙江	轻度污染	中营养
鄱阳湖	江西	轻度污染	中营养
洱海	云南	良好	中营养
东平湖	武汉	良好	轻度
丹江口水库	湖北、河南	优良	中营养
门楼水库	山东	优良	中营养
大伙房水库	辽宁	优良	中营养
于桥水库	天津	优良	中营养
崂山水库	山东	优良	轻度富营养
董铺水库	安徽	优良	中营养

资料来源:《2013 年中国环境状况公报》

2013 年,全国共 187 个城市开展了地下水水质监测,共计 4 778 个监测点。优良—良好—较好水质的监测点比例为 40.4%,较差—极差水质的监测点比例为 59.6%(如图 3-4 所示)。与上年相比,如图 3-5 所示,15.4% 的监测点水质好转,66.6% 的监测点水质保持稳定,18.0% 的监测点水质变差。水质变差的比例大于水质转好的比例,因此,应该进一步采取措施保护我们赖以生存的水资源。

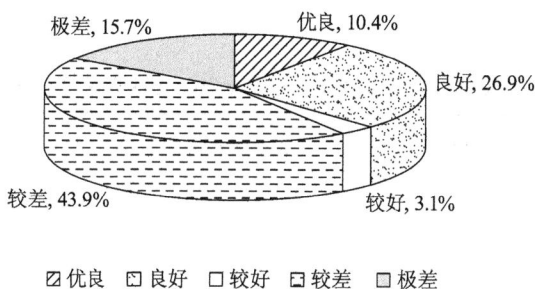

图 3-4　2013 年地下水监测点水质状况

资料来源:《2013 年中国环境状况公报》

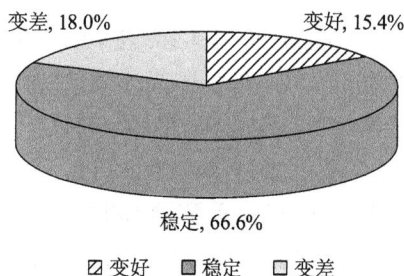

图 3-5　2013 年全国地下水水质与上年相比变化情况

资料来源:《2013 年中国环境状况公报》

（2）大气环境

全国城市环境空气质量总体稳定,酸雨污染情况出现好转,但是污染程度依然较重。

2013 年,256 个未执行《环境空气质量标准》新规定的地级及以上城市(含部分地、州、盟所在地和省辖市)中,环境空气质量达标城市比例为 69.5％,二氧化硫年均浓度达标城市比例为 91.8％,劣三级城市比例为 1.2％。与此同时,2013 年地级及以上城市环境空气中可吸入颗粒物及二氧化硫年均浓度达到或优于二级标准的城市比例明显低于 2012 年的数值(具体见表 3-8),这表明在 2013 我国的地级及以上城市的空气质量恶化,急需改善。

表 3-8　2012 年和 2013 年地级及地级以上城市环境空气质量

评价指标	达到或优于二级(%)		三级(%)		劣三级(%)	
	2012 年	2013 年	2012 年	2013 年	2012 年	2013 年
可吸入颗粒物	92	71.1	6.5	21.9	1.5	7
二氧化硫	98.8	91.8	0.2	7	0	1.2
二氧化氮	100	100	0	0	0	0

　　资料来源:根据《2012 年中国环境公报》《2013 年中国环境公报》相关计算得出

　　2013 年在监测的 473 个市(县)中,出现酸雨的市(县)占 44.4%;酸雨频率在 25% 以上的占 27.5%;酸雨频率在 75% 以上的占 9.1%。与上年相比,酸雨频率在 25% 和 75% 以上的市(县)比例分别降低了 1.7% 和 1.9%(具体见图 3-6)。降水 pH 年均值低于 5.6(酸雨)、低于 5.0(较重酸雨)和低于 4.5(重酸雨)的市(县)分别占 29.6%,15.4% 和 2.5%。与上年相比,酸雨、较重酸雨和重酸雨的市(县)比例分别降低 1.1 个百分点、3.3 个百分点和 2.9 个百分点(具体见图 3-6)。以上数据表明我国市(县)出现酸雨频率及酸雨程度均出现了好转。

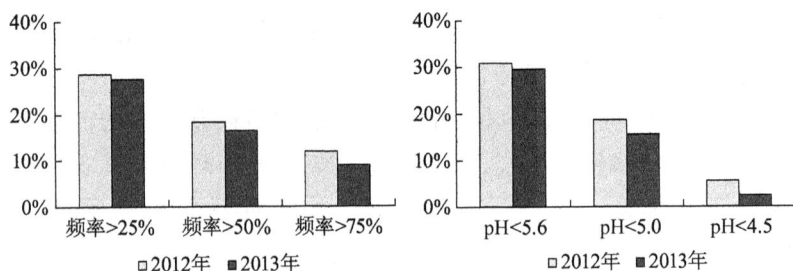

图 3-6　不同酸雨频率和不同降水 pH 年均值的市(县)比例年际变化
资料来源:《2013 年中国环境状况公报》

2013 年,二氧化硫排放量为 2 117.6 万吨,2006—2013 年的 8 年间,二氧化硫排放量均逐年下降(如表 3-9 所示),这表明我国的减排工作取得了一定进展。从表 3-9 还可看出,大气污染主要是由二氧化硫排放过量导致的,其中工业排放二氧化硫的比例高达 80%,这预示着在"十二五"期间,降低工业中二氧化硫排放量仍是一项艰巨的工作。

表 3-9　2006—2013 年全国废气中主要污染物排放量年际变化

年度	二氧化硫排放量(万吨)			烟尘排放量(万吨)			工业粉尘排放量(万吨)
	合计	工业	生活	合计	工业	生活	
2006	2 588.8	2 234.8	354	1 088.8	864.5	224.3	808.4
2007	2 468.1	2 140	328.1	986.6	771.1	215.5	698.7
2008	2 321.2	1 991.3	329.9	901.6	670.7	230.9	584.9
2009	2 214.4	1 866.1	348.3	847.2	603.9	243.3	523.6
2010	2 185.1	1 864.4	320.7	829.1	603.2	225.9	448.7
2011	2 217.9	2 017.2	200.4	1 278.1	1 100.9	114.8	1 028
2012	2 117.6	1 911.7	205.6	1 234.3	1 029.3	142.7	—
2013	2 043.9	1 835.2	208.5	1 278.1	1 094.6	123.9	—

资料来源:《2006—2013 年中国环境统计年报》

(3)固体废弃物

2013 年,全国工业固体废物产生量为 32.8 亿吨,比 2012 年下降 0.1 亿吨,综合利用量(含利用往年贮存量)为 205 916.3 万吨,比去年上升 1.75%,综合利用率为 62.3%,高于 2012 年 1.4%。2006—2011 年,我国的工业固体废物排放量逐年下降,由 1 302.1 万吨下降到 433.3 万吨,表明我国的减排工作收效显著;2006—2010 年"三废"综合利用产品产值逐年增加,由 1 026.8 亿元增长到 1 778.5 亿元,上升幅度达 73.3%(如表 3-10 所示),表明我国传统产业"三废"综合利用取得明显成效,循环经济发展势头良好。

表 3-10 2006—2013 年工业固体废物情况一览表

年份	工业固体废物产生量（亿吨）	工业固体废物综合利用量（万吨）	工业固体废物综合利用率（%）	工业固体废物贮存量（万吨）	工业固体废物处置量（万吨）	工业固体废物排放量（万吨）	"三废"综合利用产品产值（亿元）
2006	15.2	92 601.0	59.6	22 398.1	42 883.0	1 302.1	1 026.8
2007	17.6	110 311.5	62.1	24 119.0	41 350	1 196.7	1 351.3
2008	19.0	123 481.9	64.3	21 882.8	48 291.0	781.1	1 621.4
2009	20.4	138 185.8	67.0	20 929.3	47 487.7	710.5	1 608.2
2010	24.1	161 772.0	66.7	23 918.3	57 263.8	498.2	1 778.5
2011	32.5	199 757.4	60.5	60 424.0	70 465.0	433.3	—
2012	32.9	202 384.0	60.9	70 826.0	59 787.0	—	—
2013	32.8	205 916.3	62.3	42 634.2	82 969.5	—	—

资料来源：《2006—2013 年中国环境统计公报》

3.2 基于资源与环境问题的节能减排分析

3.2.1 节能减排的重大战略意义

节约资源和保护环境是我国转变经济发展方式的内在要求。资源节约和环境保护具有十分复杂丰富的内容，其中节能减排是资源与环境问题中一项重要内容。

（1）资源枯竭、环境恶化威胁人类生存

如前所述，酸雨、臭氧层空洞及二氧化碳的温室效应在不同程度上威胁着人类的生存。

酸雨是指 pH 小于 5.6 的雨、雪或其他形式的降水。雨、雪等在形成和降落过程中，吸收并溶解了空气中的二氧化硫、氮氧化合物等物质，形成了 pH 低于 5.6 的酸性降水。酸雨主要是人为地向大气中排放大量酸性物质所造成的。中国的酸雨主要因大量燃烧含硫量高的煤而形成，多数为硫酸雨，少数为硝酸雨，此外，各种机动车排放的尾气也是形成酸雨的重要原因。酸雨的危害是多方面的，包括对人体健康、生态系统和建筑设施都有直接和潜在的危害。① 酸雨可使儿童免疫功能下降,慢性咽炎、支气管哮喘发病率增加。② 酸雨可导致土壤酸化,土壤中含有大量铝的氢氧化物,土壤酸化后可加速土壤中含铝的原生和次生矿物风化而释放大量铝离子,形成植物可吸收的形态铝化合物。植物长期和过量地吸收铝,会中毒甚至死亡。③ 酸雨能加速土壤矿物质营养元素的流失;改变土壤结构,导致土壤贫瘠化,影响植物正常发育。④ 酸雨能诱发植物病虫害,使农作物大幅度减产。⑤ 酸雨还能使非金属建筑材料(混凝土、砂浆和灰砂砖)表面硬化水泥溶解,出现空洞和裂缝,导致强度降低,从而损坏建筑物。

　　臭氧层是大气平流层中臭氧浓度最大处,是地球的一个保护层,太阳紫外线辐射大部分被其吸收,从而避免紫外线给地球生物带来过多的伤害。臭氧层的臭氧浓度降低,使得太阳对地球表面的紫外线辐射量增加,对生态环境产生破坏作用,影响人类和其他生物有机体的正常生存。若臭氧层全部遭到破坏,太阳紫外线就会杀死所有陆地生命,人类也遭到"灭顶之灾",地球将会成为无任何生命的不毛之地。

　　温室效应是指透射阳光的密闭空间由于与外界缺乏热交换而形成的保温效应,就是太阳短波辐射可以透过大气射到地面,而地面增暖后放出的长波辐射却被大气中的二氧化碳等物质所吸收,从而产生使大气变暖的效应。大气中的二氧化碳就像一层厚厚的玻璃,使地球变成了一个大暖房。如果没有大气,地表平均温度就会下降到$-23℃$,而实际地表平均温度为 $15℃$,这就是说温室效应使地表温度提高了 $38℃$。大气中的二氧化碳浓度增加,阻止地球热量的散失,使地球发生可感觉到的气温升高,这就是有名的"温室效应"。温室效应可使史前致命病毒威胁人类,全球气温上升令北极冰层融化,被冰封十几万年的史前致命病毒可能会重见天日,导致全球陷入疫症恐慌,人类生命受到严重威胁。全球暖化使南北极的冰层迅速融化,海平面上升对岛屿国家和沿海低洼地区带来的灾害是显而易见的,突出的是淹没土地,侵蚀海岸。很多岛国的国土仅在海平面上几米,有的甚至在海平面以下,靠海堤围护国土。海平面上升将使这些国家面临淹没的危险。

(2)节能减排是缓解资源环境约束的重要抓手

土地荒漠化、耕地面积下降、物种数量减少、植被破坏,生态环境被破坏,人与自然不和谐,可持续发展失去了动力。因此,加快节能减排的步伐,合理开发自然资源,保护生态环境,促进人与自然的和谐发展,将节能减排作为缓解资源环境约束的重要抓手。

我国的沙漠及沙漠化土地面积约为160.7万平方公里,占国土面积的16.7%。当前我国沙漠化土地面积正以每年2 460平方公里的速度扩展,而且还有加速扩大的趋势。土地沙漠化是我国当前面临的最为严重的生态环境问题之一,给我国国民经济和社会发展造成了极大的危害。

耕地指种植农作物的土地,包括熟地,新开发、复垦、整理地,25°以下坡耕地,休闲地(含轮歇地、轮作地);以种植农作物(含蔬菜)为主,间有零星果树、桑树或其他树木的土地;平均每年能保证收获一季的已垦滩地和海涂。2014年的中国国土资源公报显示,截至2013年年底,全国耕地面积为13 516.34万公顷,与上一年持平,在经历了之前的持续减少后趋于稳定。

生物多样性是指在一定时间和一定地区所有生物(动物、植物、微生物)物种及其遗传变异和生态系统的复杂性总称。生物多样性包括遗传多样性、物种多样性和生态系统多样性。我国是世界上生物多样性最丰富的国家之一,然而近50年来约有200种高等植物灭绝,400种野生动物处于濒危或受威胁状态。

国家林业局第八次全国森林资源清查显示,我国森林覆盖率远低于全球31%的平均水平,人均森林面积仅为世界人均水平的1/4,人均森林蓄积只有世界人均水平的1/7,森林资源总量相对不足、质量不高、分布不均的状况仍未得到根本改变,人民群众期盼山更绿、水更清、环境更宜居更为迫切,造林绿化改善生态任重而道远。

目前,我国生态环境形势严峻,切实加快节能减排的步伐,解决好经济发展与资源环境约束之间的矛盾,实现我国经济、社会、人与自然的可持续协调发展,加快经济发展方式的转变。

3.2.2　节能减排现状分析

我国已探明的能源资源共有 10 种,其中煤炭、石油、天然气三大资源的可采储量,分别为世界的 11.6%,2.4% 和 1.2%。能源资源虽然丰富,但我国人口众多,人均能源资源占有量相对贫乏。我国的能源消费强度远高于发达国家和世界平均水平,成为世界第二大能源消费国。2012 年 8 月 6 日,国家在《节能减排"十二五"规划》中提出,"十二五"期间,我国单位国内生产总值能耗下降 16%,实现节约能源 6.7 亿吨标准煤。

(1) 政府部门虽积极推进,但节能减排形势依然严峻

政府修订颁布了节约能源法、水污染防治法,制定了民用建筑节能条例和公共机构节能条例。2007 年国务院专门成立了节能减排领导小组,制定了《节能减排综合性工作方案》,要求各地区各部门认真执行节能减排的综合工作方案,发布了 27 项高耗能产品能耗限额强制性国家标准、41 项主要终端用能产品强制性能效标准和 24 项污染物排放标准;组织开展节能法执法检查、节能减排专项督查和环保专项行动。此外中央 17 个部门还组织开展"节能减排全民行动",每年组织全国节能宣传周、世界环境日等活动,开展形式多样的节能减排宣传。

2014 年,国务院印发《2014—2015 年节能减排低碳发展行动方案》,提出了今明两年节能减排降碳的具体目标:单位 GDP 能耗、化学需氧量、二氧化硫、氨氮、氮氧化物排放量分别逐年下降 3.9%,2%,2%,2% 和 5% 以上,单位 GDP 一氧化碳排放量两年分别下降 4% 和 3.5% 以上。"只要实现以上目标,那么就能全面完成'十二五'节能减排降碳约束性目标任务。"我国将从调整优

化结构、推动技术进步、加强和改善管理等方面挖掘重点单位节能减排,加大污染特别是大气和水污染治理,对于完成难度较大的节能指标,未来将通过淘汰落后产能、遏制高耗能行业新增产能、发展服务业和战略性新兴产业等结构调整措施,节约 1.69 亿吨标准煤;通过实施节能技术改造、推广节能技术产品等措施,节约 1.47 亿吨标准煤,通过推广能源管理体系,节约 2 000 万吨标准煤。

虽然节能减排取得了显著成效,但形势依然严峻,压力仍然很大。"十二五"时期是我国由中等收入国家向中等发达国家迈进的重要阶段,工业化和城镇化进程将进一步加快,能源需求呈刚性增长,资源环境约束突出,传统增长模式面临新挑战。实现我国政府承诺的到 2020 年单位 GDP 二氧化碳排放比 2005 年下降 40%~45%的目标,需要付出艰苦努力。我国现阶段控制温室气体排放主要靠节能提高能效,其贡献率要达到 90%以上,必须加快经济发展方式转变,大力推进节能减排,发展绿色经济,推广低碳技术,走节能、低碳、绿色的发展之路,才能实现经济又好又快发展。

(2) 能源利用问题依然突出

目前我国在能源利用方面,突出问题较多。第一,粗放式矿产资源开发形势严峻,整体技术设备和工艺落后,尤其是中小型矿业企业在开发中毁坏和浪费矿产资源的情况严重。第二,能源开发利用效率低,我国单位产值能耗是世界平均水平的 2.2 倍,比美国、欧盟、日本分别高出 2.3 倍、4.5 倍、8 倍,主要用能产品单位能耗比先进国家高出 30%~80%。第三,能源利用中结构性矛盾突出,经济发展中工业中高耗能、高污染的行业增长速度快,能耗居高不下,淘汰落后产能的难度较大。

(3) 工业能耗巨大,是节能减排的重中之重

我国的工业能源消耗巨大,占主体地位,能源消费量占全国能源消费总量的 71%左右,从另一方面来看,我国的能源节能潜力和空间巨大。近年来,我国在工业领域加大改革力度,将节能

降耗作为工业创新的出发点,落实措施,扎实基础,循序渐进,节能工作取得了令人满意的成效。

在工业节能重点工程方面,我国主抓化工、冶金、电力、建材等重点行业,围绕着提高工业锅炉节能效率、提升电机系统节能空间、利用工业余热余压的剩余价值、优化能量系统等措施加大节能改造的力度。"十二五"对减排任务较重的重点工业行业、城镇居民生活污染、农业污染源等,提出了具体目标要求。要求火电行业二氧化硫削减 16%、氮氧化物削减 29%,钢铁行业二氧化硫削减 27%,水泥、造纸、纺织印染行业污染物削减 10% 以上;农业源化学需氧量和氨氮分别按 8% 和 10% 的总体削减水平确定行业减排任务;城市污水处理率提高 8 个百分点,到 2015 年达到 85%,城镇生活污染得到进一步治理。提出到 2015 年,规模以上工业增加值能耗比 2010 年下降 21% 左右,实现节能量 6.7 亿吨标准煤。同时拟定 9 大节能重点工程,预计 9 大重点节能工程投资需求总额达 5 900 亿元。

在重点企业节能方面,政府采取积极稳定的措施,取得了显著的成效。组织开展千家企业节能行动,推动落实目标责任,开展能源审计,编制节能规划,实施能效水平对标,公告能源利用状况等。2013 年与 2010 年相比,全国单位国内生产总值能耗和二氧化碳排放强度分别下降 9.03% 和 10.68%,"十二五"前三年累计节能 3.5 亿吨标准煤,相当于减少二氧化碳排放量 8.4 亿吨。"十二五"前三年,我国遏制"两高"行业盲目新增产能,严把能评、环评、用地审查关,通过能评审查核减能源消费量约 2 000 万吨标准煤,对 103 个项目不予环评审批。加快淘汰落后产能,关停小火电机组 1 800 万千瓦,预计淘汰落后产能炼铁 4 533 万吨、炼钢 4 564 万吨、水泥 4.87 亿吨、平板玻璃 11 147 万重箱。

3.2.3 节能减排问题的原因

(1) 产业结构不合理

产业结构较大程度上影响着节能减排的成效。一方面,我国三大产业的结构不合理,第二产业比重过高,第三产业的比重较低,第三产业服务业的比重不仅远远低于发达国家,甚至低于一些发展中国家,而高耗能的第二产业比重较高。第二产业的单位产值能耗远远高于第三产业单位产值能耗。另一方面,我国工业产业内部结构的不合理和工业部门结构的不合理导致了工业的高污染、高耗能问题,工业的快速发展依赖于生产要素的大量投入,具有明显的高耗能、高排放、高污染的特征,资源的长期大量投入影响了工业的可持续发展。

(2) 技术结构不合理

中国开展节能减排,发展低碳经济的关键是技术进步,然而事实上技术进步对节能减排的贡献度和作用力不足。我国技术结构的不合理直接导致了技术进步对节能减排的效应不足。某些非环保的技术进步虽然会在短期内带动经济增长,但同时也导致了能源消耗严重、碳排放量增加。只有促进环保的清洁技术进步才有利于节能减排的发展。然而,当前在我国技术进步可以带来的清洁技术的效应明显不足,不利于节能减排的发展。

(3) 外经外贸结构不合理

作为一个贸易大国,我国对外贸易在资源和环境等方面对节能减排有着重要的影响。在对外贸易的过程中,进口产品中的碳排放低于我国出口产品中的碳排放,而导致我国成为碳排放的净出口国,这会导致节能减排问题的产生。要改变这一状况,就需要切实转变外贸发展方式,改变出口商品结构。

同时,在过去的若干年中,为了吸引外资,我国对环境规制的标准并没有严格要求,一味承接发达国家的污染密集型产业,成为发达国家的"污染避难所"。而一些地方政府对 FDI 的竞争,使得 FDI 存在"寻租"空间,一些地方政府不惜降低环境规制,加剧了发达国家 FDI 对资源和环境的掠夺和破坏,对我国节能减排的影响亦呈现出较强的区域性差异,呈现出"东高西低"的梯度特征。事实上从国外引进的相关产业难以带来先进技术,反而对资源和环境产生了较大的负面效应。

（4）机制、体制不完善，减排目标执行力不够

机制、体制的不完善，导致地方环保部门作用有限，执法不严，违法不究或少究。由国务院或国家环保部发布的一些节能减排的计划任务，未能很好地完成，部门地区甚至出现主要污染物未达标甚至增加的情况，行政问责制度难以实施，环保资金不足。

3.3　资源和环境约束下我国经济发展的现状

3.3.1　经济发展趋势分析

我国的经济发展呈现出高增长、高增加、低投入、低消耗、低排放的良好趋势。

从"高"的方面看，经济发展呈现出高增长、高增加的良好趋势。GDP 总量明显增加。如图 3-7 所示，在 2000 年到 2013 年这一段时间中，中国的 GDP 总量从 99 214.6 亿元增加到 568 845.2 亿元，增加了近 6 倍，并且在这 14 年中，GDP 是逐年增长的，但是增长速度却是先增后减的，从 2000 年的 8.4％上升到 2007 年的 14.2％，随之下降到 2014 年的 7.3％。随着中国经济新常态的出现，预计 2015 年经济增长约为 7％，中国经济出现明显回落。

从"低"的方面看，经济发展呈现低投入、低消耗、低排放的良好趋势。全社会固定资产投资增长率由 2004 年的 37.5％下降到 2013 年的 19.1％；2000 年以来能源消费总量从 145 531 万吨标准煤增长到 2013 年的 375 000 万吨标准煤，但是增幅低于同期的 GDP 水平，根据国家初步核查，2013 年全国氨氮排放总量 245.7 万吨，比上年下降 3.1％；全国化学需氧量排放总量 2 352.7 万吨，同比上年下降 2.92％；二氧化硫排放总量 2 043.9 万吨，比上年下降 3.48％。可见，2013 年我国减排的措施取得了良好的效果，我国大气环境有了好转的迹象。

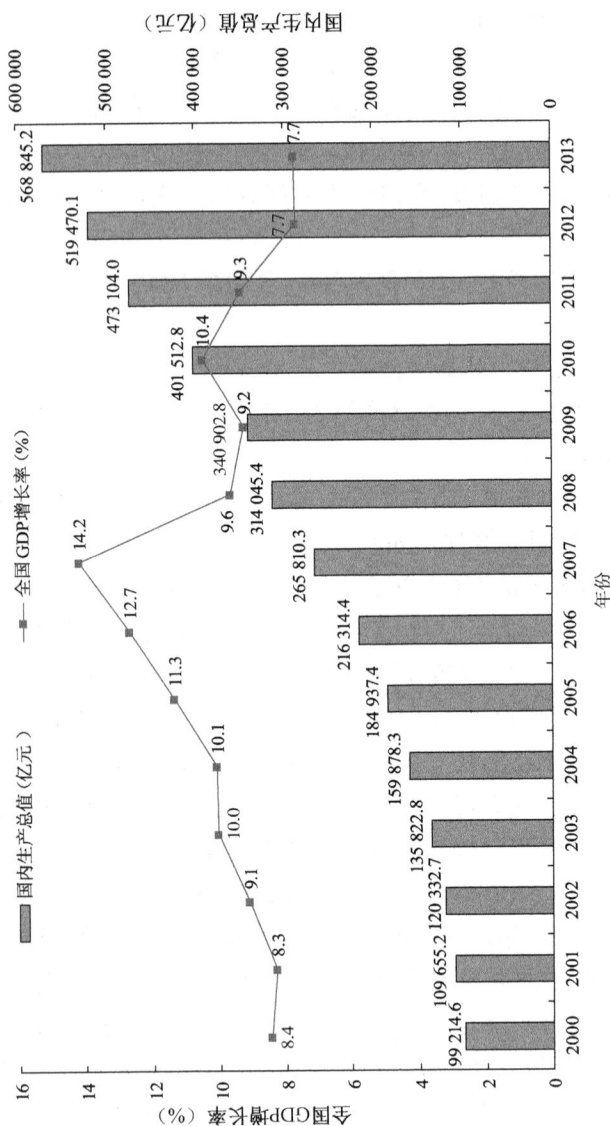

图 3-7 2000—2013 年全国 GDP 总量及其增长速度

资料来源：《中国统计年鉴（2014）》

3.3.2　产业结构转变分析

调整和优化产业结构是转变经济发展方式的重要内容。从三次产业占 GDP 的比重可以大致了解我国产业结构转变的趋势。

从图 3-8 可以看出,全国第一产业对 GDP 的贡献率在逐年波动,第二产业对 GDP 的贡献率基本上保持在 50% 左右,且近几年有下降趋势,第三产业对 GDP 的贡献率总体在逐渐上升,成为吸收就业的重要渠道。由此可见,进入 2000 年以来,经济增长主要由二、三产业拉动,其中第二产业占据稳定的主导地位,第三产业贡献呈上升趋势。第一产业对经济增长的贡献总体趋势是逐步降低的。这基本符合产业结构演进的规律。由此可以看出,全国的产业结构逐步得到优化。

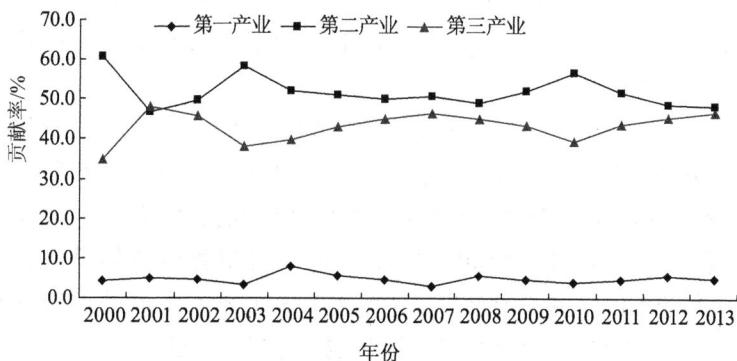

图 3-8　2000—2013 年全国三大产业对 GDP 的贡献率

资料来源:《中国统计年鉴(2014)》

3.3.3　环境污染防治分析

近几年来,我国以科学发展观为指导,大力控制削减污染物排放总量,加快区域环境综合治理,加强生态保护和建设,环境保护呈现良好的发展态势。

在经济指标上升的同时,主要污染物排放量继续下降。2013 年与 2012 年相比,化学需氧量、二氧化硫排放量分别下降 2.9% 和 3.5%,氨氮排放量下降 3.1%。

2013 年,在 256 个未执行《环境空气质量标准》新规定的地级及以上城市(含部分地、州、盟所在地和省辖市)中,环境空气质量达标城市比例为 69.5%,二氧化硫年均浓度达标城市比例为 91.8%,劣三级城市比例为 1.2%。

2013 年在监测的 473 个市(县)中,出现酸雨的市(县)占 44.4%;酸雨频率在 25% 以上的占 27.5%;酸雨频率在 75% 以上的占 9.1%。与上年相比,酸雨频率在 25% 和 75% 以上的市(县)比例分别降低了 1.7% 和 1.9%。降水 pH 年均值低于 5.6(酸雨)、低于 5.0(较重酸雨)和低于 4.5(重酸雨)的市(县)分别占 29.6%,15.4% 和 2.5%。与上年相比,酸雨、较重酸雨和重酸雨的市(县)比例分别降低 1.1 个百分点、3.3 个百分点和 2.9 个百分点。以上数据表明我国市(县)出现酸雨频率及酸雨程度均出现了的好转。

生态指数总体呈上升趋势,生物多样性贫乏的现象持续减少。2005—2009 年,全国生态环境质量总体保持在"一般"水平,未发生明显变化,2009 年全国生态环境状况指数值与 2008 年相比增加 0.5,与 2005 年相比增加 0.9,生态指数值总体呈上升趋势。与此同时,主要河流、湖泊和饮用水源地等水域处于物种贫乏水平以下的比例逐年下降,生物多样性状态正向良好态势发展。

3.3.4　自主创新分析

《2006—2020 年国家中长期科学和技术发展纲要》强调以自主创新为主线,提出了到 2020 年我国建设创新型国家的战略目标,并制定了"自主创新、重点跨越、支撑发展、引领未来"的指导方针。

2013 年是我国加快转变经济发展方式的关键一年。面对复杂多变的国内外政治经济形势,我国创新主体把握历史发展脉搏,化挑战为机遇,自主创新取得丰硕成果,主要表现在各企业参与研发活动增多,企业作为主力军承担了国家重大科技研发项目增加;高新技术产业和科技型企业占所有企业的比例增大;各产业进行产品创新,拥有自己的专利。2013 年,专利申请受理数达到 2 377 061 件,同比增长 15.9%,其中,国内(含港澳台)发明专利受理数 704 936 万件,同比增幅高达 31.7%,国外来华申请专利达 120 200 件,同比增幅 2.3%,发明专利申请量为近十年最高水平;专利授权量达 1 313 000 件,同比增长 4.6%,发明专利的授权量显著提升。

2013 年,在三十五个技术领域中的食品化学、土木工程和药品等传统优势技术领域,国内发明专利申请和授权优势继续扩大,但是在国内发明专利申请所占比重逐渐甩开国外来华申请的普遍优势下,国外在光学、医药技术和音响技术等领域的专利布局仍相对具有较高强度。因此,我国仍需进一步加强在关键技术领域的自主创新能力。

3.4　我国经济发展方式转变中存在的问题

我国经济发展方式转变中存在着许多问题,包括产业结构失衡、需求结构失衡、城乡结构失衡、收入分配结构失衡及就业问题等。

3.4.1　产业结构失衡

产业结构调整的过程伴随着经济发展方式的转变,其合理与否直接关系到资源能否被合理配置和有效利用。近年来我国产业结构调整有了一定程度的改善,产业结构正向合理化方向发展,第一产业在 GDP 中的比重呈现持续下降的态势,且内部结构逐步得到改善;第二产业的比重经历了不断波动的过程,但长期稳定保持在 50% 以上;第三产业在国民经济中的比重处于缓慢上升的过程之中。

目前我国产业结构仍存在比例失调问题,与经济发展方式转变的要求仍有一定距离,主要表现在:第一产业基础薄弱;第二产业内部结构失衡,重工业比例偏高,高技术产业发展不足;第三产业发展滞后,2013 年我国第三产业占国内生产总值的比重为 46.8%。按照世界银行的数据,近年来中等收入国家服务业比重为 53%,高收入国家服务业比重为 72.5%,低收入国家服务业比重为 46.1%。相比而言,我国服务业发展明显滞后,现有产业结构已经不适应现代经济发展的趋势,必须进一步调整优化。

3.4.2 需求结构失衡

消费、投资和出口是拉动经济增长的三大动力。目前我国的需求结构呈现投资膨胀、消费低迷和出口依赖的失衡局面。

投资膨胀是当前经济发展的主要特征。2001—2012 年,投资率由 36.5% 提高到 48.1%,投资率年均上升 1 个多百分点。尽管 2005—2007 年投资率略有下降,但是,2008 年以后又出现较大幅度上升。短时期内依靠投资可以迅速稳定宏观经济,但同时也有可能带来中长期的隐患。投资的过快上涨,一方面使消费率持续下降,进入 21 世纪以来,投资率持续上升,到 2012 年已达 48.1%,超过消费率 48.2% 的水平,这意味着我们将面临越来越大的产能过剩压力;另一方面,投资边际效率明显递减:1997 年,我国经济增长中每 1 元固定资产投资可以产生 3.17 元 GDP,到 2010 年只能产生 1.44 元 GDP,10 余年里投资产出率下降了近一半[143]。投资与消费的失衡严重影响了我国经济发展方式的转变。

我国经济运行的另一特征是外贸依存度过高。改革开放以来我国外向型经济不断发展,进出口贸易大幅增长。据海关统计,2013 年我国货物进出口总值 41 589.9 亿美元,比 2012 年同期增长 7.5%,外贸进出口总值刷新年度历史纪录。由于人民币升值和国外需求萎缩,自 2006 年以来,我国外贸依存度总体呈现回落态势。但是过高的外贸依存度,导致宏观经济容易受到国际经济周期性波动和偶然性突发事件的干扰。当前的国际金融危机就使得我国传统的经济发展方式受到挑战,也为加快经济发展方式转变提供了战略性契机。

3.4.3　城乡结构失衡

衡量城乡结构的主要指标有两个,即城市化率和城乡居民收入水平。城市化率反映城市人口占总人口的比例。2013 年中国城市化率达到了 53.7%。虽然城市化取得了飞速的发展,但也要看到,工作和居住在城市中的农业户籍者大多处于"半城市化"状态,即成为城市中的非农就业人口或常住人口,但难以像本地的非农户口居民那样分享到城市化带来的城镇居民的社会待遇,半城市化人口面临劳动保障和社会保障覆盖不足等困境。

城乡居民收入水平反映城乡居民收入的差距。改革开放以来城乡居民收入水平大幅提高,30 年来增长了 8.2 倍和 7.4 倍,到 2013 年城乡居民人均收入已达到 26 955.1 元和 8 895.9 元。然而在城乡收入大幅度增加的同时,城乡收入分配失衡的问题却日益严峻,城乡收入差距呈现逐渐扩大的趋势。城镇居民家庭人均可支配收入与农村居民人均纯收入的比例从 1983 年改革开放以来的最低点 1.82∶1 上升到 2013 年的最高点 3.32∶1,如果考虑到价格指数,其差距更大,远高于发达国家通常的 1.5∶1。城乡绝对收入差距更是在不断扩大,2013 年城乡人均收入差距已经超过 2 万元。我国城乡居民家庭人均收入一直呈现持续快速增加的趋势,但是城镇居民家庭人均收入增长更快,人均可支配收入从 1978 年的 343.4 元增加到 2013 年的 26 955.1 元,增长了79 倍;农村居民家庭人均纯收入从 1978 年的 133.6 元增加到 2013 年的 8 895.5 元,增长 66.5 倍,明显落后于城市居民的增长速度。

3.4.4 收入分配结构失衡

经济结构失衡下的消费低迷与收入分配结构的失衡不无关系。目前我国收入分配结构失衡问题仍很突出,衡量收入差距的基尼系数由改革开放之初 1978 年的 0.331 上升到 2011 年的 0.47,已超过 0.40 的国际警戒线水平。收入差距不断扩大的趋势主要表现为:一是部分垄断行业收入明显偏高,2013 年平均工资最高的是金融业 99 653 元,是全国平均水平的 1.94 倍,其次是信息传输、软件和信息技术服务业,为 90 915 元,是全国平均水平的 1.77 倍,年平均工资最低的行业分别是农、林、牧、渔业,为 25 820 元,仅为全国平均水平的 50%;城乡之间的收入差距不断扩大,如果再考虑教育、医疗等公共品的供给差异,城乡居民收入实际差距更大;二是地区收入差距也在不断扩大,在 1978 年,东部地区的城镇居民收入是西部地区的 1.6 倍,现在已经扩大到 2.3 倍;另外,由于腐败和地下经济产生的大量灰色收入也是收入差距扩大的重要因素。

3.4.5 就业问题

当前和今后一段时期,中国就业形势十分严峻,集中表现在以下两个方面:

(1) 劳动力供大于求的矛盾

2014 年国民经济和社会发展统计公报显示,到 2014 年年末全国就业人员 77 253 万人,比上年末增加 276 万人;其中城镇就业人员 39 310 万人,比上年末增加 1 322 万人。年末城镇登记失业率为 4.09%,比上年年末增加 0.04%。全国农民工总量为 27 395 万人,比上年增加 501 万人,增长 1.9%。“十二五”后我国出现新增劳动年龄人口下降的势态,但是进入劳动力市场的劳动力总量还是呈增加的趋势,供大于求的局面并没有改变。2012年,在全国农村至少还有 8 876 万剩余劳动力,即使每年转移 400 万农村剩余劳动力,起码还要 20 年才能基本消化完。根据教育部发布的数据,在未来的几十年内每年的高校毕业生达 700 万人左右,就业形势依然严峻。而我国经济逐渐放缓,增长速度减小,新增就业岗位无法完全满足市场需求。对于中国而言,就意味着在未来几十年内劳动力供过于求的矛盾始终存在。

(2)大学毕业生就业问题日趋严重

我国大学扩招后,大学生就业难的问题已经是一个不争的事实,且有可能越来越难。据统计,2013 年高校毕业生人数为 700 万人左右,2014 年更是达到了 727 万,而有关部门的统计显示,目前每年社会新增就业机会 700 万至 800 万个。毕业生就业压力进一步增大,用人需求结构性矛盾突出。我国在疏通渠道和就业服务上有明显不足,也有很大拓展空间。一方面是民营企业、边远地区有很大需要,另一方面是目前的就业服务有很大的局限,尚未形成全国性的就业市场,大学生异地求职,信息不畅,成本太高。此外还须转变就业观念。

3.5 本章小结

本章在对我国资源现状问题分析时得出以下结论:我国水资源仍然缺乏,区域间水资源不平衡;而面对人口将继续增长,经济建设仍在继续占用耕地,而耕地后备资源却又十分有限;当前水土流失、土地沙漠化、土壤污染的总体形势相当严峻,已对生态环境、食品安全和农业可持续发展构成威胁;能源结构正逐步由原煤、石油、天然气等常规能源向水能、风能、核能等新能源转化,能源结构进一步优化,但能源紧缺的现象仍未得到有效解决。在对环境问题分析时,发现全国地表水国控断面总体为轻度污染,湖泊(水库)富营养化问题仍突出,水质变差的比例大于水质转好的比例,形势依然严峻;全国城市环境空气质量总体稳定,酸雨污染情况出现好转,但是污染程度依然较严重;工业固体废物排放量逐年下降,综合利用取得明显成效,循环经济发展呈现良好势头。

我国经济发展总体情况呈现出高增长、高增加、低投入、低消耗、低排放的良好趋势。产业结构逐步得到优化，节能工作取得了令人满意的成效，环境保护呈现良好的发展态势，自主创新取得丰硕成果。但经济发展中仍面临许多问题，如产业结构失衡、需求结构失衡、城乡结构失衡、收入分配结构失衡及就业问题等仍不同程度地显现，阻碍着经济发展方式的转变。

第4章 基于资源与环境约束下的我国经济发展方式转变评价体系研究

建立完善的基于资源与环境约束下的我国经济发展方式转变的评价指标体系,不仅是对经济发展方式转变进行评价的重要基础和依据,而且也是科学、合理、客观地评价经济发展方式转变的重要保证。可通过一组科学、完整、系统的数据指标来反映我国经济发展方式转变的现状和发展趋势的综合情况,并保证经济发展方式转变的可靠性和有效性,从而更有效地开展我国经济发展方式转变的研究。

4.1 基于资源与环境约束下的我国经济发展方式转变的评价指标体系

4.1.1 我国经济发展方式转变评价指标体系建立的原则

基于资源与环境约束下的我国经济发展方式转变评价指标体系是按照系统分析方法构建的一组反映经济发展、社会发展和科技发展的多个指标的集合。经济发展方式转变评价指标体系的设计必须能客观、充分地反映评价对象的性质与特征,体现评价的基本内容,为评价目的而服务,从而确保评价结果的客观、公正、准确与有效。为此,应围绕经济发展方式转变评价的各项基本目标,建立结构科学、系统全面、逻辑严密、相互联系又相互补充的评价指标体系。

在构建经济发展方式转变评价指标体系时应遵循目标性原则、全面性与精简性相结合的原则、层次性和重点性相结合的原则、可操作性原则四项基本原则。

(1) 目标性原则

评价指标必须紧紧围绕经济发展方式转变评价的总体目标。在选择每一个单项评价指标时,一方面应考虑该项指标变量在为评价目标服务中所处的作用和地位,指定该指标变量的口径、范围和含义;另一方面还需注意经济发展方式转变指标体系中各个单独指标之间的内在逻辑关系及在整个体系中的地位和作用,从而综合、全面、系统地反映经济发展方式转变的内在规律。

(2) 全面性与精简性相结合的原则

经济发展方式转变评价指标的范围广泛,内容复杂,其绩效评价涉及多个方面。但指标设定得越多,搜集数据的工作难度就越大,成本也就越高,所以在构建经济发展方式转变评价指标体系时,既要能从不同的侧面反映事物的全貌,又要能降低不必要的指标数目,即不但要考虑经济发展方式转变指标体系的全面性,也要注意评价指标体系的精简性。在满足基本评价要求的基础上,应该尽量减少评价指标个数,突出主要的评价指标,删除重复多余的指标,同时还要考虑搜集指标数据的难易程度与成本高低,力求用尽量少的指标或者搜集成本尽量低的指标来反映尽可能多的信息,从而避免评价指标体系过于庞大而无所适从,给以后的评价工作造成困难,评价结果也难以应用。同时还要尽量减少各个评价指标之间的相关性或者关联程度。

(3) 层次性和重点性相结合的原则

经济发展方式转变评价指标体系应该内部层次清晰,关系明确,通常按一级指标、二级指标、三级指标等分层次地设置,层层递进。同时要掌握一般性指标和重点指标的区别,需要重点分析的指标和对绩效影响大的指标应该设置得紧密一点,在一定程度上简化工作、突出重点,使指标具有代表性,能客观反映研究对象的特性。

(4) 可操作性原则

在遵循全面系统性原则的基础上,指标应尽可能具有可操作性:一是资料数据的易得性,有平稳的数据来源;二是指标容易量化,对定量指标要保证其可信度,对定性指标应尽量适用,或选择那些能间接赋值或计算予以转化的定量指标;三是能够便于他人进行操作和利用。

4.1.2　我国经济发展方式转变评价指标体系的构建

人们对评价对象的特征的认识过程是一个逐步深化、逐步完善的过程,通常应经过初选、测试、完善和确定等阶段,具体到经济发展方式转变评价指标体系的形成应有如下的几个阶段(如图 4-1 所示)。

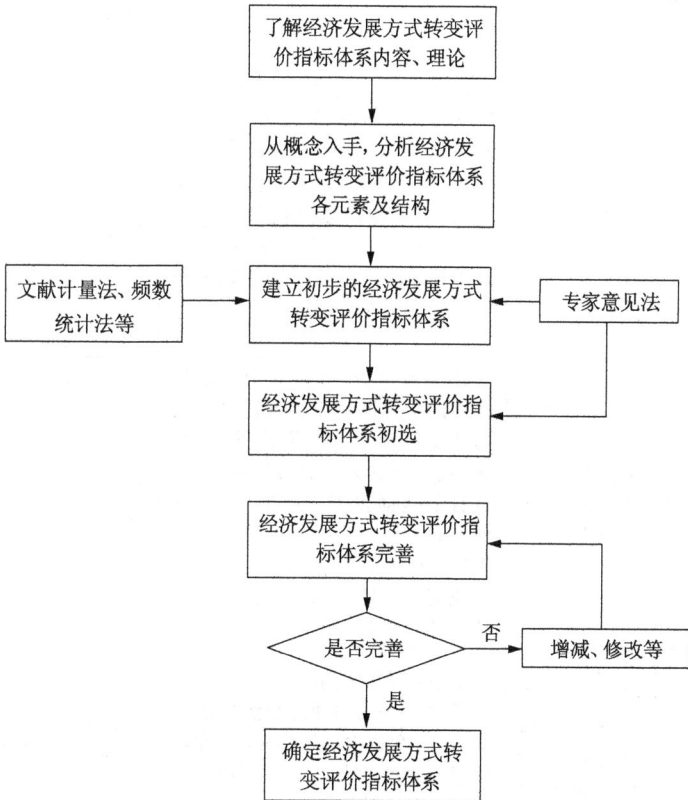

图 4-1　经济发展方式转变评价指标体系的构建

4.1.3　资源与环境约束下的我国经济发展方式转变评价指标体系

首先,经济发展方式转变评价可以从不同的角度进行,且需要从多个方面综合评价,仅采用一个单项指标或某几个指标对经济发展方式转变进行评价,具有一定的片面性和主观性。国内外学者对经济发展方式转变评价指标体系都进行了相关研究,如表4-1所示。

表 4-1　学者关于经济发展方式评价指标体系的相关研究

作者	文献名称	指标体系概况	发表刊物/著作	时间
李玲玲 张耀辉	我国经济发展方式转变测评指标体系构建及初步测评	指标体系主要分为三级,其中一级指标由经济增长、发展动力、资源环境支持、发展成果四个指标构成,用于体现经济运行行为、发展动力、发展约束适应和发展成果分享四个方面的转变结果;二级指标12个,根据一级指标在各方面的主要特征确定;三级指标29个	中国工业经济	2011.4
何菊莲 张　轲 唐未兵	我国经济发展方式转变进程测评	指标体系分为三级,其中一级指标的四个维度用于体现四个方面的转变结果:经济发展、社会发展、人与自然关系的协调发展、人自身的全面发展;根据四个维度的一级指标的主要特征确定二级指标10个;再根据可观测、易统计原则确定能反映二级指标主要特征的三级指标28个	经济学动态	2012.10
汪素芹	中国经济发展方式转变与外贸发展方式转变相互影响的实证分析	经济发展方式转变评价指标体系包括经济发展规模、经济发展结构、经济竞争力、经济可持续发展力、经济发展福利5个一级指标,19个二级指标,26个三级指标	国际贸易问题	2014.1

续表

作者	文献名称	指标体系概况	发表刊物/著作	时间
沈露莹	上海转变经济发展方式的评价指标体系与阶段评估	上海转变经济发展方式评价指标体系的总体框架分为三个层次。第一层次为 6 个主要领域,旨在反映经济发展方式转变的主要内涵,包括经济增长、服务经济、城市功能、自主创新、资源集约和以人为本。第二层次为 18 个一级指标,结合各领域的内容和特点进一步确定。第三层次为 48 个二级指标	上海经济研究	2010.6
孟晓俊黄弦和林 莎	杭州转变经济发展方式的评价指标体系研究	包括经济结构、城乡区域、低碳生态、自主创新、社会建设五个一级指标,经济总体概况、需求结构、产业结构、城镇居民收支状况、农村居民收支状况、城乡区域协调、节能降耗、环境保护、创新投入、创新成果、综合指标、就业指标、住房指标、安全指标、教育指标、医疗指标16 项二级指标和 38 个三级指标构成	中国市场	2011.9
尹　奥袭著燕刑旭东	山东经济发展方式转变评价指标体系构建研究	包括经济增长、经济结构、经济效益、资源环境、科技创新、和谐社会 6 个系统的指标体系,第三产业占 GDP 比重、出口占 GDP 比重、第三产业就业人员占全省就业人员比重、工业制成品占出口的比重、居民消费占最终消费比重、人均生产总值等 31 个二级指标	科技和产业	2012.4
丁　刚金少芸黄志强	基于熵值法的福建省经济发展方式转变空间差异研究	构建 4 个层次、16 个指标的经济发展方式转变综合评价指标体系,其中 4 个一级指标包括经济结构、技术进步、经济效益和资源节约与环境保护	长春工程学院学报(社会科学版)	2010.9

其次,在建立了初步经济发展方式转变指标体系后,根据本书第二章对经济发展方式转变内涵相关理论的综述,再综合表4-1所列的国内学者的对经济发展方式转变指标体系的研究,参考经济发展方式转变评价的相关研究,进一步进行修正。

最后,结合专家意见,并结合《中国统计年鉴》《中国科技统计年鉴》《中国环境统计年鉴》及《中国区域统计年鉴》等各类公开出版物的相关指标和数据,构建了由经济发展、社会发展、科技发展和资源与环境支持4个一级指标、9个二级指标和34个三级指标组成的资源与环境约束下我国经济发展方式转变评价指标体系(见表4-2)。指标设计选取了相对数据,且数据可获性较强。

表 4-2　资源与环境约束下我国转变经济发展方式评价指标体系

一级指标		二级指标	三级指标
转变经济发展方式综合评价 A	经济发展 B_1	经济增长 C_1	GDP 增长率(%),D_1
			人均 GDP(元),D_2
		结构优化 C_2	第三产业对国内生产总值增长的拉动(%),D_3
			高新技术产业增加值占工业增加值比重(%),D_4
			高新技术产品出口额占商品出口额比重(%),D_5
		经济效益提升 C_3	财政收入增长率(%),D_6
			财政收入占 GDP 比重(%),D_7
			就业人员劳动生产率(万元/人),D_8
	社会发展 B_2	劳动力素质 C_4	每万人口在校大学生数(人/万人),D_9
			每万人大专以上学历人数(人/万人),D_{10}
		人民生活 C_5	居民消费价格指数(无量纲),D_{11}
			城镇居民人均年可支配收入(元),D_{12}
			农村居民人均年纯收入(元),D_{13}
			城镇居民家庭恩格尔系数(%),D_{14}
			农村居民家庭恩格尔系数(%),D_{15}
			每万人有医院、卫生院床位数(张),D_{16}

续表

一级指标	二级指标	三级指标
转变经济发展方式综合评价 A	科技发展 B_3	
	科技投入 C_6	全社会 R&D 经费支出占 GDP 比重(%)，D_{17}
		企业 R&D 经费支出占产品销售或主营业务收入比重(%)，D_{18}
		每万人 R&D 人员数(人年/万人)，D_{19}
		R&D 人员人均 R&D 经费(万元/人年)，D_{20}
	科技产出 C_7	每万名就业人员专利申请量(项/万人)，D_{21}
		每万名就业人员发明专利申请量(项/万人)，D_{22}
		大中型工业企业新产品销售收入占主营业务收入比重(%)，D_{23}
	资源与环境支持 B_4	
	资源支持 C_8	单位 GDP 用水量(立方米/万元)，D_{24}
		每万人造林面积(公顷/万人)，D_{25}
		每万元 GDP 能耗(吨标准煤/万元)，D_{26}
		能源消费弹性系数(无量纲)，D_{27}
		人均能源生产量(千克标准煤/人)，D_{28}
	环境支持 C_9	单位 GDP 废水排放量(吨/万元)，D_{29}
		单位 GDP 化学需氧量排放量(千克/万元)，D_{30}
		单位 GDP 二氧化硫排放量(千克/万元)，D_{31}
		工业固体废物综合利用率(%)，D_{32}
		环境污染治理投资占 GDP 比重(%)，D_{33}
		城市建成区绿化覆盖率(%)，D_{34}

四个一级指标及其二级指标的含义如下：

（1）经济发展

该指标主要反映经济发展情况。

一级指标经济发展 B_1 包括经济增长 C_1、结构优化 C_2 和经济效益提升 C_3 3 项二级指标。

二级指标经济增长 C_1，包括 D_1—GDP 增长率（％）和 D_2—人均 GDP（元）2 项三级指标。

二级指标结构优化 C_2，包括 D_3—第三产业对国内生产总值增长的拉动（％）、D_4—高新技术产业增加值占工业增加值比重（％）、D_5—高新技术产品出口额占商品出口额比重（％）3 项三级指标。

二级指标经济效益提升 C_3，包括 D_6—财政收入增长率（％）、D_7—财政收入占 GDP 比重（％）、D_8—就业人员劳动生产率（万元/人）3 项三级指标。

（2）社会发展

该指标主要反映社会发展情况。

一级指标社会发展 B_2 包括劳动力素质 C_4、人民生活 C_5 2 项二级指标。

二级指标劳动力素质 C_4，包括 D_9—每万人口在校大学生数（人/万人）、D_{10}—每万人大专以上学历人数（人/万人）2 项三级指标。

二级指标人民生活 C_5，包括 D_{11}—居民消费价格指数（无量纲）、D_{12}—城镇居民人均年可支配收入（元）、D_{13}—农村居民人均年纯收入（元）、D_{14}—城镇居民家庭恩格尔系数（％）、D_{15}—农村居民家庭恩格尔系数（％）、D_{16}—每万人有医院、卫生院床位数（张）6 项三级指标。

（3）科技发展

该指标主要反映科技发展情况。

一级指标科技发展 B_3 包括科技投入 C_6、科技产出 C_7。

二级指标科技投入 C_6，包括 D_{17}—全社会 R&D 经费支出占 GDP 比重（％）、D_{18}—企业 R&D 经费支出占产品销售或主营业务收入比重（％）、D_{19}—万人 R&D 人员数（人年/万人）、D_{20}—R&D 人员人均 R&D 经费（万元/人年）4 项三级指标。

二级指标科技产出 C_7，包括 D_{21}—每万名就业人员专利申请量（项/万人）、D_{22}—每万名就业人员发明专利申请量（项/万人）、D_{23}—大中型工业企业新产品销售收入占主营业务收入比重（%）3 项三级指标。

（4）资源与环境支持

该指标主要反映资源与环境的情况。

一级指标资源与环境支持 B_4 包括资源支持 C_8、环境支持 C_9。

二级指标资源支持 C_8，包括 D_{24}—单位 GDP 用水量（立方米/万元）、D_{25}—每万人造林面积（公顷/万人）、D_{26}—万元 GDP 能耗（吨标准煤/万元）、D_{27}—能源消费弹性系数（无量纲）、D_{28}—人均能源生产量（千克标准煤/人）5 项指标三级指标。

二级指标环境支持 C_9，包括 D_{29}—单位 GDP 废水排放量（吨/万元）、D_{30}—单位 GDP 化学需氧量排放量（千克/万元）、D_{31}—单位 GDP 二氧化硫排放量（千克/万元）、D_{32}—工业固体废物综合利用率（%）、D_{33}—环境污染治理投资占 GDP 比重（%）、D_{34}—城市建成区绿化覆盖率（%）6 项三级指标。

4.2　经济发展方式转变评价的方法体系构建

4.2.1　经济发展方式转变评价方法的比较

根据上述对经济发展方式转变评价方法的综述，表 4-3 对常用的综合评价方法包括德尔菲法、层次分析法、因子分析、聚类分析、判别分析、数据包络分析、灰色关联度分析法、基于 BP 人工神经网络评价、模糊综合评价、系统动力学的适用范围、评价对象、评价目标及其优缺点进行归纳总结。

表 4-3　常用评价方法的比较

方法类别	方法名称	方法描述	优点	缺点	适用对象
主观评价方法	德尔菲法	征询专家，用信件背靠背评价，汇总、反馈，再评价	操作简单，可以利用专家的知识，结论易于使用	主观性比较强，多人评价时结论难以集中	主要用于不能或难以量化的一些战略决策分析
	层次分析法	针对多层次结构的系统，用相对量的比较，确定多个判断矩阵，取其特征值所对应的特征向量作为权重，并且排序	可靠度比较高，误差小	评价对象的因素不能太多	战略选择、多个年份的连续评价等
客观评价方法	因子分析	因子分析的基本目的就是用少数几个因子去描述许多指标或因素之间的联系，即将相关关系比较密切的几个变量归在同一类中，每一类变量就成为一个因子（之所以称其为因子，是因为它是不可观测的，即不是具体的变量），以较少的几个因子反映原资料的大部分信息	可以解决相关程度大的评价对象	需要大量统计数据，潜在的因子结构较难获取，聚类受指标选择的影响，判别分析需要已分类的样品	用于经济发展水平评价、科技活动或 R&D 投入绩效评价
	聚类分析	聚类分析是直接比较各事物之间的共同的性质，将性质相近的归为一类，将性质差别较大的归入不同类的分析技术			投资组合选择、地区发展水平分类、目标市场选择等
	判别分析	判别分析是根据已掌握的分类明确的样品，建立较好的判别函数，使产生错判的事例最少，进而对给定的 1 个新样品，判断它来自哪个总体。根据资料的性质，分为定性资料的判别分析和定量资料的判别分析；采用不同的判别准则，又有费歇判别分析、贝叶斯、距离等判别方法			适合已有目的分类样本，再根据此评价新的样品

续表

方法类别	方法名称	方法描述	优点	缺点	适用对象
客观评价方法	数据包络分析	以相对效率为基础，根据多指标产出对相同类型的单位（部门）进行相对有效性或效益评价	可以评价输入输出效率的大系统，并可找出单元素薄弱环节加以改进	只表明评价单元的相对发展指标，无法表示出实际发展水平	评价经济学中生产函数的技术、规模有效性，产业（行业）的绩效评价等
	灰色关联度分析法	分析系统中多个元素之间关联程度或相似程度，其基本思想是依据数据关系对系统进行排序	对样本量没有多要求，也不需要典型的分布规律，在系统数据较少和计算量小的情况下，满足统计要求得的情况下，更具有实用性	只对评判对象的优劣作出鉴别，并不反映绝对水平	企业经济效益、顾客满意度等方面的综合评价
	基于BP人工神经网络评价	模拟人脑智能化处理过程的人工经网络技术，通过BP算法，学习或训练获取知识，并存储在神经元的权值中，通过"揣摩""提炼"想把相关信息复现。能够客观规律，进行对相同评价对象本身的质属评价评价对象的评价	网络具有自适应能力，可容错性，能够处理非线性、非局域性与非凸性的大型复杂系统	精度不高，需要大量训练样本等	应用领域不断扩大，决策中的专家系统，证设计银行贷款项目，股票价格评分析，银行发行项市场发展综合水平评价、交通运输能力预测等
主客观相结合的评价方法	模糊综合评价	引入隶属函数 $\mu\gamma:C\rightarrow[0,1]$，实现把人类的直觉把...类的直觉把具体表示为具体指标（模糊综合评价矩阵）$R=[\mu_{ij}]_{n\times m}$，其中，$\mu_{ij}(x_{ij})$ 表示对象属性的隶属度，并将约束条件量化表示，进行数学解答）	可以克服传统数学方法中"唯一解"的弊端。根据不同层次的同题，得出多个不同问题题解，具有符合人性的，符合现代管理中柔性管理"的思想	不能解决评价指标间相关造成信息重复问题，隶属函数、模糊相关矩阵的确定方法有待于进一步研究	消费者偏好识别、决策中的专家系统，分析债券投资...目贷款对象识别等，拥有广泛的应用前景
	系统动力学	系统动力学从系统结构出发建立系统的微观结构描述系统结构框架，用回路因果关系图和流图描述系统结构要素之间的逻辑关系，用方程描述系统要素之间的数量关系，用专门的仿真软件进行仿真分析	可定性、半定性、定量，最后又把定量设计算机程序，利用计算机进行转换成最终的仿真分析，能解决复杂系统的、非线性的和带有延迟现象的系统问题	系统动力学研究处理的是复杂、高阶次、多变量的社会经济大系统，构建大系统存在一定的难度	应用于复杂的社会经济发展系统，可持续发展经济研究、产业系统模拟、政策模拟等领域

资料来源：见参考文献[144]，作者亦进行了相应的修改与补充

107

4.2.2 经济发展方式转变评价方法体系

综合以上方法,对于经济发展方式转变评价而言,由于经济发展方式转变评价涉及指标数多,采用定性评价分析、模糊数学方法、灰色关联度分析法、基于 BP 人工神经网络进行评价均在一定程度上存在不足。为此本书在评价时选择了三种方法进行评价,如表 4-4 所示。一是用层次分析法对我国经济发展方式转变的年度状况进行评价;二是采用客观的因子分析、聚类分析及判别分析加以组合展开区域经济发展方式转变的评价;三是采用系统动力学模型对中国经济发展方式转变的动态发展进行系统评价(系统动力学模型评价将在第 7 章单列分析)。

表 4-4　经济发展方式转变评价方法体系

R&D 投入绩效评价方法	评价单元	选择原因
层次分析法	全国各年份	层次分析法是通过分析复杂系统所包含的因素及相关关系,利用较少的定量信息使决策的思维过程数学化。分析我国经济发展方式转变的有关因素后构建资源与环境约束下转变经济发展方式的评价指标体系,通过专家打分获得指标权重,结果的可靠性高。利用全国年份数据计算得出经济发展方式综合指数,分析经济发展方式的年度进展情况
因子分析、聚类分析、判别分析	区域	区域的经济发展方式转变的评价所涉及的指标数量较多,因子分析可客观地获取评价区域经济发展方式转变的各个潜在因子,减少了如层次分析法等设定权重所带来的主观判断,而且因子分析也可根据方法本身的需要对指标进行取舍,达到简化指标体系的目的,适合于以区域为评价单元的经济发展方式转变的评价。基于因子分析和聚类分析的结果,采用判别分析获取判别函数,对位置的分类进行判别

R&D投入绩效评价方法	评价单元	选择原因
系统动力学模型	连续年份的宏观数据	系统动力学模型通常是基于年份变化而构建的复杂社会经济系统,用于中长期的预测,且可以调节政策变量或投入变量对未来较长时期进行预测,以年份为评价单元使用系统动力学方法建立经济发展方式转变的系统动态仿真模型,不仅可以预测模拟未来的经济发展方式,还可以将其与社会经济发展的整个大系统联系在一起,模拟其在社会经济发展过程中的核心地位和作用

4.3　基于层次分析法的我国经济发展方式转变的实证分析

4.3.1　建立判断矩阵

对表 4-2 构建的资源与环境双重约束下我国经济发展方式转变的评价指标体系,采用层次分析法进行权重的设计。邀请 10 位相关领域的专家和老师,发放指标体系表,借助 1~9 标度法就指标间的重要性进行打分。然后得到 10 位专家和老师的打分,去掉两个最高分和两个最低分,获取平均分,再反馈各位专家,经过三轮打分,最终获得各类指标间的判断矩阵,见表 4-5 至表 4-18。然后计算各判断矩阵的最大特征值及所对应的特征向量,并将得到的特征向量经归一化后作为指标的权重分配,最后对所得结果做一致性检验(若未通过一致性检验,则联系专家和老师,再次对判断矩阵进行修正并通过一致性检验)。结果得到如表 4-19 所示的各个评价指标的权重。

表 4-5　判断矩阵 **A-B**

A	B_1	B_2	B_3	B_4	权重
B_1	1	1	1	1/2	0.200
B_2		1	1	1/2	0.200
B_3			1	1/2	0.200
B_4				1	0.400

$\lambda_{max}=4.000, CI=0.000, RI=0.900, CR=0<0.10$，一致性检验通过。

表 4-6　判断矩阵 **B_1-C**

B_1	C_1	C_2	C_3	权重
C_1	1	1/2	1/3	0.163
C_2		1	1/2	0.297
C_3			1	0.540

$\lambda_{max}=3.009, CI=0.005, RI=0.580, CR=0.009<0.10$，一致性检验通过。

表 4-7　判断矩阵 **B_2-C**

B_2	C_4	C_5	权重
C_4	1	1/3	0.250
C_5		1	0.750

$\lambda_{max}=2.000, CI=0.000, RI=0.000, CR=0<0.10$，一致性检验通过。

表 4-8　判断矩阵 **B_3-C**

B_3	C_6	C_7	权重
C_6	1	1/3	0.250
C_7		1	0.750

$\lambda_{max}=2.000, CI=0.000, RI=0.000, CR=0<0.10$，一致性

检验通过。

表 4-9　判断矩阵 B_4-C

B_4	C_8	C_9	权重
C_8	1	1	0.500
C_9		1	0.500

$\lambda_{max}=2.000, CI=0.000, RI=0.000, CR=0<0.10$，一致性检验通过。

表 4-10　判断矩阵 C_1-D

C_1	D_1	D_2	权重
D_1	1	1/2	0.333
D_2		1	0.667

$\lambda_{max}=2.000, CI=0.000, RI=0.000, CR=0<0.10$，一致性检验通过。

表 4-11　判断矩阵 C_2-D

C_2	D_3	D_4	D_5	权重
D_3	1	1	1	0.333
D_4		1	1	0.333
D_5			1	0.333

$\lambda_{max}=3.000, CI=0.000, RI=0.580, CR=0.000<0.10$，一致性检验通过。

表 4-12　判断矩阵 C_3-D

C_3	D_6	D_7	D_8	权重
D_6	1	1	1/3	0.200
D_7		1	1/3	0.200
D_8			1	0.600

$\lambda_{max}=3.000, CI=0.000, RI=0.580, CR=0.000<0.10$，一

致性检验通过。

表 4-13　判断矩阵 C_4-D

C_4	D_9	D_{10}	权重
D_9	1	1/2	0.333
D_{10}		1	0.667

$\lambda_{max}=3.000, CI=0.000, RI=0.000, CR=0.000<0.10$，一致性检验通过。

表 4-14　判断矩阵 C_5-D

C_5	D_{11}	D_{12}	D_{13}	D_{14}	D_{15}	D_{16}	权重
D_{11}	1	1/2	1/2	1/3	1/3	1/4	0.065
D_{12}		1	1	1/2	1/2	1/2	0.118
D_{13}			1	1/2	1/2	1/2	0.118
D_{14}				1	1	1/2	0.178
D_{15}					1	1/2	0.225
D_{16}						1	0.297

$\lambda_{max}=6.126, CI=0.025, RI=1.240, CR=0.020<0.10$，一致性检验通过。

表 4-15　判断矩阵 C_6-D

C_6	D_{17}	D_{18}	D_{19}	D_{20}	权重
D_{17}	1	2	5	3	0.472
D_{18}		1	4	2	0.285
D_{19}			1	1/3	0.073
D_{20}				1	0.170

$\lambda_{max}=4.051, CI=0.017, RI=0.900, CR=0.019<0.10$，一致性检验通过。

表 4-16　判断矩阵 C_7 -D

C_7	D_{21}	D_{22}	D_{23}	权重
D_{21}	1	1/4	1/5	0.097
D_{22}		1	1/2	0.333
D_{23}			1	0.570

$\lambda_{max}=3.025, CI=0.012, RI=0.580, CR=0.021<0.10$，一致性检验通过。

表 4-17　判断矩阵 C_8 -D

C_8	D_{24}	D_{25}	D_{26}	D_{27}	D_{28}	权重
D_{24}	1	1	1/3	1/2	1	0.130
D_{25}		1	1/2	1/2	1/2	0.122
D_{26}			1	1	2	0.305
D_{27}				1	2	0.281
D_{28}					1	0.162

$\lambda_{max}=5.078, CI=0.020, RI=1.120, CR=0.018<0.10$，一致性检验通过。

表 4-18　判断矩阵 C_9 -D

C_9	D_{29}	D_{30}	D_{31}	D_{32}	D_{33}	D_{34}
D_{29}	1	1	1	1	2	2
D_{30}		1	1	1	2	2
D_{31}			1	1	2	2
D_{32}				1	1	2
D_{33}					1	1
D_{34}						1

$\lambda_{max}=6.054, CI=0.011, RI=1.240, CR=0.009<0.10$，一致性检验通过。

4.3.2 我国经济发展方式转变的分析评价

表 4-19 资源与环境约束下我国转变经济发展方式评价指标体系及权重设置

一级指标	权重	二级指标	权重	三级指标	权重	总权重
转变经济发展方式综合评价 A		经济增长 C_1	0.163	GDP 增长率（%），D_1	0.333	0.010 8
				人均 GDP(元)D_2	0.667	0.021 7
	经济发展 B_1 0.200	结构优化 C_2	0.297	第三产业对国内生产总值增长的拉动(%)D_3	0.333	0.019 8
				高新技术产业增加值占工业增加值比重(%)D_4	0.333	0.019 8
				高新技术产品出口额占商品出口额比重(%)D_5	0.333	0.019 8
		经济效益提升 C_3	0.540	财政收入增长率(%)D_6	0.200	0.021 6
				财政收入占 GDP 比重(%)D_7	0.200	0.021 6
				就业人员劳动生产率(万元/人)D_8	0.600	0.064 8
	社会发展 B_2 0.200	劳动力素质 C_4	0.250	每万人口在校大学生数（人/万人)D_9	0.333	0.016 7
				万人大专以上学历人数（人/万人)D_{10}	0.667	0.033 4
		人民生活 C_5	0.750	居民消费价格指数(无量纲)D_{11}	0.065	0.009 8
				城镇居民人均年可支配收入(元)D_{12}	0.118	0.017 7
				农村居民人均年纯收入(元)D_{13}	0.118	0.017 7
				城镇居民家庭恩格尔系数(%)D_{14}	0.178	0.026 7
				农村居民家庭恩格尔系数(%)D_{15}	0.225	0.033 8
				每万人有医院、卫生院床位数(张)D_{16}	0.297	0.044 6
	科技发展 B_3 0.200	科技投入 C_6	0.250	全社会 R&D 经费支出占 GDP 比重(%)D_{17}	0.472	0.023 6
				企业 R&D 经费支出占产品销售或主营业务收入比重(%)D_{18}	0.285	0.014 3
				每万人 R&D 人员数（人年/万人)D_{19}	0.073	0.003 7
				R&D 人员人均 R&D 经费(万元/人年)D_{20}	0.170	0.008 5

一级指标	权重	二级指标	权重	三级指标	权重	总权重
科技发展 B_3	0.200	科技产出 C_7	0.750	每万名就业人员专利申请量（项/万人）D_{21}	0.097	0.014 6
				每万名就业人员发明专利申请量（项/万人）D_{22}	0.333	0.050 0
				大中型工业企业新产品销售收入占主营业务收入比重（%）D_{23}	0.570	0.085 5
资源与环境支持 B_4	0.400	资源支持 C_8	0.500	单位 GDP 用水量（立方米/万元）D_{24}	0.130	0.026 0
				每万人造林面积（公顷/万人）D_{25}	0.122	0.024 4
				每万元 GDP 能耗（吨标准煤/万元）D_{26}	0.305	0.061 0
				人均能源生产量（千克标准煤/人）D_{27}	0.281	0.056 2
				能源消费弹性系数（无量纲）D_{28}	0.162	0.032 4
		环境支持 C_9	0.500	单位 GDP 废水排放量（吨/万元）D_{29}	0.202	0.040 4
				单位 GDP 化学需氧量排放量（千克/万元）D_{30}	0.202	0.040 4
				单位 GDP 二氧化硫排放量（千克/万元）D_{31}	0.202	0.040 4
				工业固体废物综合利用率（%）D_{32}	0.180	0.036 0
				环境污染治理投资占 GDP 比重（%）D_{33}	0.113	0.022 6
				城市建成区绿化覆盖率（%）D_{34}	0.101	0.020 2

4.3.2.1　整体评价

在资源与环境的支持下,我国经济发展方式转变仍处于上升趋势,成效显著。如图 4-2 所示,"十五"期间,我国经济发展方式转变综合指数尽管在 2003 年出现小幅下降,但整体来看还是处于上升趋势,2005 年经济发展方式转变评价值为 0.337 9,是 2001 年的 4.2 倍。"十一五"期间,经济发展方式转变一直保持上升状态,2010 年整体评价值达到 0.730 5,比 2005 年提高了 1.16 倍。进入"十二五"以后综合指数在 2013 年达到了 0.901 0,这表明从 2001 年以来,我国经济发展方式转变始终处于上升趋势。但是从转变度来看,综合评价值的变化趋势呈现出先强后弱的状况,经济增长导致大量资源减少和环境污染,资源与环境的约束对经济增长乃至发展方式的影响逐渐突显,这也表明我国经济发展方式转变的任务仍然艰巨。

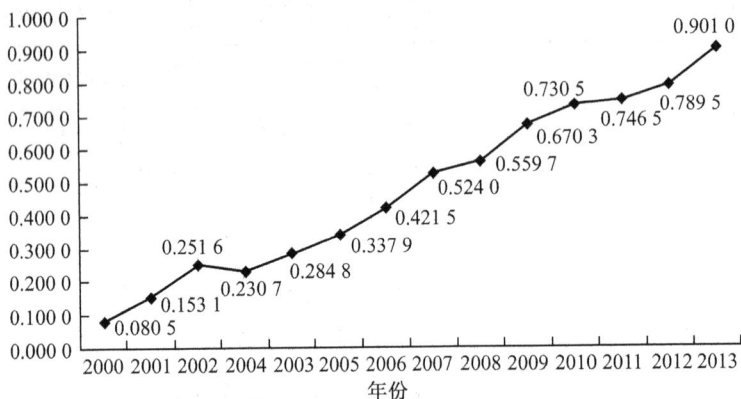

图 4-2   2000—2013 年资源与环境约束下我国经济发展指标评价值的变化

4.3.2.2   主要指标评价(见图 4-3)

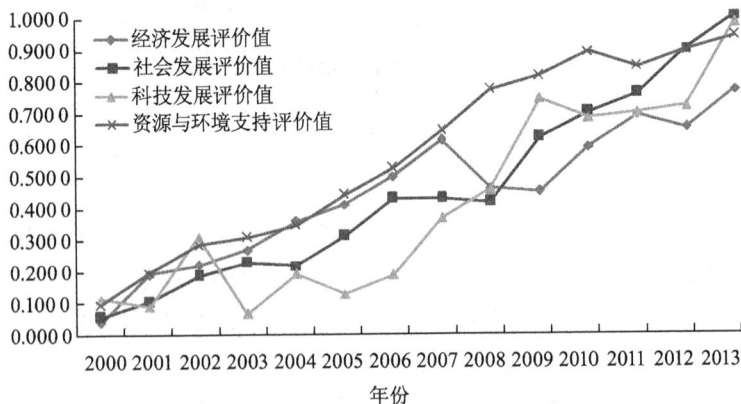

图 4-3   2000—2013 年我国经济发展方式转变一级指标变化趋势

(1)经济发展指标。经济发展指标主要由经济增长、结构优化和经济效益提升三方面构成。如表 4-20 所示,2000—2007 年三项指标均保持增长态势,但是 2008 年之后,经济增长、经济效益提升与结构优化方面以正反的两种力量影响着经济发展的变化趋势,这三个指标综合作用力使得经济发展指标评价值在波动中上升,在 2008 年下跌之后增长明显放缓,发展势头不强。

2000—2007 年 GDP 增长率持续上升,但之后由于金融危机带来的高端制造业产品和深加工产品的出口缩水,我国经济发展受到很大的挑战与制约,经过政府积极的宏观政策调控,我国经济增长数量在 2008 年后稳步增加。第三产业对国内生产总值增长的拉动和高新技术产业总产值占工业总产值比重均呈现出先上升后下降的趋势,这表明目前我国的产业发展仍处于粗放模式,产业结构仍不合理。财政收入占 GDP 比重和全员劳动生产率逐年提高,说明我国的财力越来越充足,生产效率越来越高。

表 4-20　2000—2013 年经济发展指标评价值的变化

年份	经济发展 B_1	经济增长 C_1	结构优化 C_2	经济效益提升 C_3
2000	0.040 3	0.044 0	0.000 0	0.061 3
2001	0.188 1	0.052 6	0.330 2	0.150 8
2002	0.214 9	0.118 1	0.445 4	0.117 2
2003	0.262 2	0.197 1	0.532 8	0.133 0
2004	0.348 3	0.238 5	0.580 3	0.253 8
2005	0.399 8	0.293 6	0.656 1	0.290 9
2006	0.484 6	0.414 3	0.723 4	0.374 5
2007	0.596 4	0.574 2	0.725 4	0.532 2
2008	0.447 7	0.429 9	0.481 8	0.434 3
2009	0.439 1	0.441 9	0.498 0	0.405 9
2010	0.574 7	0.603 6	0.483 8	0.616 0
2011	0.673 5	0.636 1	0.437 9	0.814 4
2012	0.633 4	0.599 4	0.410 1	0.766 4
2013	0.748 3	0.667 0	0.699 1	0.800 0

（2）社会发展指标。从劳动力素质和人民生活组成的社会发展指标，计算结果得到其评价值逐年增加，但增速先快后慢。

表 4-21　　2000—2013 年社会发展指标评价值的变化

年份	社会发展 B_2	劳动力素质 C_4	人民生活 C_5
2000	0.057 4	0.013 7	0.071 9
2001	0.103 1	0.020 2	0.130 8
2002	0.182 9	0.122 3	0.203 1
2003	0.223 0	0.211 6	0.226 8
2004	0.213 5	0.331 1	0.174 3
2005	0.304 3	0.375 9	0.280 5
2006	0.417 3	0.466 8	0.400 8
2007	0.418 0	0.512 4	0.386 5
2008	0.405 4	0.545 0	0.358 8
2009	0.604 9	0.609 5	0.603 4
2010	0.682 3	0.758 8	0.656 8
2011	0.739 1	0.864 5	0.697 3
2012	0.873 9	0.924 9	0.856 8
2013	0.976 0	1.000 0	0.968 0

表 4-21 显示，我国劳动力素质指标评价值和人民生活指标评价值整体上呈现上升态势。每万人口在校大学生数和每万人大专以上学历人数由 2000 年的 44 人和 361.1 人分别增加到 2013 年的 242 人和 1 131.91 人，这表明我国人才队伍的质量越来越高，劳动力素质的提升能更好地促进经济发展方式的极大改善。居民消费价格指数时升时降，城镇居民人均年支配收入和农村居民人均年纯收入的增加及城镇居民家庭恩格尔系数和农村居民家庭恩格尔系数的减少表明随着居民收入水平的持续提高，居民消费结构实现了全面升级，人们在满足基本生存需要的基础上开始了更高层次的精神需求。2012 年每万人有医院、卫生院

床位数为 39 张，相比于 2000 年的 24 张，提高了 62.5％，这表明我国的社会保障体系在不断完善，人民的生活质量不断提高。

（3）科技发展指标。如表 4-22 所示，科技投入指标评价值与科技产出指标评价值在 2005 年之前一直处于波动状态，时升时降，但 2005 年之后一直保持上升趋势，在这两个指标的综合作用力下，科技发展指标评价值随之发生同样的变化趋势。

表 4-22 2000—2013 年科技发展指标评价值的变化

年份	科技发展 B_3	科技投入 C_6	科技产出 C_7
2000	0.112 7	0.000 0	0.150 3
2001	0.087 5	0.086 3	0.087 9
2002	0.302 1	0.227 3	0.327 1
2003	0.065 6	0.173 2	0.029 8
2004	0.187 6	0.190 8	0.186 5
2005	0.124 2	0.295 9	0.066 9
2006	0.183 8	0.353 7	0.127 2
2007	0.356 2	0.419 6	0.335 1
2008	0.443 4	0.503 4	0.423 4
2009	0.722 3	0.754 4	0.711 6
2010	0.663 2	0.699 6	0.651 0
2011	0.678 6	0.827 0	0.629 2
2012	0.698 8	0.722 3	0.691 0
2013	0.954 4	0.817 6	1.000 0

2005 年以来我国 R&D 经费投入强度继续呈现逐年上升的趋势，其为我国科技事业的持续发展注入了强劲动力。2013 年 R&D 经费投入强度达到 2.08％，比 2010 年和 2005 年分别提高了 0.32 和 0.75 个百分点，是 2000 年以来上升幅度最快的时期。每万人 R&D 活动人员数由 2000 年的 7.28 人年/万人迅速上升至 26.35 人年/万人，增幅接近四倍，这表明我国的科技人才队伍

在不断扩大。随着 R&D 经费支出及 R&D 人数的不断增加,人均 R&D 经费也表现出同步增长的趋势。2013 年每万名就业人员专利申请量和每万名就业人员发明专利申请量高达 30.88 项/万人和 10.72 项/万人,分别是 2000 年的 13 倍和 15 倍,专利数量的持续增长,反映出我国自主创新能力和水平的日益提高。我国大中型工业企业新产品销售收入占主营业务收入的比重虽有小幅波动,但增长趋势还是显而易见的。

(4) 资源与环境支持指标。我国的经济发展离不开资源与环境的支持,而且支持力度也在不断增大。资源支持指标评价值、环境支持指标评价值分别在 2003 年和 2011 年有所下降,但都立刻恢复增长,伴随着资源与环境约束力加强,评价值增长幅度逐年减小。2000—2013 年资源与环境支持指标价值的变化如表 4-23 所示。

表 4-23　2000—2013 年资源与环境支持指标评价值的变化

年份	资源与环境支持 B_4	资源支持 C_8	环境支持 C_9
2000	0.096 0	0.192 1	0.000 0
2001	0.193 1	0.252 5	0.133 7
2002	0.278 9	0.324 3	0.233 4
2003	0.301 2	0.272 5	0.330 0
2004	0.337 2	0.259 0	0.415 4
2005	0.430 2	0.395 0	0.465 3
2006	0.510 6	0.445 6	0.575 6
2007	0.624 3	0.558 1	0.690 5
2008	0.750 7	0.689 8	0.811 6
2009	0.792 0	0.723 4	0.860 6
2010	0.865 6	0.787 0	0.944 1
2011	0.819 8	0.815 2	0.824 4
2012	0.869 9	0.871 9	0.867 8
2013	0.912 2	0.913 2	0.911 1

由表 4-23 可见,2013 年的人均能源生产量是 2000 年的 2.34

倍,每万元 GDP 能耗由 2000 年的 1.466 8 吨标准煤/万元下降到 2013 年的 0.727 8 吨标准煤/万元,能源消费弹性系数先降后升再降,能源的利用率不断上升。2000—2013 年单位 GDP 化学需氧量排放量从 14.74 千克/万元降至 4.16 千克/万元,单位 GDP 二氧化硫排放量则减少至 3.61 千克/万元,工业固体废物综合利用率从 45.9% 上升到 62.2%,均表明我国经济发展带来的环境污染正逐渐减少。人造林面积及城市建成区绿化覆盖率的提高突显了生态效益和资源效益,经济发展的同时可以做到保护生态环境和有效利用资源。

4.3.2.3　主要研究结论

采用层次分析方法对 2000—2013 年我国资源与环境约束下经济发展方式转变的实证研究,得到的主要结论是:我国经济发展方式转变综合评价值总体保持增长,在 2003 年出现小幅下降后以平稳的速度逐年增长,其中经济发展指标由于金融危机的冲击而在 2008 年和 2009 年下降,而且资源与环境问题受到重视,节约资源、保护环境使得经济发展的压力增大。社会发展和科技发展指标也出现不同程度下滑,但整体的上升趋势明显。虽然面临严峻的资源不足、环境污染问题,资源与环境支持力度并没有减弱,主要受到新能源开发、资源利用率提升等的影响。经济发展、社会发展、科技发展及资源与环境支持均有所波动,不过没有影响经济发展方式转变取得的成效。因此我国经济发展方式转变需要多方面的支持,在发展经济过程中需要全面考虑多方面的因素,促进其健康发展。

4.4　基于因子分析与聚类分析的中国区域经济发展方式转变的实证研究

在基于资源与环境约束下的我国经济发展方式转变评价体系的基础上,本书选择了基于区域的评价对象,对我国资源与环境双重约束下区域经济的发展方式转变展开实证分析,从而与理论分析相结合,共同探讨我国区域经济发展方式转变的问题。

4.4.1 指标体系的构建及数据准备

为了分析比较各省、直辖市、自治区经济发展方式转变的状况,笔者根据建立指标体系的科学性、全面性、层次性、针对性及可操作性原则,在基于层次分析指标体系的基础上,根据区域经济发展方式转变评价的目的、内容,从经济活动、科技创新、资源与环境等方面初选了地区生产总值(亿元)、每万人 R&D 人员数(人年/万人)、每万元 GDP 能耗(吨标准煤/万元)等 37 项指标构成评价指标体系。在此基础上,根据指标数据的可获取性、因子分析方法的匹配性及研究的合目的性,经过多次甄别与筛选,最终确定了由 $X_1, \cdots, X_{12}$ 共 12 个指标组成评价指标体系: X_1—居民最终消费支出(亿元)、X_2—地区生产总值(亿元)、X_3—第三产业产值(亿元)、X_4—高技术产业主营业务收入(亿元)、X_5—外商投资企业投资总额(百万美元)、X_6—全社会 R&D 经费支出占GDP 比重(%)、X_7—规上工业企业 R&D 人员人均专利申请量(项/人)、X_8—每万人 R&D 人员数(人年/万人)、X_9—高技术产品出口额占按境内目的地和货源地分货物出口总额比重(%)、X_{10}—每万元 GDP 电耗(千瓦小时/万元)、X_{11}—每万元 GDP 能耗(吨标准煤/万元)、X_{12}—建城区绿化覆盖率(%)。选择评价单元时,由于西藏自治区相关数据缺失,故选择了我国内地其余 30 个省市和自治区作为我国区域经济发展方式转变的评价单元,对 30 个省、自治区和直辖市经济发展方式转变进行综合评价。(原始数据来源于《中国统计年鉴(2014)》《中国科技统计年鉴(2014)》,每万元 GDP 能耗数据来源于《中国能源统计年鉴(2013)》,见附表)。

4.4.2 中国区域经济发展方式转变的因子分析

运用统计分析软件 SPSS19.0 对原始数据进行处理。首先对数据进行正指标化判断并进行标准化处理,排除不同量纲的影响,然后构造因子模型,采用主成分分析法对公共因子进行提取及分析。

4.4.2.1　因子分析法适用性检验

因子分析法适用性检验可以通过 KMO 统计量和 Bartlett's 球形检验加以判定。KMO 统计量用于探查变量间的偏相关性,它比较的是各变量间的简单相关和偏相关的大小,取值范围在 0~1,一般认为 KMO 大于 0.7 以上采用因子分析效果较好。Bartlett's 球形检验用于检验相关矩阵是否是单位矩阵,即各变量是否各自独立。表 4-24 显示 KMO 值为 0.757,数据适合做因子分析,Bartlett's 球形检验也顺利通过。

表 4-24　KMO 和 Bartlett's 球形检验

Kaiser-Meyer-Olkin　Measure　of Sampling Adequacy.		0.757
Bartlett's Test of Sphericity	Approx. Chi-Square	444.251
	df	66
	Sig.	0.000

4.4.2.2　特征值选取及主因子确定

特征值是在某种程度上可以被因子影响大小的指标,如果特征值小于 1,说明该因子的解释力度还不如直接引入一个原变量的平均解释力度大。因此,通常可以用特征值大于 1 为纳入标准,选取因子。对因子选取采取该标准后,从表 4-25 可以看出,第一、二、三主因子特征值的累积贡献率达到 80.789%,说明 3 个主因子基本包括了 12 个指标的总信息量。为了便于对因子的解释,采用方差最大化正交旋转法使得因子间方差差异达到最大,旋转后的主因子的特征值和贡献率如表 4-25 所示。

第一主因子在 X_1,X_2,X_3,X_4,X_5 上有高载荷,而 X_1——居民最终消费支出(亿元)、X_2——地区生产总值(亿元)、X_3——第三产业产值(亿元)、X_4——高技术产业主营业务收入(亿元)、X_5——外商投资企业投资总额(百万美元)分别从不同侧面反映了经济活动基础环境及产出总量水平状况,故称之为经济活动基础及产出总量因子。

第二主因子在 X_6,X_7,X_8,X_9 上有高载荷,而 X_6——全社会 R&D 经费支出占 GDP 比重(%)、X_7——规上工业企业 R&D 人员人均专利申请量(项/人)、X_8——万人 R&D 人员数(人年/万人)、X_9——高技术产品出口额占按境内目的地和货源地分货物出口总额比重(%)反映了科技创新的投入强度及产出效率,故称之为科技创新投入强度及产出效率因子。

第三主因子在 X_{10},X_{11},X_{12} 上有高载荷,X_{10}——每万元 GDP 电耗(千瓦小时/万元)、X_{11}——每万元 GDP 能耗(吨标准煤/万元)、X_{12}——建城区绿化覆盖率(%)反映资源利用与环境治理的情况,故称之为资源利用效率与环境治理绩效因子。

表 4-25 旋转后因子载荷阵、特征值、贡献率、累积贡献率

指标	第一主因子 F_1 经济活动基础及产出总量因子	第二主因子 F_2 科技创新投入强度及产出效率因子	第三主因子 F_3 资源利用效率与环境治理绩效因子
X_1——居民最终消费支出(亿元)	0.939	0.053	0.261
X_2——地区生产总值(亿元)	0.937	−0.001	0.281
X_3——第三产业产值(亿元)	0.931	0.213	0.251
X_4——高技术产业主营业务收入(亿元)	0.925	0.193	0.078
X_5——外商投资企业投资总额(百万美元)	0.847	0.366	0.109
X_6——全社会 R&D 经费支出占 GDP 比重(%)	0.276	0.821	0.329

续表

指标	第一主因子 F_1 经济活动基础及产出总量因子	第二主因子 F_2 科技创新投入强度及产出效率因子	第三主因子 F_3 资源利用效率与环境治理绩效因子
X_7—规上工业企业 R&D 人员人均专利申请量(项/人)	-0.034	0.794	-0.086
X_8—万人 R&D 人员数(人年/万人)	0.355	0.784	0.266
X_9—高技术产品出口额占按境内目的地和货源地分货物出口总额比重(%)	0.092	0.558	0.403
X_{10}—每万元 GDP 电耗(千瓦小时/万元)	0.161	0.064	0.945
X_{11}—每万元 GDP 能耗(吨标准煤/万元)	0.300	0.261	0.847
X_{12}—建城区绿化覆盖率(%)	0.279	0.396	0.472
特征值	4.605	2.680	2.410
贡献率(%)	38.373	22.335	20.081
累积贡献率(%)	38.373	60.708	80.789

4.4.2.3　因子得分和总评价得分

为了对我国 30 个省、直辖市、自治区的经济发展方式转变进行科学分类和进一步评析,对三个主因子采用默认的回归法计算因子得分,并以主因子对总信息量的贡献率为权数加权,其公式为:

$$z = F_1 \times 0.383\,73 + F_2 \times 0.223\,35 + F_3 \times 0.200\,81$$

综合得分(Z)和总名次,如表 4-26 所示。

表 4-26　因子得分、总评价得分及排序表

地区	第一主因子 F_1 经济活动基础及产出总量因子		第二主因子 F_2 科技创新投入强度及产出效率因子		第三主因子 F_3 资源利用效率与环境治理绩效因子		综合因子 Z	
	得分	名次	得分	名次	得分	名次	得分	名次
北　京	−0.551 23	23	3.844 21	1	0.891 43	4	0.83	3
天　津	−0.555 62	25	1.178 59	3	0.452 71	12	0.14	7
河　北	0.253 22	7	−0.979 20	27	−0.001 04	20	−0.12	18
山　西	−0.374 69	14	−0.188 12	16	−0.668 69	25	−0.32	23
内蒙古	−0.174 03	13	−1.095 63	29	−0.378 33	24	−0.39	25
辽　宁	0.238 03	8	−0.170 99	14	0.119 17	18	0.08	9
吉　林	−0.473 79	19	−1.210 55	30	0.535 01	9	−0.34	24
黑龙江	−0.384 12	15	−1.039 00	28	0.440 20	13	−0.29	22
上　海	0.397 91	5	1.896 19	2	0.066 02	19	0.59	4
江　苏	2.935 30	2	0.505 77	5	−0.249 09	22	1.19	2
浙　江	0.990 90	4	−0.231 11	17	0.397 56	14	0.41	6
安　徽	−0.442 98	17	0.398 01	6	0.305 08	16	−0.02	13
福　建	−0.032 03	10	−0.370 02	21	0.839 67	5	0.07	10
江　西	−0.490 23	20	−0.735 74	25	1.211 23	1	−0.11	17
山　东	1.587 35	3	−0.622 81	24	0.386 08	15	0.55	5
河　南	0.270 04	6	−0.884 79	26	0.749 21	6	0.06	11
湖　北	−0.081 40	12	−0.298 88	18	0.574 18	8	0.02	12
湖　南	−0.052 90	11	−0.437 38	22	0.458 37	10	−0.03	14
广　东	3.244 60	1	0.327 98	7	−0.318 58	23	1.25	1
广　西	−0.569 18	26	−0.174 81	15	0.302 84	17	−0.20	19
海　南	−1.210 42	30	0.315 33	8	0.578 80	7	−0.28	20
重　庆	−0.745 55	29	0.153 26	11	1.047 97	2	−0.04	16
四　川	−0.029 54	9	0.173 77	10	0.455 40	11	0.12	8
贵　州	−0.529 88	21	−0.335 58	19	−0.932 50	27	−0.47	26
云　南	−0.553 69	24	−0.167 52	13	−0.169 93	21	−0.28	21
陕　西	−0.673 55	28	0.197 74	9	0.902 91	3	−0.03	15
甘　肃	−0.583 84	27	−0.571 99	23	−0.793 71	26	−0.51	27
青　海	−0.395 76	16	−0.108 66	12	−2.849 68	29	−0.75	30
宁　夏	−0.547 87	22	0.972 38	4	−3.014 81	30	−0.60	29
新　疆	−0.465 04	18	−0.340 44	20	−1.337 49	28	−0.52	28

4.4.3 聚类及评价结果分析

4.4.3.1 聚类分析

为使评价结果更加直观、清晰,可对综合因子得分再进行聚类,以辅助分析。对表 4-26 的综合因子得分,运用 SPSS19.0 聚类分析默认的组间联接法进行最优分割,可以将我国 30 个省、直辖市、自治区经济发展方式转变的状况分为四类,如图 4-4、表 4-27所示。

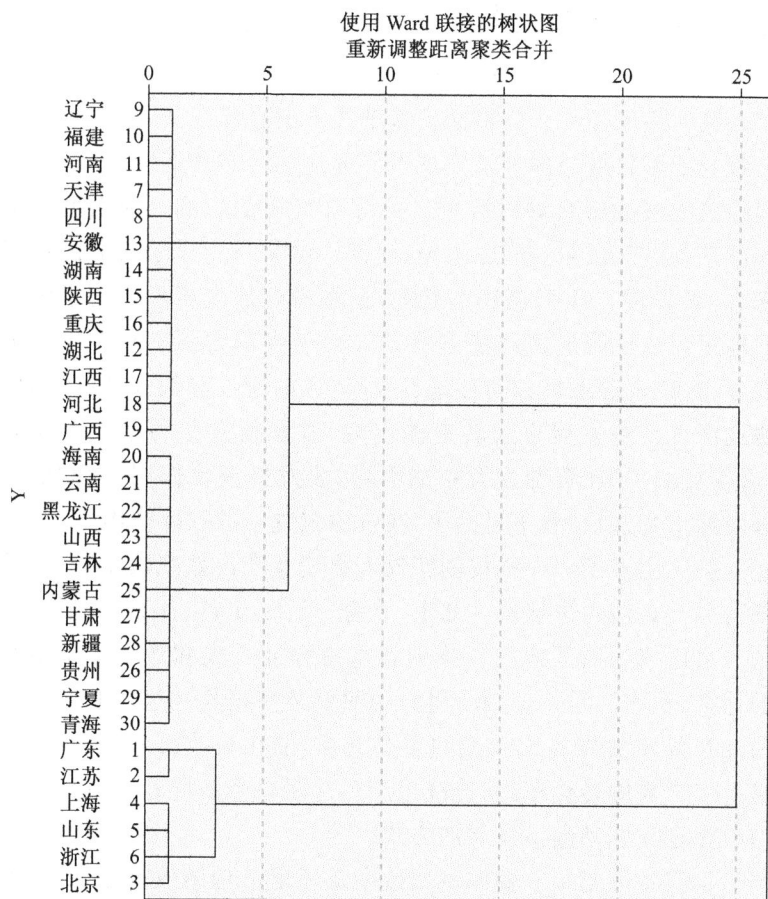

图 4-4 资源与环境双重约束下中国区域经济发展方式转变聚类树状图

表 4-27　　资源与环境双重约束下中国区域经济发展方式转变分类表

类别	省、直辖市、自治区
第一类	广东　江苏
第二类	北京　上海　山东　浙江
第三类	天津　四川　福建　重庆　湖北　河南　辽宁　湖南　江西　安徽　陕西　河北
第四类	广西　吉林　海南　黑龙江　云南　山西　内蒙古　甘肃　贵州　新疆　宁夏　青海

4.4.3.2　评价结果分析

第一主因子——经济活动基础及产出总量因子,其因子得分大致与我国目前总体经济发展水平的地域分布相匹配,反映了我国经济发展战略布局对区域经济综合实力的影响。前六位依次为广东、江苏、山东、浙江、上海、河南。从第一主因子得分的排序来看,各省市之间存在较大差距,东部沿海地区明显领先于中西部地区。这说明地区经济发展方式转变步调的不一致源于经济发展、科技资源地域分布存量、地理位置的刚性和惯性的存在,要协调区域经济发展方式转变的步调,就必须充分利用政府这只"看得见的手"在资源配置中的引导,要发挥调控作用,同时要充分发挥市场这只"看不见的手"在资源配置中的杠杆作用。

第二主因子——科技创新投入强度及产出效率因子,这一因子得分排名前六位依次为北京、上海、天津、宁夏、江苏、安徽。其中宁夏已成为西部地区科技创新重视程度最大和产出水平最高的地区,引人注目。该因子得分说明要坚持把科技进步和创新作为加快经济发展方式转变的重要支撑,强化科技投入与合作,提高技术成果的转化率,从传统生产要素驱动经济增长的方式转到由科技创新驱动经济发展的方式。

第三主因子——资源利用效率及环境治理绩效因子,这一因子排名前六位依次为江西、重庆、陕西、北京、福建、河南,这些地

区除北京外总体经济发展水平均处于中下水平,表明在这些省市
中,由于经济发展水平较靠后而拥有资源存量的优势及较好的生
态环境。这些地区若能充分发挥这方面的优势,并像北京一样借
助科技创新的力量,积极构建节能环境型经济,必能实现经济社
会的可持续发展。

再看综合因子,其得分在一定程度上反映了地区经济发展方
式转变的综合情况。按照聚类分析所得到的结果,共分四类,如
图 4-5 所示。

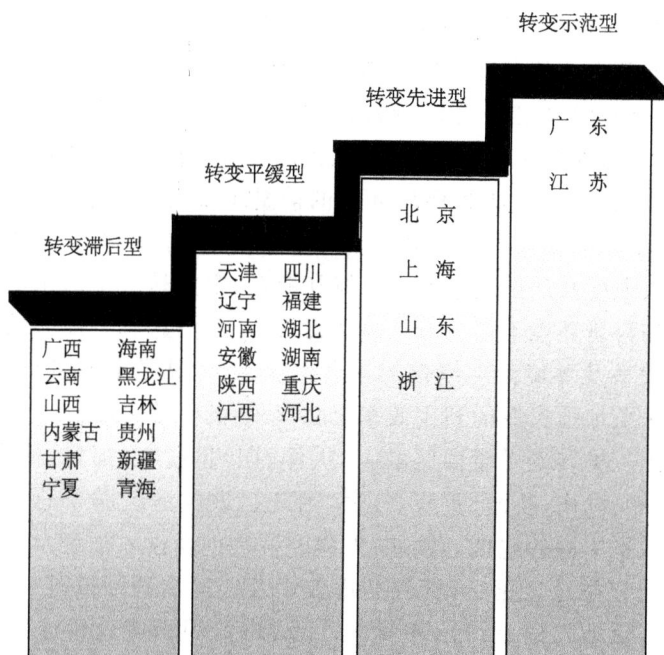

图 4-5 我国区域经济发展阶梯分布图

第一类转变示范型区域,为广东、江苏。广东地处珠三角地
区,江苏地处长三角地区,两省的地理位置和外资经济环境均十
分优越,故广东经济活动基础及产出总量居全国首位,而江苏也
紧随其后,位居第二。卓越的地理优势和经济条件给高技术产业

发展和科研活动提供了宽松的环境,广东的科技创新投入强度及产出效率位列第 7 位,江苏位列第 5 位,均位于前列。但两省的资源利用效率及环境治理绩效则均处于中下水平,广东位列第 23 位,江苏位列第 22 位,因此需要进一步提升政府对资源的配置效率和企业对资源的利用效率。此外,还要加大治理污染和保护环境的力度,使地区经济与资源和环境协调发展。

第二类转变先进型区域,为北京、上海、山东和浙江。北京作为中国的首都,是中国的政治、经济、文化中心,拥有众多科研机构和高校,是科技信息最集中、传播条件最好的地区,科技创新投入强度及产出效率因子位列第一,资源利用效率与环境治理绩效排名第四,但经济活动基础及产出总量和的排名为 23,排名靠后,因此需要加强对科技创新成果的利用,利用科技创新驱动经济发展,在节约资源和保护环境的前提下实现经济总量的增长。上海、山东和浙江的综合因子得分排名均靠前,但山东的科技创新投入强度及产出效率差于上海和浙江,主要是由于山东的地理位置和科研环境不如上海和浙江优越。此外,这三个地区的资源利用效率及环境治理绩效的排名均靠后,尤其是上海,因此这三个地区要加强资源的利用效率,加大环境的整治力度。

第三类转变平缓型区域,为天津、四川、辽宁、福建、河南、湖北、安徽、湖南、陕西、重庆、江西、河北。该类地区属于总体经济发展水平中等的地区。例如,天津的科技创新投入强度及产出效率位列该类地区第一,资源利用效率及环境治理绩效排名中上,但经济活动基础及产出总量却严重靠后,因而应着眼于节约资源、保护环境,发展战略性高新产业,促进科技成果向现实生产力的转化,积极推进产业结构升级迫在眉睫。重庆在科技创新投入强度及产出效率和资源利用效率及环境治理绩效方面表现不错,但经济活动基础及产出总量方面有着非常大的提升空间。湖北和湖南两省的三因子表现均不是很突出。对于该类地区,应抓住薄弱环节,加大力度,努力向第二类地区靠拢。

第四类转变滞后型区域,为广西、海南、云南、黑龙江、山西、吉林、内蒙古、贵州、甘肃、新疆、宁夏和青海。除海南、黑龙江和吉林外,这类地区均处于中西部,其特点是地区因子间水平差异悬殊或各因子与高水平地区因子得分差距大,在评价对象中居落后位置。该类地区在经济活动基础及产出总量、科技创新投入强度及产出效率和资源利用效率及环境治理绩效诸方面都需要加强,故应抓住一切有利时机深化改革,完善社会主义市场经济体制,从体制机制创新上推进经济发展方式转变,并利用科技创新驱动经济发展,提高资源利用效率,推进节能减排,提升经济发展的质量和效益,由要素推动型的增长方式转变为要素使用效率推动型的发展方式。

4.5　本章小结

本章系统构建了由经济发展、社会发展、科技发展和资源与环境支持 4 个一级指标、9 个二级指标和 34 个三级指标组成的我国经济发展方式转变评价指标体系。在评价方法选择上:一是采用层次分析法对我国经济发展发展方式转变的年度状况进行评价;二是采用客观的因子分析、聚类分析及判别分析加以组合展开区域经济发展方式转变的评价;三是采用系统动力学模型对中国经济发展方式转变的动态发展进行系统评价。采用层次分析方法对 2000—2013 年我国经济发展方式转变的实证研究,得到的主要结论是:我国经济发展方式转变综合评价值总体保持增长,在 2003 年出现小幅下降后以平稳的速度逐年增长,其中经济发展指标由于金融危机的冲击而在 2008 年和 2009 年下降,而且资源与环境问题受到重视,节约资源、保护环境使得经济发展的压力增大。社会发展和科技发展指标也出现不同程度下滑,但整体的上升趋势明显。虽然面临严峻的资源不足、环境污染问题,资源与环境支持力度并没有减弱,主要受到新能源开发、资源利用率提升等的影响。经济发展、社会发展、科技发展及资源与环境支持均有所波动,不过没有影响经济发展方式转变取得的成效。因此我国经济发展方式转变需要多方面的支持,在发展经济过程中需要全面考虑多方面的因素,促进其健康发展。

在基于资源与环境约束下的我国经济发展方式转变评价体系的基础上,选择了基于区域的评价对象,对我国资源与环境双重约束下区域经济的发展方式转变展开实证分析,共获得第一主因子——经济活动基础及产出总量因子、第二主因子——科技创新投入强度及产出效率因子、第三主因子——资源利用效率及环境治理绩效因子。结果表明:转变示范型区域,为广东、江苏;转变先进型区域,为北京、上海、山东和浙江;转变平缓型区域,为天津、四川、辽宁、福建、河南、湖北、安徽、湖南、陕西、重庆、江西、河北;转变滞后型区域,为广西、海南、云南、黑龙江、山西、吉林、内蒙古、贵州、甘肃、新疆、宁夏、青海。区域间经济发展方式转变仍存在不平衡性,对于我国整体经济发展方式转变亦有重要的影响。

第5章 影响我国经济发展方式转变关键因素的实证分析

本书第二章分析表明影响我国经济发展方式转变的基本因素主要集中在生产要素方面、经济结构方面、市场状况、技术水平、经济体制及观念意识方面。本章将进一步运用主成分回归及判别分析对影响我国经济发展方式转变的关键因素进行实证研究,进一步明确这些关键因素的重要性。

5.1 基于主成分回归的我国经济发展方式转变关键因素分析

从 1987 年党的十三大提出转变经济增长方式,二十多年来我国粗放型的经济发展方式未能实现根本转变,由此可见转变经济发展方式是一个长期的过程。经济发展方式的转变会受到多方面因素的影响,包括经济体制、政治、法律、文化等一系列因素的影响。具体如前所述,经济结构、投入方式、技术水平、人力资本水平、管理水平、市场状况、经济政策、观念与社会环境等因素是制约我国经济发展方式转变的重要因素。美国、日本、亚洲新兴工业化国家和地区经济发展方式转变的各方面因素,主要包括人力资本、科技发展、政府政策和结构调整的等重要因素。

在总结了众多学者的研究后,本书认为人力资本、科技发展、政府政策、结构调整、能源利用效率、市场化程度及国际化程度是影响我国经济发展方式转变的重要因素。具体为下列各项指标：X_1—万人大专以上学历人数（人/万人）、X_2—全社会 R&D 经费支出占 GDP 比重（%）、X_3—财政支出（亿元）、X_4—第三产业增加值占 GDP 的比重（%）、X_5—综合能耗产出率（元/标准煤千克）、X_6—亿元以上商品交易市场成交额（亿元）、X_7—进出口总额（百亿元）。具体见附表 4。

5.1.1　多重共线性诊断

首先给出各个变量的平均值、标准差、膨胀系数 VIF，以进行多重共线性诊断。由表 5-1 可以看出，膨胀系数 VIF 的值比较大，说明变量之间存在共线性，因此首先对 7 个自变量提取主成分，通过主成分分析的方法还原得到影响我国转变经济发展方式的多元线性回归模型，从而消除因为各个变量之间存在多重共线性而对最终分析结果产生影响。

表 5-1　多重共线性诊断表

变量	平均值	标准差	膨胀系数 VIF
X_1	679.920 7	254.466 6	84.453 6
X_2	1.444 3	0.378 2	89.900 0
X_3	59 878.074 3	41 932.887 7	1 158.938 9
X_4	42.028 6	1.904 0	14.756 2
X_5	9.510 0	2.046 8	48.537 7
X_6	47 807.871 4	28 821.038 4	848.377 1
X_7	1 424.742 8	760.414 3	48.062 3
y	0.477 3	0.262 2	

5.1.2　主成分分析

对自变量进行主成分分析，给出主成分分析结果见表 5-2 和表 5-3。

表 5-2 给出各成分的方差贡献率和累计贡献率，由表可知，只有第一个特征根大于 1，故选取一个主成分 Z_1，该主成分的贡

献率已经达到 95.006 0%,成分选取有效。表 5-3 为自变量主成分得分表。

表 5-2 主成分分析表

序号	特征值	百分率(%)	累计百分率(%)
1	6.650 4	95.006 0	95.006 0
2	0.185 7	2.652 2	97.658 2
3	0.118 1	1.687 8	99.346 0
4	0.021 0	0.300 4	99.646 4
5	0.016 4	0.234 4	99.880 8
6	0.007 9	0.112 2	99.993 0
7	0.000 5	0.007 0	100.000 0

表 5-3 自变量主成分得分表

序号	$Z(i,1)$	y
$N(1)$	−3.254 9	0.080 5
$N(2)$	−2.771 7	0.153 1
$N(3)$	−2.262 6	0.251 6
$N(4)$	−2.030 0	0.230 7
$N(5)$	−1.779 6	0.284 8
$N(6)$	−1.444 3	0.337 9
$N(7)$	−0.907 8	0.421 5
$N(8)$	−0.287 9	0.524 0
$N(9)$	0.160 0	0.559 7
$N(10)$	0.885 1	0.670 3
$N(11)$	1.796 4	0.730 5
$N(12)$	3.084 2	0.746 5
$N(13)$	3.961 4	0.789 5
$N(14)$	4.851 6	0.901 0

5.1.3 主成分回归

进行主成分回归,主成分回归分析分析结果如表 5-4～表 5-6 所示:

表 5-4 方差分析表

方差来源	平方和	df	均方	F 值	p 值
回归	0.844 4	1	0.844 4	205.368 2	0.000 1
剩余	0.049 3	12	0.004 1		
总的	0.893 7	13	0.068 7		

相关系数	决定系数	调整相关
$R=0.972\ 005$	$RR=0.944\ 794$	$R'=0.969\ 636$

表 5-5 主成分回归系数表

变量 z	回归系数	标准系数	t 值	p 值
b_0	0.477 3		27.849 6	0.000 1
b_1	0.098 8	0.972 0	14.330 7	0.000 1

剩余标准差 $SSE=0.064\ 1$

Durbin-Watson$=0.528\ 7$

由表 5-4 可以看出,回归模型的 F 值为 205.368 2,概率为 0.000 1<0.05,且调整后的相关系数为 0.969 636,说明模型通过了 F 检验和 P 检验。由表 5-5 可以看出,主成分回归通过了相应的 t 检验和 DW 检验。

表 5-6 标准化回归方程系数表

标准化变量系数	std(x_i)的表达式
0.038 035std(x_1)	std(x_1)$=(x_1-679.920\ 7)/254.466\ 6$
0.037 704std(x_2)	std(x_2)$=(x_2-1.444\ 3)/0.378\ 2$
0.038 174std(x_3)	std(x_3)$=(x_3-59\ 878.074\ 3)/41\ 932.887\ 7$
0.036 375std(x_4)	std(x_4)$=(x_4-42.028\ 6)/1.904\ 0$
0.036 073std(x_5)	std(x_5)$=(x_5-9.510\ 0)/2.046\ 8$
0.038 148std(x_6)	std(x_6)$=(x_6-47\ 807.871\ 4)/28\ 821.038\ 4$
0.036 895std(x_7)	std(x_7)$=(x_7-1\ 424.742\ 8)/760.414\ 3$

由表 5-5 和表 5-6 的系数得标准化回归方程：

$$y = 0.477\ 3 + 0.038\ 035\text{std}(x_1) + 0.037\ 704\text{std}(x_2) + 0.038\ 174\text{std}(x_3) + 0.036\ 375\text{std}(x_4) + 0.036\ 073\text{std}(x_5) + 0.038\ 148\text{std}(x_6) + 0.036\ 895\text{std}(x_7)$$

再将表 5-6 中的 $\text{std}(x_i)$ 的表达式全部代入以上方程，对标准化回归方程进行还原，可得：

$$y = 0.477\ 3 + 0.038\ 035 \times (x_1 - 679.920\ 7)/254.466\ 6 + 0.037\ 704 \times (x_2 - 1.444\ 3)/0.378\ 2 + 0.038\ 174 \times (x_3 - 59\ 878.074\ 3)/41\ 932.887\ 7 + 0.036\ 375 \times (x_4 - 42.028\ 6)/1.904\ 0 + 0.036\ 073 \times (x_5 - 9.510\ 0)/2.046\ 8 + 0.038\ 148 \times (x_6 - 47\ 807.871\ 4)/28\ 821.038\ 4 + 0.036\ 895 \times (x_7 - 1\ 424.742\ 8)/760.414\ 3$$

计算后得到最终回归方程为：

$$y = -0.925\ 831 + 0.000\ 149x_1 + 0.099\ 702x_2 + 0.000\ 001x_3 + 0.019\ 105x_4 + 0.017\ 624x_5 + 0.000\ 001x_6 + 0.000\ 049x_7$$

回归方程结果显示：各影响因素均对经济发展方式转变产生正向影响。其具体表现为：万人大专以上学历人数每增加 100人，经济发展方式转变指数增加 0.014 9 个单位；全社会 R&D 经费支出占 GDP 比重每增加 1 个百分点，经济发展方式转变指数增加 0.099 702 个单位；财政支出每增加 100 亿元，经济发展方式转变指数增加 0.000 1 个单位；第三产业增加值占 GDP 的比重每增加 1 个百分点，经济发展方式转变指数增加 0.019 105 个单位；综合能耗产出率每增加 1 元，经济发展方式转变指数增加 0.017 624个单位；亿元以上商品交易市场成交额每增加 100 亿元，经济发展方式转变指数增加 0.000 1 个单位；进出口总额每增加 100 亿元，经济发展方式转变指数增加 0.000 049 个单位。

综合而言，人力资本、科技发展、政府政策、结构调整、能源利用效率、市场化程度及国际化程度都在不同程度上影响我国经济发展方式转变。其中，人力资本、科技发展、结构调整和能源利用效率是关键,政府政策、市场化程度及国际化程度是重要支撑。

5.2　我国区域经济发展方式转变关键因素的判别分析

判别分析是从现有已知类别的样本数据中训练出一个判别函数来,对未知类别的数据进入,可以利用建立的函数来判断其类别。本节基于以上因子分析和聚类分析的结果,建立判别函数,进一步拓展对中国区域经济发展方式转变的评价。

5.2.1　变量的确定和选择

判别函数的类别变量从聚类分析的结果处获得,为了使判别函数的区分度更加明显,将聚类分析中的转变滞后型区域分为滞后Ⅰ型和滞后Ⅱ型,使得总的类别变量变为 1-转变示范型、2-转变先进型、3-转变平缓型、4-转变滞后Ⅰ型、5-转变滞后Ⅱ型。

对于选入建立判别函数所需的自变量,初选用于因子分析的所有 12 个变量,在建立判别函数的过程中,可以使用步进式方法中的最小 F 值法进行筛选。

5.2.2　领域图与未标准化典型判别函数

5.2.2.1　特征值

特征值如表 5-7 所示。前两个函数的累积贡献率达到了 94.6%,取前两个函数就可以较为准确地判断类别情形。

表 5-7　特征值

函数	特征值	方差的百分比	累积百分比	正则相关性
1	49.055a	84.4	84.4	0.990
2	5.946a	10.2	94.6	0.925
3	2.649a	4.6	99.2	0.852
4	0.487a	0.8	100.0	0.572

5.2.2.2　未标准化典型判别函数

未标准化典型判别函数系数如表 5-8 所示。使用未标准化典型判别函数计算坐标值时,不需要将原始变量进行标准化,比较容易对未知类别的区域进行判别。依据表 5-8 可以得到如下函数式:

$D_1 = -4.456 + 0.000 \times$ 地区生产总值 $+ 0.001 \times$ 第三产业产值 $+ 0.001 \times$ 高技术产业主营业务收入 $+ 0.066 \times$ 全社会 R&D 经费支出占 GDP 比重 $-5.134 \times$ 万元 GDP 电耗 $+ 4.960 \times$ 万元 GDP 能耗

$D_2 = -4.819 + 0.000 \times$ 地区生产总值 $+ 0.000 \times$ 第三产业产值 $-0.001 \times$ 高技术产业主营业务收入 $+ 0.830 \times$ 全社会 R&D 经费支出占 GDP 比重 $-1.740 \times$ 万元 GDP 电耗 $+ 5.056 \times$ 万元 GDP 能耗

表 5-8　典型判别式函数系数

指　标	函　数			
	1	2	3	4
地区生产总值(亿元)	0.000	0.000	0.000	0.000
第三产业产值(亿元)	0.001	0.000	-0.001	-0.001
高技术产业主营业务收入(亿元)	0.001	-0.001	0.000	0.000
全社会 R&D 经费支出占 GDP 比重(%)	0.066	0.830	0.672	1.273
万元 GDP 电耗(千瓦小时/万元)	-5.134	-1.740	4.636	-7.489
万元 GDP 能耗(吨标准煤/万元)	4.960	5.056	0.378	4.304
(常量)	-4.456	-4.819	-3.855	1.320

注:非标准化系数

计算出坐标值,然后查领域图,可以判断出该未知类别的分类情况。

区域图
（假定前两个函数的所有函数为 0）

典型判别函数 2

```
      -32.0     -24.0     -16.0     -8.0       .0       8.0      16.0      24.0      32.0
      +---------+---------+---------+---------+---------+---------+---------+---------+
32.0 +          43        32                                                21 +
   I            43        32                                                21 I
   I           433        32                                                21 I
   I           443        32                                                21 I
   I            43        32                                                21 I
   I           43         32                                                21 I
24.0 +    +     43        32                              +      +     21    +
   I            43        32                                          21    I
   I            43        32                                          21    I
   I           43         32                                          21    I
   I           43         32                                          21    I
16.0 +    +    43    +    32                              +          21+    +
   I           43         32                                         21     I
   I           43         32                                        21      I
   I           43         32                                       21       I
   I          433         32                                       21       I
   I          443         32                                       21       I
8.0 +    +         +      43         32              +      + 21      +      +
   I                      43         32                     21              I
   I                      43         32                     21              I
   I                      43        32  *                   21              I
   I                      43        32                      21              I
   I                     43 *       32                      21              I
 .0 + 4444444444444    +       +   43  + 32    +    21 +        +            +
   I 555555555555554444444444444444          43      32      21             I
   I          55555555555555554444444*4443     32     21              *      I
   I                   5555555555555333     32     21                        I
   I                             55533 32  21                                I
   I                             5533 32 21                                  I
-8.0 +    +         +         +     +  55333221    +         +               +
   I                                   553221                               I
   I                                   551                                  I
   I                                    51                                  I
   I                                    51                                  I
   I                                    51                                  I
-16.0 +    +         +         +         51         +         +               +
   I                                    51                                  I
   I                                    51                                  I
   I                                    51                                  I
   I                                    51                                  I
   I                                    51                                  I
-24.0 +    +         +         +         51         +         +               +
   I                                    51                                  I
-24.0 +    +         +         +         51         +         +               +
   I                                    51                                  I
   I                                    51                                  I
   I                                    51                                  I
   I                                    51                                  I
   I                                    51                                  I
-32.0 +                                 51                                   +
      +---------+---------+---------+---------+---------+---------+---------+---------+
-32.0 +                                 51                                   +
      -32.0     -24.0     -16.0     -8.0       .0       8.0      16.0      24.0      32.0
      -32.0     -24.0     -16.0     -8.0       .0       8.0      16.0      24.0      32.0
```

典型判别函数 1

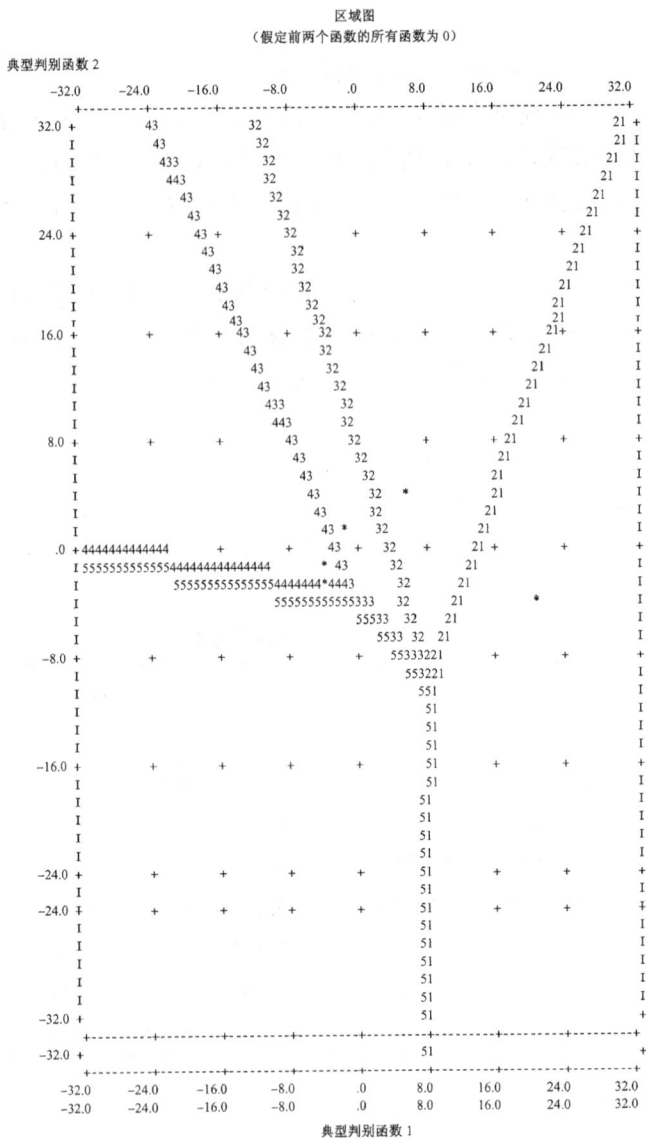

区域图中使用的符号
符号　组　标签
---- -- --------------
1　1　转变示范型
2　2　转变先进型
3　3　转变平缓型
4　4　转变滞后Ⅰ型
5　5　转变滞后Ⅱ型
*　　　表示一个组质心

图 5-1　判别分析的领域图

5.2.3　Bayes 判别函数

表 5-9　分类函数系数

指　标	分　类				
	转变示范型	转变先进型	转变平缓型	转变滞后Ⅰ型	转变滞后Ⅱ型
地区生产总值(亿元)	−0.004	−0.001	0.002	0.001	0.001
第三产业产值(亿元)	0.016	0.010	−0.002	−0.001	−0.001
高技术产业主营业务收入(亿元)	0.015	0.001	0.000	−0.001	−0.001
全社会 R&D 经费支出占 GDP 比重(%)	4.479	8.311	7.818	3.482	2.821
万元 GDP 电耗(千瓦小时/万元)	−96.344	−46.905	10.062	30.512	11.151
万元 GDP 能耗(吨标准煤/万元)	121.727	87.237	35.905	8.759	5.450
(常量)	−335.137	−98.643	−35.433	−20.391	−5.813

转变示范型：$Y＝−335.137−0.004×$ 地区生产总值$＋0.016×$ 第三产业产值$＋0.015×$ 高技术产业主营业务收入$＋4.479×$ 全社会 R&D 经费支出占 GDP 比重$−96.344×$ 万元 GDP 电耗$＋121.727×$ 万元 GDP 能耗

转变先进型：$Y＝−98.643−0.001×$ 地区生产总值$＋0.010×$ 第三产业产值$＋0.001×$ 高技术产业主营业务收入$＋8.311×$ 全社会 R&D 经费支出占 GDP 比重$−46.905×$ 万元 GDP 电耗$＋87.237×$ 万元 GDP 能耗

转变平缓型：$Y＝−35.433＋0.002×$ 地区生产总值$−0.002×$ 第三产业产值$＋0.000×$ 高技术产业主营业务收入$＋7.818×$ 全社会 R&D 经费支出占 GDP 比重$＋10.062×$ 万元 GDP 电耗$＋35.905×$ 万元 GDP 能耗

转变滞后Ⅰ型：$Y＝−20.391＋0.001×$ 地区生产总值$−0.001×$ 第三产业产值$−0.001×$ 高技术产业主营业务收入$＋3.482×$ 全社会 R&D 经费支出占 GDP 比重$＋30.512×$ 万元 GDP 电耗$＋$

8.759×万元 GDP 能耗

转变滞后Ⅱ型:$Y=-5.813+0.001×$地区生产总值$-0.001×$第三产业产值$-0.001×$高技术产业主营业务收入$+2.821×$全社会 R&D 经费支出占 GDP 比重$+11.151×$万元 GDP 电耗$+5.450×$万元 GDP 能耗

利用这些判别式直接计算新观测区域属于各类的评分,得分最高的一类就是该观测区域相应的类别。

5.2.4 判别函数的交互检验

交互检验是近年来逐渐发展起来的一种非常重要的判别效果验证技术。表 5-10 显示已对初始分组案例中的 93.3% 个案进行了正确分类,对交互验证分组案例中的 83.3% 个案进行了正确分类。判别的准确率较高,判别函数较为稳定,可以用此判别函数对未知的新观测区域进行合理的分类。

表 5-10　分类结果[b]

		分类	预测组成员					
			转变示范型	转变先进型	转变平缓型	转变滞后Ⅰ型	转变滞后Ⅱ型	合计
初始	计数	转变示范型	2	0	0	0	0	2
		转变先进型	0	4	0	0	0	4
		转变平缓型	0	0	12	1	0	13
		转变滞后Ⅰ型	0	0	0	6	0	6
		转变滞后Ⅱ型	0	0	0	1	4	5
	%	转变示范型	100.0	0	0	0	0	100.0
		转变先进型	0	100.0	0	0	0	100.0
		转变平缓型	0	0	92.3	7.7	0	100.0
		转变滞后Ⅰ型	0	0	0	100.0	0	100.0
		转变滞后Ⅱ型	0	0	0	20.0	80.0	100.0

续表

分类		预测组成员					合计
		转变示范型	转变先进型	转变平缓型	转变滞后Ⅰ型	转变滞后Ⅱ型	
交互验证[a]	计数 转变示范型	2	0	0	0	0	2
	转变先进型	0	4	0	0	0	4
	转变平缓型	0	0	11	2	0	13
	转变滞后Ⅰ型	0	0	0	5	1	6
	转变滞后Ⅱ型	0	0	0	2	3	5
	% 转变示范型	100.0	0	0	0	0	100.0
	转变先进型	0	100.0	0	0	0	100.0
	转变平缓型	0	0	84.6	15.4	0	100.0
	转变滞后Ⅰ型	0	0	0	83.3	16.7	100.0
	转变滞后Ⅱ型	0	0	0	40.0	60.0	100.0

注:a. 仅对分析中的案例进行交互验证。在交互验证中,每个案例都是按照从该案例以外的所有其他案例派生的函数来分类的
　　b. 已对初始分组案例中的 93.3% 个进行了正确分类
　　c. 已对交互验证分组案例中的 83.3% 个进行了正确分类

5.2.5　判别函数的结果说明

利用判别函数进行判别,其结果与原始分类对比如表 5-11 所示。

表 5-11　中国 30 个区域原分类与判别函数的预测分类比较

地　　区	原分类	预测分类
北　京	2	2
天　津	3	3
河　北	3	3
山　西	4	4
内蒙古	4	4
辽　宁	3	3
吉　林	4	4

地　区	原分类	预测分类
黑龙江	4	4
上　海	2	2
江　苏	1	1
浙　江	2	2
安　徽	3	3
福　建	3	3
江　西	3	3
山　东	2	2
河　南	3	3
湖　北	3	3
湖　南	3	3
广　东	1	1
广　西	3	3
海　南	4	4
重　庆	3	4
四　川	3	3
贵　州	5	4
云　南	4	4
陕　西	3	3
甘　肃	5	5
青　海	5	5
宁　夏	5	5
新　疆	5	5

注:1—转变示范型、2—转变先进型、3—转变平缓型、4—转变滞后Ⅰ型、5—转变滞后Ⅱ型

判别函数简化了原有因子分析的 12 个指标评价,通过逐步判别分析,判别函数中使用了地区生产总值、第三产业产值、高技术产业主营业务收入、全社会 R&D 经费支出占 GDP 比重、万元 GDP 电耗、万元 GDP 能耗 6 个指标。

同时,判别函数也可进一步验证上述 6 个指标对中国区域经

济发展方式转变的重要影响。地区生产总值、第三产业产值、高技术产业主营业务收入是一个地区经济发展实力的体现,全社会 R&D 经费支出占 GDP 比重则反映了各个地区对利用科技创新驱动经济发展的重视程度,万元 GDP 电耗、万元 GDP 能耗则表明了各个地区对资源的利用效率。

5.3　本章小结

本章运用主成分回归及判别分析对影响我国经济发展方式转变的关键因素进行实证研究。主成分回归结果表明:人力资本、科技发展、政府政策、结构调整、能源利用效率、市场化程度及国际化程度在不同程度上影响我国经济发展方式转变。其中,人力资本、科技发展、结构调整和能源利用效率是关键,政府政策、市场化程度及国际化程度是重要支撑。值得注意的是,代表结构调整的第三产业产值、科技发展指标的高技术产业主营业务收入和 R&D 经费支出占 GDP 比重及代表能源利用效率的万元 GDP 电耗、万元 GDP 能耗在判别分析中得以体现,验证了这些指标对中国区域经济发展方式转变的重要影响。此外,通过判别分析研究表明:地区生产总值、第三产业产值、高技术产业主营业务收入是一个地区经济发展实力的体现,全社会 R&D 经费支出占 GDP 比重则反映了各个地区对利用科技创新驱动经济发展的重视程度,万元 GDP 电耗、万元 GDP 能耗则表明了各个地区对资源的利用效率。

第6章 我国经济发展方式转变的核心分析

"十二五"期间,我国经济发展面临双重挑战:一方面,在经济全球化的背景下,资源和环境问题对世界经济格局产生越来越重要的影响;另一方面,实现节能减排目标面临的形势日益严峻。在资源和环境双重约束下,本章对我国经济发展方式转变的需求结构转变、产业结构转变和要素投入结构转变进行分析。

6.1 我国经济发展方式转变的需求结构转变分析

改革开放以来,随着我国的经济高速增长,我国的消费、投资和货物与服务净出口需求在总体规模和需求结构上都发生了很大的变化。

6.1.1 我国需求结构的总体规模和结构变化

6.1.1.1 消费需求的总体规模和结构变化

表 6-1 1978—2013 年我国消费需求的总体规模和结构

年份	最终消费(亿元)	最终消费在总需求中比重(%)	居民消费(亿元)	居民消费需求在总需求中比重(%)	政府消费(亿元)	政府消费在总需求中比重(%)
1978	2 239.1	62.10	1 759.1	48.79	480.0	13.31
1980	3 007.9	65.49	2 331.2	50.76	676.7	14.73
1985	5 986.3	65.95	4 687.4	51.64	1 298.9	14.31
1990	12 090.5	62.49	9 450.9	48.85	2 639.6	13.64
1995	36 748.2	58.13	28 369.7	44.88	8 378.5	13.25

续表

年份	最终消费 （亿元）	最终消费 在总需求 中比重（%）	居民消费 （亿元）	居民消费需 求在总需求 中比重（%）	政府消费 （亿元）	政府消费 在总需求 中比重（%）
2000	61 516.0	62.30	45 854.6	46.44	15 661.4	15.86
2001	66 933.9	61.39	49 435.9	45.34	17 498.0	16.05
2002	71 816.5	59.61	53 056.6	44.04	18 759.9	15.57
2003	77 685.5	56.87	57 649.8	42.20	20 035.7	14.67
2004	87 552.6	54.40	65 218.5	40.52	22 334.1	13.88
2005	99 357.5	53.01	72 958.7	38.93	26 398.8	14.09
2006	113 103.8	50.78	82 575.5	37.08	30 528.4	13.71
2007	132 232.9	49.60	96 332.5	36.13	35 900.4	13.47
2008	153 422.5	48.56	111 670.4	35.34	41 752.1	13.21
2009	169 274.8	48.53	123 584.6	35.43	45 690.2	13.10
2010	194 115.0	48.19	140 758.6	34.94	53 356.3	13.25
2011	228 561.3	49.08	164 945.2	35.42	63 616.1	13.66
2012	261 993.6	49.5	190 584.6	36.00	71 409.0	13.5
2013	292 165.6	49.8	212 187.5	36.17	79 978.1	13.63

资料来源：根据《中国统计年鉴（2014）》数据整理

表 6-1 显示，我国最终消费由 1978 年的 2 239.1 亿元增加到 2013 年的 292 165.6 亿元，增加了 289 926.5 亿元，年平均增长速度为 15.01%。我国最终消费在总需求中的比重从 1978 年的 62.10% 下降到 2013 年的 49.8%，降低了 13.3%。消费动力持续减弱，成为经济发展方式向好转变的阻力之一。

消费需求内部的居民消费由 1978 年的 1 759.1 亿元上升到 2013 年的 212 187.5 亿元，增加了 210 428.4 亿元，年平均增长速度为 14.68%。居民消费需求在总需求中的比重呈现逐年下降趋势，由 1978 年的 48.79% 降低到 2013 年的 36.17%，下降了 12.62%。

消费需求内部的政府消费由 1978 年的 480.0 亿元上升到 2013 年的 79 978.1 亿元，增加了 79 498.1 亿元，年平均增长速度为 15.74%。政府消费需求在总需求中的比重变动幅度不大。

6.1.1.2　投资需求的总体规模和结构变化

表 6-2 显示，我国投资需求由 1978 年的 1 377.9 亿元上升到

2013 年的 280 356.1 亿元,增加了 278 978.2 亿元,年平均增长速度为 16.4%。我国投资需求在总需求中的比重在改革开放以后保持稳步上升趋势,由 1978 年的 38.22% 上升到 2013 年的 47.8%,增加了 9.58%。

表 6-2　1978—2013 年我国投资需求的总体规模和结构

年份	资本形成总额（亿元）	资本形成在总需求中比重（%）	固定资本形成（亿元）	固定资本形成在总需求中比重（%）	存货增加（亿元）	存货增加在总需求中比重（%）
1978	1 377.9	38.22	1 073.9	29.78	304.0	8.43
1980	1 599.7	34.83	1 322.4	28.79	277.3	6.04
1985	3 457.5	38.09	2 672.0	29.44	785.5	8.65
1990	6 747.0	34.87	4 827.8	24.95	1 919.2	9.92
1995	25 470.1	40.29	20 885.0	33.04	4 585.1	7.25
2000	34 842.8	35.28	33 844.4	34.27	998.4	1.01
2001	39 769.4	36.48	37 754.5	34.63	2 014.9	1.85
2002	45 565.0	37.82	43 632.1	36.22	1 932.9	1.60
2003	55 963.0	40.96	53 490.7	39.15	2 472.3	1.81
2004	69 168.4	42.97	65 117.7	40.46	4 050.7	2.52
2005	77 856.9	41.54	74 232.9	39.61	3 624.0	1.93
2006	92 954.1	41.74	87 954.1	39.49	5 000.0	2.25
2007	110 943.2	41.61	103 948.6	38.99	6 994.6	2.62
2008	138 325.3	43.78	128 084.4	40.54	10 240.9	3.24
2009	164 463.2	47.15	156 679.8	44.92	7 783.4	2.23
2010	193 603.9	48.06	183 615.2	45.58	9 988.7	2.48
2011	225 006.7	48.31	213 043.1	45.74	11 963.5	2.57
2012	252 773.2	47.7	241 756.8	45.62	11 016.4	2.08
2013	280 356.1	47.8	269 075.4	45.88	11 280.7	1.92

资料来源:根据《中国统计年鉴(2014)》数据整理

6.1.1.3　货物和服务净出口需求的总体规模和结构变化

表 6-3 显示,我国的货物和服务净出口由 1978 年的 —11.4 亿美元上升到 2013 年的 14 151.3 亿美元,增加了 14 162.7 亿美

元,年平均增长速度为 22.57%。

表 6-3　1978—2013 年我国货物和服务净出口需求的总体规模和结构

年份	货物和服务 净出口(亿美元)	货物和服务净出口 在总需求中比重(%)
1978	−11.4	−0.32
1980	−14.7	−0.32
1985	−367.1	−4.04
1990	510.3	2.64
1995	998.6	1.58
2000	2 390.2	2.42
2001	2 324.7	2.13
2002	3 094.1	2.57
2003	2 964.9	2.17
2004	4 235.6	2.63
2005	10 209.1	5.45
2006	16 654.6	7.48
2007	23 423.1	8.79
2008	24 226.8	7.67
2009	15 037.1	4.31
2010	15 097.6	3.75
2011	12 163.3	2.61
2012	14 632.4	2.76
2013	14 151.3	2.41

资料来源:根据《中国统计年鉴(2014)》数据整理

　　货物和服务净出口在总需求中的比重呈现先升后降趋势,从 1978 年的−0.32% 上升到 2007 年的 8.79%,到 2013 年又降低到 2.41%。我国货物和服务净出口在这一期间有出现过负值,呈现净流入状态,并且 2008 年金融危机爆发之后货物和服务净出口在总需求中的比重逐年下降,但是自 1994 年以来,我国货物和服务净出口一直保持净流出状态,表明近年来我国在对外贸易中一直保持着出口大国的地位。

6.1.2 我国消费需求变化

消费需求由居民消费和政府消费需求两个部分组成,居民消费的转变反映了城乡居民在衣食住行、教育、卫生、医疗等八个方面消费支出方面的转变,体现了居民消费水平的总体变化。政府消费需求的变化反映政府部门向社会提供服务支出及向居民提供转移性支出的变化。

6.1.2.1 居民消费需求变化

(1) 农村居民消费需求变化

改革开放以来,我国农村居民消费水平呈现增长趋势,表6-4显示人均生活消费支出从2000年的1 670.13元增加到2013年的6 625.5元,增加了4 955.37元,增长了大约2.97倍。

表6-4 2000—2013年我国农村居民人均消费支出 元

消费项目	2000 年	2005 年	2006 年	2007 年	2008 年
生活消费支出	1 670.13	2 555.40	2 829.02	3 223.85	3 660.68
食品	820.52	1162.16	1 216.99	1 388.99	1 598.62
衣着	95.95	148.57	168.04	193.45	211.95
居住	258.34	370.16	468.96	573.80	678.69
家庭设备用品及服务	75.45	111.44	126.56	149.13	173.88
交通和通信	93.13	244.98	288.76	328.40	360.21
文化教育娱乐用品及服务	186.72	295.48	305.13	305.66	314.45
医疗保健	87.57	168.09	191.51	210.24	246.00
其他商品和服务	52.45	54.52	63.07	74.19	76.51
消费项目	2009 年	2010 年	2011 年	2012 年	2013 年
生活消费支出	3 993.45	4 381.82	5 221.1	5 908	6 625.5
食品	1 636.12	1 800.67	1 651.29	2 323.9	2 495.5
衣着	232.42	264.03	341.07	396.4	438.3
居住	805.08	835.19	930.24	1 086.4	1 233.6
家庭设备用品及服务	204.86	234.06	308.64	341.7	387.1

续表

消费项目	2009 年	2010 年	2011 年	2012 年	2013 年
交通和通信	402.94	461.10	547.03	652.8	796
文化教育娱乐用品及服务	340.64	366.72	396.36	445.5	485.9
医疗保健	287.53	326.04	436.75	513.8	614.2
其他商品和服务	84.26	94.02	121.98	147.6	174.9

资料来源:根据《中国统计年鉴(2007—2014)》数据整理

　　图 6-1 显示农村居民生活消费支出结构也发生了很大的变化,随着生活水平的提高,食品消费支出在生活消费支出中的比重呈现下降趋势,另外文化教育娱乐用品及服务、其他商品和服务在总消费支出中的比重也有所下降。衣着、家庭设备用品及服务所占比重波动幅度不大,略微有所上升,而居住、交通和通信、医疗保健在生活消费支出中的比重呈现稳步上升趋势。

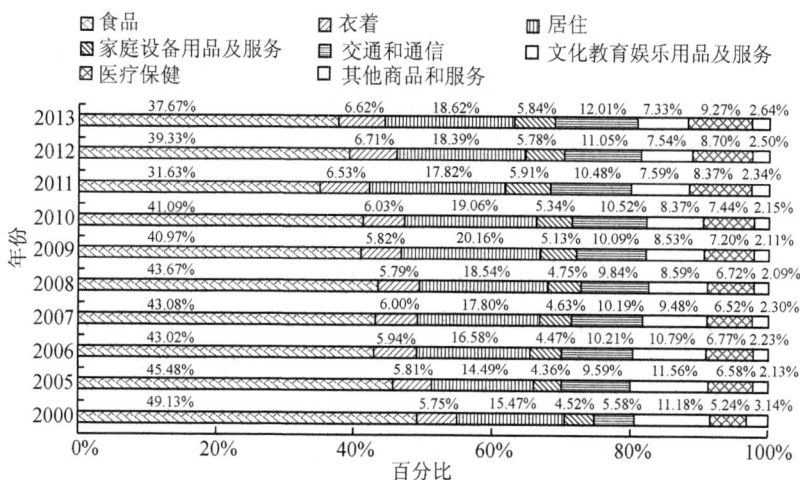

图 6-1　2000—2013 年我国农村居民人均消费支出结构变化图

1）食品消费支出变化

2013 年我国农村居民人均食品消费支出 2 495.5 元,比 2000 年增加 1 674.98 元,增长 2.04 倍。农村居民食品消费支出在总消费支出中的比重有所下降,从 2000 年的 49.13％降低到 2013 年的 36.67％,下降 12.46 个百分点。

2）衣着消费支出变化

农村居民收入水平不断提高,消费观念不断更新。2013 年我国农村居民衣着消费人均支出 438.3 元,比 2000 年增加 342.35 元,增长 3.57 倍。农村居民衣着消费支出在总消费支出的比重从 2000 年的 5.75％上升到 2013 年的 6.62％。

3）居住消费支出变化

居住消费的变化是衡量农村居民生活质量改善的一个非常显著的标志,2013 年我国农村居民人均居住消费支出 1 233.6 元,比 2000 年增加 975.26 元,增长 3.78 倍。农村居民居住消费支出在总消费支出的比重从 2000 年的 15.47％上升到 2013 年的 18.62％,上升 3.15％。

农村居民居住条件得到进一步改善,2012 年末农村居民人均住房面积 37.1 平方米,比 2000 年增加 12.3 平方米,增长 49.60％。其中,钢筋混凝土结构面积为 17.1 平方米,比 2000 年增加 10.9 平方米;砖木结构面积为 16.3 平方米,比 2000 年增加 2.7 平方米。

4）家庭设备用品及服务支出变化

我国农村居民 2013 年在家庭设备用品及服务支出方面的人均支出为 387.1 元,比 2000 年增加 311.65 元,增长了 4.13 倍。家庭设备用品及服务支出在总消费支出的比重从 2000 年的 4.52％上升到 2013 年的 5.84％,略微有所上升。

5）交通和通信支出变化

随着农村居民生活水平提高,农村居民的生活和工作范围也逐渐扩大,用于购买交通工具和在通信方面的支出也逐渐增加。

2013 年我国农村居民人均用于交通和通信方面的支出为 796 元，比 2000 年增加 702.87 元，增长 7.55 倍。农村居民交通和通信方面的支出在总消费支出中的比重从 2000 年的 5.58% 上升到 2013 年的 12.01%，增加 6.43 个百分点，在八类消费支出中增长幅度最大。

农村居民的信息化水平越来越高，农村家庭年末平均每百户固定电话拥有量从 2000 年的 26.38 部增加到 2012 年的 42.2 部，每百户移动电话拥有量从 2000 年的 4.32 部飞速增加到 2012 年的 197.8 部。

6) 文化教育娱乐用品及服务消费支出变化

我国农村居民 2013 年人均用于文化教育娱乐的消费支出为 485.9 元，比 2000 年增加 299.18 元，增长 1.60 倍。农村居民文化教育娱乐用品及服务消费在总消费支出中的比重从 2000 年的 11.18% 下降到 2013 年的 7.33%，下降了 3.85 个百分点。

7) 医疗保健消费支出变化

2013 年我国农村居民人均医疗保健消费支出为 614.2 元，比 2000 年提高 526.63 元，增加了 6.01 倍。农村居民医疗保健支出在总消费支出中的比重近年来有所上升，从 2000 年的 5.24% 增加到 2013 年的 9.27%。

8) 其他商品和服务消费支出变化

我国农村居民在其他商品和服务方面的消费支出变化不大，2013 年农村居民其他商品和服务的人均支出为 174.9 元，比 2000 年的 52.45 元增加 122.45 元。农村居民其他商品和服务消费支出在总消费支出中的比重呈现下降趋势，从 2000 年的 3.14% 下降到 2013 年的 2.64%，下降 0.5 个百分点。

（2）城镇居民消费需求变化

改革开放以来，我国城镇居民收入水平稳步上升，消费水平不断提高。表 6-5 显示我国城镇居民人均生活消费支出从 2000 年的 4 998 元增加到 2013 年的 18 022.64 元，增加 13 024.64 元，增长 2.61 倍。

表 6-5　2000—2013 年我国城镇居民人均消费支出

单位：元

消费项目	2000 年	2005 年	2006 年	2007 年	2008 年	2009 年	2010 年	2011 年	2012 年	2013 年
生活消费支出	4 998.00	7 942.88	8 696.55	9 997.47	11 242.85	12 264.55	13 471.45	15 160.89	16 674.3	18 022.64
食品	1 971.32	2 914.39	3 111.92	3 628.03	4 259.81	4 478.54	4 804.71	5 506.33	6 040.9	6 133.92
衣着	500.46	800.51	901.78	1 042.00	1 165.91	1 284.20	1 444.34	1 674.70	1 823.4	1 902.02
居住	565.29	808.66	904.19	982.28	1 145.41	1 228.91	1 332.14	1 405.01	1 484.3	1 745.15
家庭设备用品及服务	374.49	446.52	498.48	601.80	691.83	786.94	908.01	1 023.17	1 116.1	1 215.07
医疗保健	318.07	600.85	620.54	699.09	786.20	856.41	871.77	968.98	1 063.7	1 118.26
交通和通信	426.95	996.72	1 147.12	1 357.41	1 417.12	1 682.57	1 983.70	2 149.69	2 455.5	2 736.88
教育文化娱乐服务	669.58	1 097.46	1 203.03	1 329.16	1 358.26	1 472.76	1 627.64	1 851.74	2 033.5	2 293.99
其他商品和服务	171.83	277.75	309.49	357.70	418.31	474.21	499.15	581.26	657.1	699.36

资料来源：根据《中国统计年鉴（2000—2014）》数据整理

图 6-2 显示城镇居民生活消费支出结构也发生了很大的变化,城镇居民消费支出主要集中在食品、交通和通信、教育文化娱乐服务、衣着及居住等项目中。食品、居住、家庭设备用品及服务、教育文化娱乐服务在总消费支出中的比重有所下降,衣着、其他商品和服务消费支出结构变动不大,而医疗保健支出比重在 2005 年达到最高值 7.56% 后开始下降,交通和通信在生活消费支出中的比重呈现稳步上升趋势。

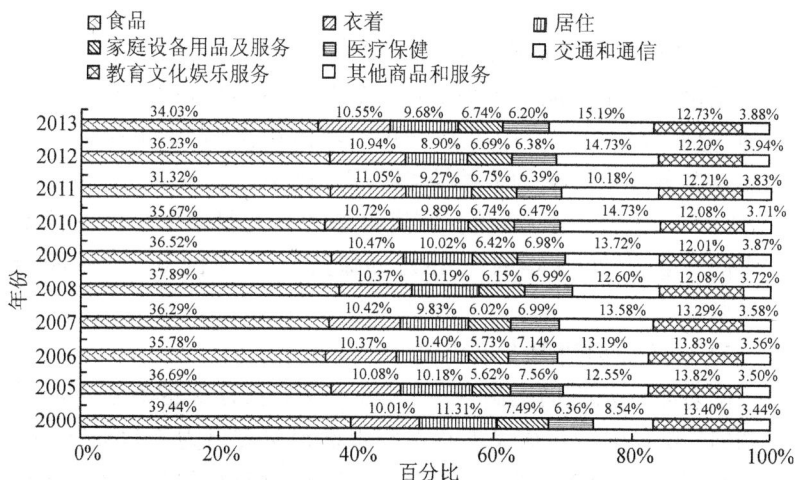

图 6-2　2000—2013 年我国城镇居民人均消费支出结构变化图

1) 食品消费支出变化

2013 年我国城镇居民人均食品消费支出 6 133.92 元,比 2000 年增加 4 162.6 元,增长 2.11 倍。城镇居民食品消费支出在总消费支出中的比重有所下降,从 2000 年的 39.44% 降低到 2013 年的 34.03%,下降 5.41%。

2) 衣着消费支出变化

城镇居民衣着消费近年来保持上升趋势。2013 年我国城镇居民衣着消费人均支出 1 902.02 元,比 2000 年增加 1 401.56 元,增长 2.80 倍。城镇居民衣着消费支出在总消费支出的比重从 2000 年的 10.01％上升到 2013 年的 10.55％,增加 0.54％。

3）居住消费支出变化

近年来,城镇居民居住条件得到进一步改善,城镇居民居住支出也呈现增加趋势,但居住所占消费比重却有所降低。2013年我国城镇居民人均居住消费支出 1 745.15 元,比 2000 年增加 1 179.86元,增长 2.09 倍。城镇居民居住消费支出在总消费支出中的比重从 2000 年的 11.31％下降到 2013 年的 9.68％,减少了1.63％。

4）家庭设备用品及服务支出变化

城镇居民生活质量不断提高,居民家庭高档耐用消费品继续增加,家庭设备用品不断更新。我国城镇居民 2013 年家庭设备用品及服务支出方面的人均支出为 1 215.07 元,比 2000 年增加了840.58 元,增长 2.24 倍。家庭设备用品及服务支出在总消费支出的比重从 2000 年的 7.49％下降到 2013 年的 6.74％,降低0.75％。

5）医疗保健消费支出变化

随着生活水平的提高,我国城镇居民的医疗保健意识不断增强,2013 年我国城镇居民人均医疗保健消费支出为 1 118.26 元,比 2000 年提高 800.19 元,增长 2.52 倍。城镇居民医疗保健支出在总消费支出中的比重从 2000 年的 6.36％上升到 2013 年的6.38％,仅增加 0.02 个百分点,2013 年下降为 6.20％。

6）交通和通信支出变化

城镇居民在交通和通信方面的消费支出在八类消费支出中增长幅度最大,交通和通信消费支出在总消费支出中的比重从2000 年的 8.54％提高到 2012 年的 15.19％,增长 6.65％。2013 年我国城镇居民人均用于交通和通信方面的支出为 2 736.88 元,比2000 年增加 2 309.93,增长了 5.41 倍。

7）教育文化娱乐服务消费支出变化

我国城镇居民教育文化娱乐服务消费支出近年来保持稳步

增加的趋势。2013 年城镇居民人均用于文化教育娱乐的消费支出为 2 293.99 元,比 2000 年增加 1 624.41 元,增长 2.43 倍。城镇居民教育文化娱乐服务消费在总消费支出中的比重从 2000 年的 13.40% 降低到 2013 年的 12.73%,下降 0.67%。

8）其他商品和服务消费支出变化

2013 年城镇居民其他商品和服务的人均支出为 699.36 元,比 2000 年增加 527.53 元,增长 3.07 倍。城镇居民其他商品和服务消费支出在总消费支出中的比重呈现上升趋势,从 2000 年的 3.44% 上升到 2013 年的 3.88%,增加 0.44%。

6.1.2.2　政府消费需求变化

政府消费是指政府部门为全社会提供公共服务的消费支出和免费或以较低价格向住户提供的货物和服务的净支出。由于没有办法获取政府消费的各项数据,本节使用政府的财政支出数据来分析政府的消费需求变化。2006 年以前,国家财政支出项目主要包括基本建设支出,增拨企业流动资金,挖掘改造资金和科技三项费用,地质勘探费,工、交、流通部门事业费,支农支出,文教科学卫生支出,社会保障支出,国防支出,行政管理费和政策性补贴支出等项目。

表 6-6 显示,国家财政支出的 11 个项目的支出都有不同程度的增长,其中社会保障支出的增长速度最快,达到 21.45%,其次是行政管理费和文教、科学、卫生支出,年平均增长率分别为 18.46% 和 16.14%,然后是工、交、流通部门事业费,支农支出,挖掘改造资金和科技三项费用和国防支出,分别增加 13.26%,12.65%,12.58% 和 10.82%,增速最慢的是基本建设支出（8.46%）和地质勘探费（7.22%）。增拨企业流动资金和政策性补贴支出两个项目波动性较强,特别是政策性补贴支出项目,1978—2000 年呈上升趋势,到 2000 年支出金额已达 1 042.28 亿元,但从 2001 年开始下降,到 2003 年跌至 617.28 亿元,之后又开始回升。

表 6-6 1978—2006 年国家财政主要支出项目数据

亿元

年份	基本建设支出	增拨企业流动资金	挖潜改造资金和科技三项费用	地质勘探费	工交、流通部门事业费	支农支出	文教、科学、卫生支出	社会保障支出	国防支出	行政管理费	政策性补贴支出
1978	451.92		63.24	20.15	17.79	76.95	112.66	18.91	167.84	49.09	11.14
1980	346.36		80.45	22.57	22.85	82.12	156.26	20.31	193.84	66.79	117.71
1985	554.56	14.30	103.42	29.58	35.16	101.04	316.70	31.15	191.53	130.58	261.79
1990	547.39	10.90	153.91	36.19	46.93	221.76	617.29	55.04	290.31	303.10	380.80
1995	789.22	34.80	494.45	66.32	102.76	430.22	1 467.06	115.46	636.72	872.68	364.89
2000	2 094.89	71.06	865.24	88.12	150.07	766.89	2 736.88	1 517.57	1 207.54	1 787.58	1 042.28
2001	2 510.64	22.71	991.56	99.01	200.12	917.96	3 361.02	1 987.40	1 442.04	2 197.52	741.51
2002	3 142.98	18.97	968.38	102.89	232.38	1 102.70	3 979.08	2 636.22	1 707.78	2 979.42	645.07
2003	3 429.30	11.95	1 092.99	106.94	285.23	1 134.86	4 505.51	2 655.91	1 907.87	3 437.68	617.28
2004	3 437.50	12.44	1 243.94	115.45	368.21	1 693.79	5 143.65	3 116.08	2 200.01	4 059.91	795.80
2005	4 041.34	18.17	1 494.59	132.70	444.15	1 792.40	6 104.18	3 698.86	2 474.96	4 835.43	998.47
2006	4 390.38	16.58	1 744.56	141.82	581.25	2 161.35	7 425.98	4 361.78	2 979.38	5 639.05	1 387.52

资料来源：根据《中国统计年鉴（2007）》数据整理

从 2007 年开始,我国政府财政收支科目实施了较大改革,财政支出项目的口径发生了较大的改变。国家财政支出项目分中央和地方两部分,主要包括一般公共服务、外交、国防、公共安全、教育、科学技术、文化教育与传媒、社会保障和就业、保障性住房、医疗卫生、环境保护、城乡社区事务、农林水事务、交通运输、工业商业金融等事务、粮油物资储备等事务、地震灾后恢复重建、国债付息等支出项目。

表 6-7 显示,中央财政支出主要项目有国防、科学技术和国债付息支出,其中 2013 年国防支出为 7 177.37 亿元,比 2007 年增加 3 695.05 亿元,增长 106.11％;科学技术支出为 2 368.99 亿元,比 2007 年增加 1 444.39 亿元,增长 156.22％;2011 年国债付息支出为 1 819.96 亿元,比 2009 增加 499.26 亿元。地方财政支出主要项目有一般公共服务、教育、社会保障和就业、城乡社区事务和农林水事务,其中一般公共服务支出由 2007 年的 6 354.07 亿元上升到 2013 年的 12 753.67 亿元,提高 6 399.6 亿元,增长 100.72％;教育支出由 2007 年的 6 727.06 亿元提高到 2013 年的 20 895.11 亿元,增加 14 168.05 亿元,增长 210.61％;社会保障和就业支出由 2007 年的 5 104.53 亿元上升到 2013 年的 13 849.72亿元,增长 8 745.19 亿元,提高 171.32％;2013 年城乡社区事务支出为 11 146.51 亿元,比 2007 年增加 7 908.02 亿元,增长 244.19％;2013 年农林水事务支出为 12 822.64 亿元,比 2007 年提高 9 731.64 亿元,上升 314.84％。从 2008 年开始国家财政支出增加地震灾后恢复重建支出项目,并且主要由地方财政支出。2009 年又增设保障性住房支出项目,2013 年该项目地方财政支出为 4 075.82 亿元。

表6-7 2007—2013年中央和地方财政主要支出项目数据

单位：亿元

项目	2007年		2008年		2009年		2010年		2011年		2012年		2013年	
	中央	地方	中央	地方	中央	地方	地方	地方	中央	地方	中央	地方	中央	地方
一般公共服务	2160.17	6354.07	2344.55	7451.37	1084.21	8080	11702.14	8499.74	903.01	10084.77	998.32	11702.14	1001.46	12753.67
外交	213.78	1.5	239.15	1.57	249.71	1.23	1.44	1.17	306.83	2.75	332.39	1.44	354.37	1.39
国防	3482.32	72.59	4098.95	79.81	4825.01	126.09	210.54	157.02	5829.62	198.29	6481.38	210.54	7177.37	233.25
公共安全	607.83	2878.33	648.63	3411.13	845.79	3898.3	5928.13	4642.5	1037.01	5267.26	1183.47	5928.13	1297.03	6489.75
教育	395.26	6727.06	491.63	8518.58	567.62	9869.92	20140.64	11829.06	999.05	15498.28	1101.46	20140.64	1106.65	20895.11
科学技术	924.6	858.44	1077.35	1051.86	1433.82	1310.7	2242.2	1588.88	1942.14	1885.88	2210.47	2242.2	2368.99	2715.31
文化体育与传媒	127.21	771.43	140.61	955.13	154.75	1238.32	2074.79	1392.57	188.72	1704.64	193.56	2074.79	204.45	2339.94
社会保障和就业	342.63	5104.53	344.28	6460.01	454.37	7152.31	11999.85	8680.32	502.48	10606.92	585.67	11999.85	640.82	13849.72
保障性住房	—	—	—	—	26.43	699.54	4068.71	1990.4	328.82	3491.87	—	4068.71	—	4075.82
医疗卫生	34.21	1955.75	46.78	2710.26	63.5	3930.69	7170.82	4730.62	71.32	6358.19	74.29	7170.82	76.7	8203.2
环境保护	34.59	961.23	66.21	1385.15	37.91	1896.13	2899.81	2372.5	74.19	2566.79	63.65	2899.81	100.26	3334.89
城乡社区事务	6.2	3238.49	14.33	4191.81	3.91	5103.75	9060.93	5977.29	11.62	7608.93	18.19	9060.93	19.06	11146.51
农林水事务	313.7	3091	308.38	4235.63	318.7	6401.71	11741.39	7741.69	416.56	9520.99	502.49	11741.39	526.91	12822.64
交通运输	782.25	1133.13	913.2	1440.8	1069.22	3578.37	7332.57	3998.89	331.11	7166.69	863.59	7332.57	722.99	8625.83
工业商业金融等事务	1442.45	2815.04	2133.9	4092.47	778.04	133.15	1351.71	1422.23	26.93	1394.79	—	1351.71	—	1336.55

续表

项目	2007 年		2008 年		2009 年		2010 年		2011 年		2012 年		2013 年	
	中央	地方	中央	地方	中央	地方	地方	地方	中央	地方	中央	地方	中央	地方
金融监管	—	—	—	—	508.23	2370.89	249.69	—	413.94	235.34	—	249.69	—	212.97
采掘电力信息等事务	—	—	—	—	—	—	—	—	—	—	—	—	—	—
粮油物资储备等事务	—	—	—	—	781.44	1437.19	731.09	676.84	540.08	729.48	—	731.09	—	744.28
资源勘探电力信息等事务	—	—	—	735.87	—	—	3934.53	2996.65	464.12	3547.26	—	3934.53	—	4445.38
地震灾后恢复重建	—	—	62.47	—	130.6	1043.85	103.81	1094.64	—	174.45	—	103.81	—	42.79
国土气象等事务	—	—	—	—	—	—	1367.59	1154	231.61	1289.74	—	1367.59	—	1638.91
国债付息	574.86	—	413.75	—	1320.7	170.58	575.33	335.36	1819.96	564.12	—	575.33	—	740.8
其他支出	—	2376.7	—	2527.04	601.83	2601.42	2444.07	2602.06	74.99	2836.25	38.31	2444.07	338.7	2933.09

注:"—"表示年鉴中缺失,未提供

资料来源:根据《中国统计年鉴(2008—2014)》数据整理

6.1.2.3 进出口需求变化

改革开放以来,我国进出口总额、出口额和进口额保持稳步增长趋势。表 6-8 显示,2013 年我国全年实现进出口总额 41 589.93 亿美元,比 1978 年增加 41 383.53 亿美元,年平均增长速度为 16.37%。我国进出口总额占世界的比重从 1978 年的 0.8% 上升到 2013 年的 11%,提高 10.2 个百分点。我国 2013 年出口额 22 090.04 亿美元,比 1978 年增加 21 992.54 亿美元,年平均增长速度为 16.76%。我国 2013 年出口额占世界出口总额的 11.8%,同比增加 0.7 个百分点。我国 2013 年的进口额 19 499.89 亿美元,比 1978 年增加 19 390.99 亿美元,年平均增长速度 15.98%。

表 6-8   1978—2013 年我国进出口数据

年份	进出口总额 (亿美元)	进口额 (亿美元)	进口额比重 (%)	出口额 (亿美元)	出口额比重 (%)
1978	206.40	108.90	52.76	97.50	47.24
1980	381.40	200.20	52.49	181.20	47.51
1985	696.00	422.50	60.70	273.50	39.30
1990	1 154.40	533.50	46.21	620.90	53.79
1995	2 808.60	1 320.80	47.03	1 487.80	52.97
2000	4 742.90	2 250.90	47.46	2 492.00	52.54
2001	5 096.50	2 435.50	47.79	2 661.00	52.21
2002	6 207.70	2 951.70	47.55	3 256.00	52.45
2003	8 509.88	4 127.60	48.50	4 382.28	51.50
2004	11 545.50	5 612.30	48.61	5 933.30	51.39
2005	14 219.10	6 599.50	46.41	7 619.50	53.59
2006	17 604.40	7 914.60	44.96	9 689.80	55.04
2007	21 765.70	9 561.16	43.93	12 204.60	56.07
2008	25 632.55	11 325.67	44.18	14 306.90	55.82
2009	22 075.35	10 059.23	45.57	12 016.10	54.43
2010	29 739.98	13 962.44	46.95	15 777.54	53.05
2011	36 418.65	17 434.84	47.87	18 983.81	52.13
2012	38 671.19	18 184.05	47.02	20 487.14	52.98
2013	41 589.93	19 499.89	46.89	22 090.04	53.11

资料来源:根据《中国统计年鉴(2014)》数据整理

从表 6-8 还可以看出我国出口额在进出口总额的比重近年来呈现上升趋势,从 1978 年的 47.24% 增加到 2013 年的 53.11%,在 1985 年和 2007 年,出口总额的比重分别达到最低值 39.30% 和最高值 56.07%。与之相对应的是,我国进口额在进出口总额的比重呈现下降趋势,从 1978 年的 52.76% 降低到 2013 年的 46.89%,在 1985 年和 2007 年,进口总额的比重分别跃升到最高值 60.70% 和跌落到最低值 43.93%。国际危机后时代时期,进口额在进出口总额的比重有所上升,但增幅保持在 1.4% 左右。在出口商品中,工业制成品的出口增长速度明显大于初级产品。初级产品的出口额由 1980 年的 91.14 亿美元增加到 2013 年的 1 072.68 亿美元,增长 11.77 倍;工业制成品的出口额由 1980 年的 90.05 亿美元增加到 2013 年的 21 017.36 亿美元,增长 233.40 倍。在进口商品中,初级产品的增长速度稍高于工业制成品。初级产品的进口额由 1980 年的 69.59 亿美元增加到 2013 年的 6 580.81 亿美元,年平均增长率为 14.78%;工业制成品的进口额由 1980 年的 130.58 亿美元增加到 2013 年的 12 919.09 亿美元,年平均增长率为 14.94%。

表 6-9 给出了我国主要高耗产品能进、出口情况,钢材、肥料的进口量先增大后减少,纺织用合成纤维则逐年减少,而纸浆的进口量不断增大,2012 年比 2000 年增加了 3.91 倍。出口方面,四种产品都表现出增长的趋势,从 2000 年至 2012 年,水泥、平板玻璃、钢材、纸及纸板分别增长了 0.98 倍、2.15 倍、7.97 倍、6.25 倍。

表 6-9　主要高耗能产品的进、出口量

年份	进口				出口			
	钢材 (万吨)	肥料 (万吨)	纸浆 (万吨)	纺织用合成 纤维(万吨)	水泥 (万吨)	平板玻璃 (万平方米)	钢材 (万吨)	纸及纸板 (未切成形) (万吨)
2000	1 596	1 189	335	100	605	5 592	621	65
2004	2 930	1 240	732	99	704	14 464	1 423	101
2005	2 582	1 397	759	84	2 216	19 925	2 052	167
2006	1 851	1 129	796	62	3 613	26 433	4 301	305

年份	进口				出口			
	钢材 (万吨)	肥料 (万吨)	纸浆 (万吨)	纺织用合成 纤维(万吨)	水泥 (万吨)	平板玻璃 (万平方米)	钢材 (万吨)	纸及纸板 (未切成形) (万吨)
2007	1 687	1 169	847	51	3 301	30 917	6 265	422
2008	1 543	622	952	32	2 604	27 762	5 923	361
2009	1 763	411	1 368	35	1 561	16 643	2 460	362
2010	1 643	718	1 137	37.	1 616	17 398	4 256	380
2011	1 558	795	1 445	35	1 061	18 726	4 888	450
2012	1 366	843	1 646	33	1 200	17 632	5 573	471

资料来源:根据《中国能源统计年鉴(2013)》数据整理

6.1.3 我国消费、投资及净出口与经济增长研究——基于资源与环境的双重约束[①]

单方程模型仅能揭示单个变量受多个变量影响形成的关系,而在现实的社会经济现象中,不同变量之间存在着相互作用和影响,因此基于系统的视角考虑消费、投资与资源消耗、环境污染和经济增长之间存在的互动机制,更适合采用联立方程模型。

6.1.3.1 模型的设定

借鉴李占风和袁知英(2009)、林美顺(2011)、柴金福(2009)及尹伟华和张焕明(2007)的研究方法,构建包括资源消耗方程在内的4个内生变量、8个先决变量的联立方程模型,其基本形式如下:

$$
\begin{cases}
C_t = \alpha_1 + \alpha_2 Y_t + \alpha_3 C_{t-1} + \varepsilon_{1t} & \cdots\cdots\cdots\cdots\cdots\cdots\ (1) \\
I_t = \beta_1 + \beta_2 Y_t + \beta_3 I_{t-1} + \varepsilon_{2t} & \cdots\cdots\cdots\cdots\cdots\cdots\ (2) \\
EG_t = \gamma_1 + \gamma_2 Y_t + \gamma_3 Y_t^2 + \gamma_4 EF_t + \gamma_5 IS_t + \varepsilon_{3t} & \cdots\cdots\ (3) \\
Y_t = C_t + I_t + G_t + NX_t - EG_t - EI_t & \cdots\cdots\cdots\cdots\ (4)
\end{cases}
$$

其中:C_t 为居民消费,Y_t 为经过环境资源修正的国民产出水平,I_t

---

① 陈海波,刘洁:《我国消费投资及净出口与经济增长研究——基于资源与环境的双重约束》,《华东经济管理》,2013年第8期。

为投资，EG_t 为资源成本，IS_t 为产业结构，EF_t 为能源利用效率，EI_t 为环境成本，G_t 为政府消费，NX_t 为货物及服务净出口，C_{t-1}，I_{t-1} 和 Y_t^2 分别为上期居民消费水平、上期投资水平和经过环境资源修正的国民产出水平的平方项，α_i，β_i，γ_i（$i=1,2,\cdots,5$）分别为相应变量的系数，ε_{it}（$t=1,2,3$）为模型的误差项。

6.1.3.2　数据选取

选择的样本区间为 1998—2010 年的我国宏观经济发展情况，数据主要来源于《中国统计年鉴》《中国能源统计年鉴》和《中国环境统计年鉴》，相关变量的选取和预处理方法如表 6-10 所示。

表 6-10　Y，EG 和 EI 的变量说明

变量	变量说明
Y	支出法国内生产总值扣除资源成本、环境成本后的净值
EG	资源成本，以资源耗减价值（采掘业工业总产值中原煤、石油和天然气、黑色金属、有色金属和非金属这 5 类矿产资源当年的工业总产值）来代替
EI	环境成本，用工业污染治理投资（治理废水、废气、固体废物）替代

C 为居民最终消费支出，I 为资本形成总额，EF 以能源加工转换效率来测度，IS 采用第三产业产值占 GDP 的比重来衡量，G 为政府消费支出，NX 为货物及服务净出口。Y，EG 和 EI 的变量数据选取见表 6-10。为了剔除价格变动对以上变量带来的影响，使数据具有可比性，利用 GDP 指数对绿色国内生产总值、资源耗减价值、工业污染治理投资和净出口进行平减，利用居民消费价格指数对居民消费支出和政府消费支出进行换算，利用固定资产投资价格指数对资本形成总额进行平减（数据见表 6-11）。由于各变量的量纲不同，对各变量的数值进行了标准化处理。

表 6-11 我国经济发展情况的原始数据

年份	居民消费支出（亿元）	政府消费支出（亿元）	资本形成总额（亿元）	货物及服务净出口（亿元）	资源耗减价值（亿元）	能源加工转换效率（%）	产业结构（%）	上期居民消费支出（亿元）	上期资本形成总额（亿元）	工业污染治理投资（亿元）	治理废水投资（亿元）	治理废气投资（亿元）	治理固定废物投资（亿元）	绿色国内生产总值（亿元）
1998	39 545.67	12 458.57	31 376.95	3 365.56	3 629.80	69.28	36.23	36 921.50	29 968.00	113.18	66.47	30.03	0.08	83 003.77
1999	42 858.49	14 023.45	33 150.14	2 185.78	2 788.52	69.25	37.67	39 545.67	31 376.95	131.61	59.31	43.93	0.07	89 297.72
2000	46 693.95	15 948.08	34 671.45	1 899.48	3 468.59	69.04	39.02	42 858.49	33 150.14	186.59	87.10	72.24	0.09	95 557.77
2001	49 990.87	17 694.43	39 416.16	1 705.84	3 087.72	69.34	40.46	46 693.95	34 671.45	128.07	53.49	48.28	0.14	105 591.51
2002	54 084.89	19 123.49	45 070.14	2 081.38	3 064.13	69.04	41.47	49 990.87	39 416.16	126.71	48.10	46.95	0.11	117 169.06
2003	58 070.27	20 181.83	54 163.61	1 825.82	3 553.84	69.40	41.23	54 084.89	45 070.14	135.63	53.44	56.31	0.10	130 552.07
2004	63 228.27	21 652.55	63 394.33	2 265.48	6 893.09	70.91	40.38	58 070.27	54 163.61	171.12	58.65	79.31	0.13	143 476.42
2005	69 189.99	25 140.67	70 233.70	5 100.87	7 432.21	71.55	40.51	63 228.27	63 394.33	228.62	66.71	106.28	0.14	162 004.41
2006	77 035.05	28 643.81	82 613.59	7 374.74	8 420.62	71.24	40.94	69 189.99	70 233.70	214.30	66.91	103.31	0.08	187 032.26
2007	85 598.83	32 141.39	94 900.41	9 069.02	9 032.67	70.77	41.89	77 035.05	82 613.59	214.27	76.06	106.79	0.07	212 462.72
2008	93 498.14	35 297.81	108 652.86	8 572.34	11 887.61	71.55	41.82	85 598.83	94 900.41	191.99	68.85	94.00	0.07	233 941.56
2009	103 126.80	38 899.43	132 360.52	4 870.04	10 638.93	72.01	43.43	93 498.14	108 652.86	143.39	48.43	75.32	0.07	268 474.47
2010	109 855.14	44 187.69	148 912.53	4 608.64	13 176.16	72.86	43.14	103 126.80	132 360.52	116.44	38.02	55.20	0.04	294 271.39

6.1.3.3　模型的识别

在包括消费方程、投资方程、资源消耗方程和平衡方程在内的联立方程模型中，内生变量个数 $M=4$，先决变量个数 $K=8$。在对联立方程模型进行估计前，首先必须保证消费方程、投资方程和资源消耗方程是可识别的，识别方法是利用阶条件和秩条件进行判断。第一步，用阶条件对消费方程进行识别，由于 $K-k=7>m-1=1$，因此消费方程是过度识别的；第二步，用秩条件进行判断，划去结构性参数矩阵的第 1 行和非零参数所在列后得到矩阵，很显然该矩阵的秩 $R=3=M-1$，进一步证明了消费方程是过度可识别的。同理得到，投资方程和资源消耗方程也是过度可识别方程。

6.1.3.4　模型的估计

利用 Eviews 5.0 软件，采用两阶段最小二乘法（TSLS）分别对消费方程、投资方程和资源消耗方程进行估计。

（1）消费方程的结果分析

如表 6-12 所示，四种环境污染治理投资情形下模型的修正拟合系数均为 0.997 7，表明消费方程的拟合效果都非常好，并且参数估计的大小和符号在理论上都是合理的。从整体工业污染治理投资水平下的消费方程估计结果来看：① 绿色 GDP 对居民消费的影响系数为 0.429 4，未能通过 10％水平下的显著性检验。居民消费者只承担污染处理的边际个人支出，边际外部支出转嫁给社会或他人承担，如生活垃圾无害化处理费用是由政府承担的[10]，而绿色 GDP 是现行 GDP 扣除环境资源等损失后得到的，这种统计口径上的不同很可能是该系数未能通过显著性检验的原因。② 上期居民消费支出对当期居民消费的影响系数为 0.569 7，表明相对于经济增长对居民消费的贡献，居民消费支出更主要是依靠消费者的消费习惯来推动的；居民消费支出自适应预期的调整系数为 0.430 7，代表居民消费由短期向长期的调整幅度。因此提高居民的生活质量，稳定居民的消费预期，养成理性消费的习惯是促进居民消费需求持续快速增长的有效措施。

表 6-12 消费方程的估计结果

变量	EI	EIW	EIG	EIS
	C_t	C_t	C_t	C_t
Y_t	0.429 4	0.389 3	0.441 2	0.430 7
	(1.38)	(1.24)	(1.43)	(1.47)
C_{t-1}	0.569 7	0.609 9	0.557 9	0.568 5
	(1.84)*	(1.94)*	(1.80)	(1.95)*
$Adj-R^2$	0.997 7	0.997 7	0.997 7	0.997 7
DW	0.947 0	0.992 0	0.937 0	0.949 1

注:括号内为估计参数对应的 t 统计量,***,**,*分别代表在1%,5%,10%的显著水平下通过显著性检验

(2)投资方程的结果分析

表 6-13 的投资方程估计结果显示:① 由 t 统计量可知,投资方程的系数在 1%的水平下都通过了参数的显著性检验,模型的 $Adj-R^2$ 值也比较大,表明投资方程的拟合优度很高。② 经济增长对投资的短期影响系数分别为:0.479 4,0.477 8,0.482 3 和 0.490 4,说明投资随着经济增长的提高而有所增加。经济增长参数估计值 0.490 4 表明绿色 GDP 每提高 1 元,短期内会带来投资增加 0.490 4 元。经济增长对投资的长期影响乘数分别为 1.000 9,1.000 9,1.000 9 和 1.001 1,说明从长期来看,EIS 情形下经济增长对投资的影响更为显著,绿色 GDP 每增加 1 元,最终会带来投资提高 1.001 1 元。③ 四种污染治理情形下投资行为的调整系数也存在差异,但前期投资对当期投资的影响程度都高于经济增长,且在 EIW 情形下投资行为的持续性明显大于经济增长对投资的推动作用。

表 6-13　投资方程的估计结果

变量	EI	EIW	EIG	EIS
	I_t	I_t	I_t	I_t
Y_t	0.479 4 (3.29)***	0.477 8 (3.28)***	0.482 3 (3.32)***	0.490 4 (3.38)***
I_t-1	0.521 1 (3.57)***	0.522 6 (3.58)***	0.518 2 (3.57)***	0.510 1 (3.52)***
$Adj-R^2$	0.997 4	0.997 4	0.997 4	0.997 4
DW	2.267 4	2.267 7	2.255 1	2.223 3

注:括号内为估计参数对应的 t 统计量,***,**,*分别代表在 1%, 5%,10%的显著水平下通过显著性检验

（3）资源消耗方程的结果分析

表 6-14 的资源消耗方程的估计结果表明:① 从 Y_t 及其 Y_t^2 参数估计显示,四种环境污染投资情形下我国资源消耗与经济增长之间呈显著"倒 U 形"的曲线关系,但治理废水环境污染投资（EIW）情形未通过 10%水平下的显著性检验。② 能源加工转换效率对资源消耗的贡献系数为 0.225 7,而产业结构的贡献系数为－0.340 6,可见近十几年来我国资源消耗降低主要是依靠产业结构的转型升级,提高能源利用效率并没有起到节约能源的作用,但这一结果并不显著。③ 除 EIW 情形外,其他三种污染投资情形的产业结构对资源消耗的负相关关系都通过 5%水平下的显著性检验,影响系数分别为－0.340 6,－0.351 2 和－0.339 3,这反映了在 EIG 情形下第三产业比重的增加对资源消耗的抑制作用最强。

表 6-14　资源消耗方程的估计结果

变量	$\dfrac{EI}{EG_t}$	$\dfrac{EIW}{EG_t}$	$\dfrac{EIG}{EG_t}$	$\dfrac{EIS}{EG_t}$	$\dfrac{EI}{EG_t}$
Y_t	1.890 2 (3.07)**	1.793 3 (1.85)	1.933 2 (3.16)**	1.884 3 (3.27)**	0.099 3 (3.07)**
Y_t^2	−0.860 6 (−1.99)*	−0.888 0 (−1.90)*	−0.854 9 (−1.99)*	−0.860 3 (−1.98)*	−1.22E−07 (−1.99)*
EF_t	0.225 7 (1.00)	0.339 9 (0.46)	0.182 7 (0.83)	0.230 7 (1.25)	636.566 4 (1.00)
IS_t	−0.340 6 (−2.57)**	−0.318 7 (−1.41)	−0.351 2 (−2.67)**	−0.339 3 (−2.73)**	−623.838 6 (−2.57)**
$Adj-R^2$	0.965 7	0.961 0	0.966 1	0.965 7	0.965 7
DW	2.825 7	2.391 7	2.929 1	2.81	2.825 7

　　注:括号内为估计参数对应的 t 统计量,***,**,* 分别代表在 1%,5%,10% 的显著水平下通过显著性检验。

　　(4) 经过环境资源修正的产出水平的简化式模型分析

　　模型的目的在于研究资源与环境双重约束下我国消费和投资与经济增长的作用和影响,因此估计得到经过环境资源修正的产出水平的简化式模型,见表 6-15。

　　简化式模型的参数表述的是先决变量对内生变量的直接影响和间接影响的总和。在整体工业污染治理投资水平下,简化式方程可知,前期居民消费每增加 1 元,当期产出增加 0.998 1 元;前期投资每增加 1 元,当前产出增加 0.398 9 元;净出口每增加 1 元,当期产出增加 0.065 4 元。以上实证分析结果显示,投资对经济增长的促进作用比净出口更强一些,同时相对于投资对经济增长的拉动作用,居民消费对经济增长的贡献更为明显。另外,在 EIW 情形下(通过 5% 的显著性检验)消费对经济的推动作用较投资的作用高出将近两倍。

表 6-15 经过环境资源修正的产出水平的简化式模型估计结果

变量	EI Y_t	EIW Y_t	EIG Y_t	EIS Y_t
C_{t-1}	0.998 1 (2.98)**	0.999 3 (2.95)**	0.987 4 (3.05)**	0.995 9 (3.03)**
I_{t-1}	0.398 9 (2.05)*	0.379 0 (2.44)**	0.431 0 (2.13)*	0.322 5 (1.47)
G_t	−0.302 0 (−0.82)	−0.285 8 (−0.82)	−0.317 8 (−0.90)	−0.249 7 (−0.72)
NX_t	0.065 4 (2.12)*	0.064 3 (1.99)*	0.064 4 (2.11)*	0.060 1 (1.66)
EG_t	−0.142 5 (−1.43)	−0.136 9 (−1.53)	−0.152 3 (−1.58)	−0.115 2 (−1.20)
EI	−0.004 9 (0.20)			
EIW		0.004 2 (0.19)		
EIG			0.011 6 (0.42)	
EIS				−0.007 5 (−0.31)
$Adj-R^2$	0.997 7	0.997 7	0.997 8	0.997 8
DW	2.943 4	2.921 9	2.954 0	2.857 9

注:括号内为估计参数对应的 t 统计量,***,**,* 分别代表在 1%,5%,10%的显著水平下通过显著性检验

6.1.3.5 结论及政策启示

通过以上的实证分析结果,得到资源环境双重约束下的我国消费、投资与经济增长之间的相互推动的关系,主要的结论及启示如下:

(1)我国的经济增长与资源消耗之间存在着倒"U"形的非线性曲线关系。在其他条件不变的情况下,资源消耗价值先随着绿

色 GDP 的增长而增长,但当绿色 GDP 增长达到 81.4 万亿元(通过计算得到)后将随其增长而减少;而且在达到临界点之前,资源消耗价值随绿色 GDP 的增长逐渐下降。从 2010 年的情况来看,我国绿色 GDP 总量尚未达到这一转折点,所以资源消耗将随着经济增加而增加。

(2) 消费、投资及净出口增长对我国经济增长的拉动效应不同,其中居民消费增长对经济增长的影响系数最大,投资增长对经济增长的影响系数较大,净出口增长对经济增长的影响系数最小,但它的影响也是显著的。从我国居民消费和投资的增长率看,1998—2010 年投资年均增长率比居民消费高出 5% 左右,分别为 13.86% 和 8.89%,因而转变我国经济发展方式,改变我国过去的"低消费、高投资、高出口"的经济增长模式,坚持扩大国内需求特别是消费需求的方针,优化内需结构,促进消费、投资和净出口协调拉动经济增长。同时经济增长对居民消费和投资都产生正向影响,但这种影响相对于前期居民消费和前期投资的影响来说要小一些(这与 2009 年李占风和袁知英进行的实证分析得出的结论是一致的)。

(3) 产业结构升级对资源消耗的抑制作用较强,其系数都达到 −0.33,故产业结构的进一步提升对我国经济的可持续发展是非常有利的。因此应当加快转变高环境污染型和高能耗型等行业,研究和开发低能耗技术,提高能源利用效率,发展环境负荷小的高新技术产业,同时大力发展服务业等第三产业,从而降低经济增长对环境资源的依赖程度,实现经济的可持续发展。

6.2 我国经济发展方式转变的产业结构转变分析

产业结构反映了国民经济中各产业部门间的比例构成和它们之间的相互关系,是一个地区或者国家的人力资源、资金、自然资源和物质资料在国民经济各部门之间的资源配置状况和它们之间相互关系的反映。改革开放以来,在我国经济增长过程中,由于技术进步和产业政策的调整,产业结构处于不断的转变过程中。产业结构高度化、就业结构高度化是经济发展方式转变的重要体现,也是资源与环境约束下必然的发展趋势。第三产业的主导地位日益明显,新能源产业正在成为撬动能源结构调整乃至整个经济结构调整的重要支点,而高耗能、高污染的工业产业则面临转型甚至淘汰,资源环境的约束正在影响着产业结构转变。

6.2.1　产业结构转变及特点

6.2.1.1　产业结构转变

表 6-16 显示,第一产业产值在国内生产总值的比重逐渐下降,从 1978 年的 28.19% 下降到 2013 年的 10.0%,第二产业产值在国内生产总值的比重始终在 47% 左右波动,有下降趋势,第三产业产值在国内生产总值的比重稳步上升,从 1978 年的 23.94% 增加到 2013 年的 46.1%。

表 6-16　1978—2011 年我国三次产业产值构成　　　　%

年份	国内生产产值构成		
	第一产业	第二产业	第三产业
1978	28.19	47.88	23.94
1980	30.17	48.22	21.60
1985	28.44	42.89	28.67
1990	27.12	41.34	31.55
1995	19.86	47.18	32.86
2000	15.06	45.92	39.02
2001	14.39	45.05	40.46
2002	13.74	44.79	41.47
2003	12.80	45.97	41.23
2004	13.39	46.23	40.38
2005	12.12	47.37	40.51

年份	国内生产产值构成		
	第一产业	第二产业	第三产业
2006	11.11	47.96	40.94
2007	10.77	47.34	41.89
2008	10.73	47.55	41.82
2009	10.33	46.34	43.43
2010	10.10	46.75	43.14
2011	10.04	46.61	43.35
2012	10.1	45.3	44.6
2013	10.0	43.9	46.1

资料来源:根据《中国统计年鉴(2014)》数据整理

　　我国三次产业结构的演变基本符合世界范围内产业结构演变的规律,根据这一规律,产业结构的转变分为三个阶段:第一个阶段是第一产业向第二产业转变的过程;第二个阶段是第一产业比重下降,第二产业比例基本保持不变,而第三产业开始上升;第三个阶段是第一产业比重继续下降,第二产业比重也逐步下降,而第三产业比重上升到一个较高水平。综合前面的分析,可以看出我国已经完成产业结构转变的第一个阶段,目前正处于产业结构转变的第二个阶段。

　　从图6-3可以看出从1978到2013年,我国产业结构经历了一次重大转移,在1978—1985年,三次产业产值在国内生产总值中所占比重排名顺序依次是第二产业、第一产业和第三产业。1985年,我国第三产业产值在国内生产总值中的比重首次超过第一产业,三次产业产值在国内生产总值中所占比重的排名顺序改变为第二产业、第三产业和第一产业。这表明我国三次产业结构位次实现了从"二、一、三"向"二、三、一"的转变。第三产业比重超过第二产业,标志着中国经济正式迈入"服务化"时代,意味着中国经济加快由工业主导向服务业主导转变,服务业主导趋势日益明显。

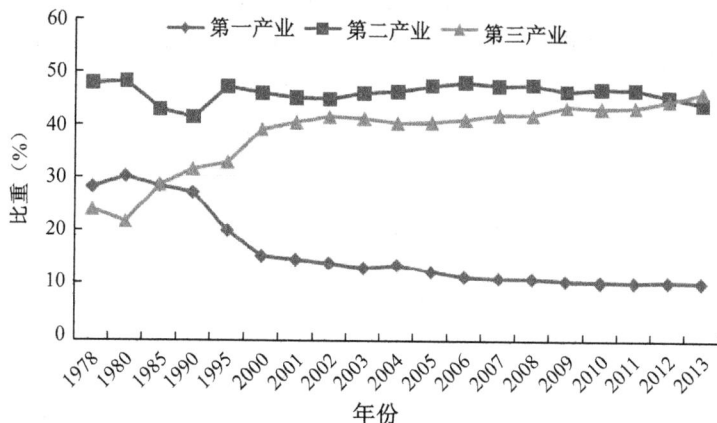

图 6-3　1978—2013 年我国三次产业产值结构比重变化

6.2.1.2　就业结构转变

改革开放以来,我国三次产业中就业人数和就业人数在三次产业中的比重都发生了较大的变化。从表 6-17 可以看出,我国在改革开放以来的 30 多年间,第一产业就业比重大幅度下降,从 1978 年的 70.5% 下降到 2013 年的 31.4%,下降了 39.1%,第二产业和第三产业就业比重稳步上升,第二产业的就业比重从 1978 年的 17.3% 上升到 2013 年的 30.1%,提高 12.8 个百分点。第三产业的就业比重从 1978 年的 12.2% 上升到 2013 年的 38.5%,增加 26.3%。

配第·克拉克定理或者库兹涅茨的经验法则,以及西方国家经济结构变化的历史证据,都充分表明产业结构和就业结构的转变方向大体是一致的,但是我国经济增长的结构转变和就业结构转变是不同步的,两者之间存在较为明显的结构偏离特征。第一产业产值在国内生产总值中的比重逐年下降,2013 年第一产业产值在国内生产总值的比重仅为 10.0%,但是第一产业就业比重仍然达到 31.4%,第一产业就业比重偏高。第二产业产值在国内生产总值中的比重保持在 47% 水平,第二产业就业比重虽然稳步增加,但是近年来仅保持在 28% 左右的水平,第二产业吸收劳动力的能力偏低。在三次产业中只有第三产业产值在国内生产总值比重和就业比重的变化趋势大体同步。

表 6-17 1978—2013 年我国三次产业就业人数及构成

年份	实际人数(万人)				比重构成(%)		
	就业人数	第一产业	第二产业	第三产业	第一产业	第二产业	第三产业
1978	40 152.0	28 318.0	6 945.0	4 890.0	70.5	17.3	12.2
1980	42 361.0	29 122.0	7 707.0	5 532.0	68.7	18.2	13.1
1985	49 873.0	31 130.0	10 384.0	8 359.0	62.4	20.8	16.8
1990	64 749.0	38 914.0	13 856.0	11 979.0	60.1	21.4	18.5
1995	68 065.0	35 530.0	15 655.0	16 880.0	52.2	23.0	24.8
2000	72 085.0	36 042.5	16 219.1	19 823.4	50.0	22.5	27.5
2001	72 797.0	36 398.5	16 233.7	20 164.8	50.0	22.3	27.7
2002	73 280.0	36 640.0	15 681.9	20 958.1	50.0	21.4	28.6
2003	73 736.0	36 204.4	15 927.0	21 604.6	49.1	21.6	29.3
2004	74 264.0	34 829.8	16 709.4	22 724.8	46.9	22.5	30.6
2005	74 647.0	33 441.9	17 766.0	23 439.0	44.8	23.8	31.4
2006	74 978.0	31 940.6	18 894.5	24 142.9	42.6	25.2	32.2
2007	75 321.0	30 731.0	20 186.0	24 404.0	40.8	26.8	32.4
2008	75 564.0	29 923.3	20 553.4	25 087.2	39.6	27.2	33.2
2009	75 828.0	28 890.5	21 080.2	25 857.3	38.1	27.8	34.1
2010	76 105.0	27 930.5	21 842.1	26 332.3	36.7	28.7	34.6
2011	76 420.0	26 594.0	22 544.0	27 282.0	34.8	29.5	35.7
2012	76 704.0	25 773.0	23 241.0	27 690.0	33.6	30.3	36.1
2013	76 977.0	24 171.0	23 170.0	29 636.0	31.4	30.1	38.5

资料来源:根据《中国统计年鉴(2014)》数据整理

我国第三产业就业比重不断提高,但与日本、美国、中国香港等国家或地区相比还存在很大的差距,2008 年日本第三产业就业比重达到 67.3%,美国第三产业就业比重高达 78.6%,2009 年中国香港第三产业就业比重更是达到 87.4％。尽管如此,第三产业仍是我国吸收劳动力就业的主要产业之一。

6.2.1.3 劳动生产率转变

改革开放以来,我国整体经济效率不断提高。表 6-18 和图 6-4 显示了国内生产总值在不变价格情况下 1978—2013 年我国劳动生产率的转变趋势。我国全员劳动生产率、第一产业、第二产业和第三产业劳动生产率持续上升。和 1978 年相比,2013 年全员劳动生产率增加 11 444.92 元/人,增长 12.6 倍;第一产业劳动生产率增加 1 655.92 元/人,增长 4.6 倍;第二产业劳动生产率增加 28 408.95 元/人,增长 11.3 倍;第三产业劳动生产率增加 8 645.19元/人,增长 4.8 倍。

表 6-18 1978—2013 年我国就业人员劳动生产率

元/人

年份	劳动生产率	第一产业	第二产业	第三产业
1978	907.85	362.86	2 512.89	1 784.22
1980	998.26	368.93	2 782.53	1 803.14
1985	1 409.84	512.83	3 326.85	2 417.90
1990	1 585.96	503.46	3 830.45	2 637.62
1995	2 689.97	675.94	7 555.29	3 136.81
2000	3 842.92	789.70	11 640.15	4 208.01
2001	4 121.18	803.87	12 611.41	4 561.09
2002	4 465.84	821.73	14 338.39	4 846.70
2003	4 883.17	852.41	15 906.73	5 148.46
2004	5 337.42	941.87	16 846.77	5 386.90
2005	5 910.61	1 032.27	17 759.27	5 861.44
2006	6 630.47	1 134.83	18 934.70	6 495.15
2007	7 535.03	1 223.66	20 392.97	7 452.74
2008	8 234.44	1 324.28	22 006.74	8 003.97

年份	劳动生产率	第一产业	第二产业	第三产业
2009	8 961.86	1 429.00	23 589.67	8 508.27
2010	9 862.08	1 541.25	25 555.80	9 169.55
2011	10 734.81	1 687.51	27 306.65	9 683.69
2012	11 513.51	1 820.48	28 584.56	10 309.64
2013	12 352.77	2 018.78	30 921.84	10 429.41

资料来源:根据《中国统计年鉴(2014)》数据整理

图 6-4 显示 1978—2013 年期间,第二产业劳动生产率始终高于第一产业、第三产业生产率和全员劳动生产率,第三产业劳动生产率、全员劳动生产率高于第一产业劳动生产率。与此同时,第二产业劳动生产率和其他三个劳动生产率之间的差距呈现扩大趋势。

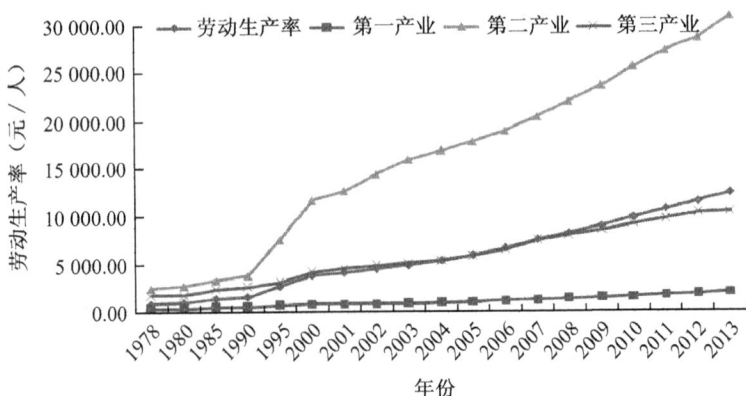

图 6-4 1978—2013 年我国三次产业劳动生产率的变化趋势

6.2.1.4 产业结构内部转变及特点

(1)第一产业内部转变及特点

改革开放以来,我国农业产值结构的总体转变趋势是农业比重下降,林业比重变化不大,畜牧业和渔业比重上升。

表 6-19　　1978—2011 年我国第一产业内部各产业产值构成

年份	第一产业	农业	林业	畜牧业	渔业	农林牧渔服务业
1978	100	79.99	3.44	14.98	1.58	—
1980	100	75.63	4.23	18.42	1.71	—
1985	100	69.25	5.21	22.06	3.48	—
1990	100	64.66	4.31	25.67	5.36	—
1995	100	58.43	3.49	29.72	8.36	—
2000	100	55.68	3.76	29.67	10.89	—
2001	100	55.24	3.59	30.42	10.75	—
2002	100	54.51	3.77	30.87	10.85	—
2003	100	50.08	4.18	32.13	10.57	3.05
2004	100	50.05	3.66	33.59	9.95	2.74
2005	100	49.72	3.61	33.74	10.18	2.75
2006	100	52.74	3.95	29.61	9.73	3.98
2007	100	50.43	3.81	32.98	9.12	3.66
2008	100	48.35	3.71	35.49	8.97	3.48
2009	100	50.99	3.63	32.25	9.32	3.80
2010	100	53.29	3.74	30.04	9.26	3.66
2011	100	51.64	3.84	31.70	9.31	3.51
2012	100	52.48	3.85	30.40	9.73	3.54
2013	100	53.09	4.02	29.32	9.93	3.64

注:"—"表示年鉴中缺失,未提供

资料来源:根据《中国统计年鉴(2014)》数据整理

　　表 6-19 显示,我国第一产业内部的种植业产值在第一产业产值中的比重虽然呈现下降趋势,从 1979 年的 79.99% 下降到 2013 年的 53.09%,降低 26.9%,但是种植业的比重仍相当于渔业、牧业和林业的总和。林业在第一产业产值中的比重变化不大。畜牧业在第一产业产值中比重呈现波动变化的趋势,1978—2005 年基本处于上升趋势,从 1978 年的 14.98% 上升到 2005 年

的 33.74%,2006 年畜牧业的比重跌落到第一个波谷,2007 开始有所回升,2009 年畜牧业的比重又进一步下滑,但在 1985—2013 年保持在 30% 左右。渔业产值在第一产业产值中的比重呈上升趋势,从 1978 年的 1.58% 增加到 2013 年的 9.93%,增长 8.35%。2003 年农林牧渔服务业开始纳入统计口径,其占第一产业产值的比重波动明显,由 2003 年的 3.05% 上升到 2013 年的 3.64%。畜牧业和渔业在第一产业内部比重的上升是和居民收入的提高密切相关的,居民生活水平的不断提高,对于肉类产品和鱼类产品的需求不断扩大,进而促进了畜牧业和渔业的发展。

(2) 第二产业内部结构转变及特点

第二产业的增长对我国经济增长起到了非常重要的支撑作用,在第二产业的迅速增长过程中,其内部结构也发生了相应的转变。我国第二产业总产值从 1978 年的 1 745.2 亿元增加到 2011 年的 220 412.8 亿元,年平均增长速度达到 15.79%。

根据轻重工业比例关系的变化,我国工业结构的演变大约经历了三个阶段,第一个阶段为 1978 年至 20 世纪 80 年代中期,为了解决轻、重工业结构失衡的问题,轻工业尤其是轻纺工业得到了优先扶持发展,轻重工业之间的比例关系得到改善;第二个阶段是 20 世纪 80 年代中后期到 20 世纪 90 年代中后期,我国轻、重工业保持平衡发展的趋势,轻工业和重工业所占比重非常接近;第三个阶段从 21 世纪初期开始,我国工业结构中又呈现较为明显的重工业化趋势,从 2000 年开始,在规模以上工业企业工业总产值中重工业产值的比重逐渐上升,从 2000 年 60.20% 增加到 2011 年的 71.85%,轻工业的比重逐渐下降,由 2000 年的 39.80% 降低到 2011 年的 28.15%,如图 6-5 所示。2012 年开始工业产值统计数据缺失。

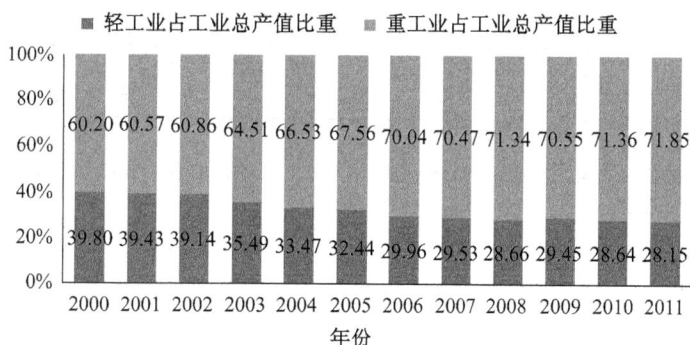

■ 轻工业占工业总产值比重 ■ 重工业占工业总产值比重

图 6-5　2000—2011 年我国轻、重工业在工业总产值中的比重变化

工业作为第二产业的主体,其每年的增加值占据第二产业
85%以上,是我国实体经济的重要组成部分。其中计算机、通信和
其他电子设备制造业、黑色金属冶炼和压延加工业和电力、热力生
产和供应业这前三大产业的占比逐年下降,纺织业及石油加工、炼
焦和核燃料加工业也表现出同样的变化趋势。而农副食品加工
业、化学原料和化学制品制造业、有色金属冶炼和压延加工业等产
业的比重有所增加。化学原料和化学制品制造业、非金属矿物制
品业、黑色金属冶炼和压延加工业、有色金属冶炼和压延加工业、
石油加工炼焦和核燃料加工业、电力热力生产和供应业这六大高
耗能行业的占比没有较大变化,比重达 1/3。总体而言,工业内部
产业的发展逐渐稳定,产业间的差距正在缩小,但是工业产业有耗
能高、污染重的特点,是我国产业转型升级的主体,从表 6-20 的数
据来看,工业行业在节能减排方面依然面临很大压力。

表 6-20　2004—2013 年工业内部主要产业构成　　　　%

行业	2004年	2005年	2006年	2007年	2008年	2009年	2010年	2011年	2012年	2013年
农副食品加工业	4.09	4.17	4.05	4.29	4.71	5.09	4.97	5.21	5.61	5.78
纺织业	5.04	4.98	4.77	4.54	4.15	4.14	4.03	3.84	3.47	3.51

行业	2004年	2005年	2006年	2007年	2008年	2009年	2010年	2011年	2012年	2013年
石油加工、炼焦和核燃料加工业	4.52	4.84	4.80	4.49	4.53	3.92	4.20	4.43	4.24	3.95
化学原料和化学制品制造业	6.38	6.50	6.48	6.63	6.67	6.69	6.80	7.14	7.29	7.42
非金属矿物制品业	3.58	3.56	3.62	3.75	4.07	4.44	4.48	4.67	4.73	4.98
黑色金属冶炼和压延加工业	8.60	8.69	8.22	8.74	9.13	8.09	7.81	7.83	7.7	7.42
有色金属冶炼和压延加工业	2.98	3.16	4.10	4.48	4.13	3.87	4.18	4.38	4.44	4.52
通用设备制造业	4.07	4.10	4.25	4.46	4.77	4.91	4.93	4.77	4.09	4.16
电气机械和器材制造业	5.47	5.38	5.63	5.81	5.87	5.97	6.04	5.96	5.87	5.93
计算机、通信和其他电子设备制造业	11.34	10.80	10.54	9.76	8.64	8.15	7.91	7.54	7.58	7.50
电力、热力生产和供应业	7.68	7.48	7.09	6.56	6.05	6.23	5.81	5.59	5.67	5.33
六大高耗能行业	33.74	34.23	34.31	34.65	34.58	33.24	33.28	34.04	34.08	33.62

资料来源：根据《中国统计年鉴(2005—2014)》数据整理，计算各行业的主营业务收入占比得出

（3）第三产业内部产业结构转变及特点

我国第三产业自改革开放以来有了长足的发展，第三产业产值从 1978 年的 872.5 亿元增加到 2013 年的 262 203.8 元，年平

均增长速度达到 17.71%,超过第二产业年平均增长速度 2.5 个百分点。

第三产业内部行业的分类标准在 2004 年发生了变化,2004年以前,第三产业由农、林、牧、渔服务业,地质勘查业水利管理业,交通运输、仓储及邮电通信业,批发和零售贸易餐饮业,金融、保险业,房地产业,社会服务业,卫生体育和社会福利业,教育、文化艺术及广播电影电视业,科学研究和综合技术服务业,国家机关、政党机关和社会团体及其他行业共 12 个行业。1997—2003年,我国第三产业主要集中在餐饮业、居民服务、交通运输和邮电等传统产业,表 6-21 显示,我国几个较大的服务行业中,运输邮电业呈现先下降、后上升、再下降的变化趋势;批发和零售贸易餐饮业在第三产业的比重虽然有所下降,从 1997 年的 22.96% 降低到 2003 年的 20.16%,但是它在第三产业产值中的比重仍旧最大;金融、保险业的下降幅度也较大,从 1997 年的 16.90% 降低到2003 年的14.11%,下降了 2.79%;房地产业呈现小幅上升趋势,从 1997 年的 4.69% 增加到 2003 年的 5.19%。

表 6-21 **1997—2003 年第三产业内部产业产值构成(按照旧的行业标准分类)**

%

行业	1997 年	1998 年	1999 年	2000 年	2001 年	2002 年	2003 年
农、林、牧、渔服务业	0.66	0.68	0.70	0.65	0.68	0.70	0.68
地质勘查业水利管理业	1.13	1.03	1.00	0.93	0.88	0.84	0.76
交通运输、仓储及邮电通信业	14.15	14.07	14.16	15.32	15.26	15.11	14.50
交通运输和仓储业	10.03	9.85	9.71	9.67	9.20	8.72	7.49
邮电通信业	4.13	4.22	4.45	5.65	6.06	6.39	7.01
批发和零售贸易餐饮业	22.96	22.46	21.94	20.72	20.24	19.95	20.16
金融、保险业	16.90	15.95	15.39	14.77	14.28	14.00	14.11
房地产业	4.69	4.96	4.85	4.79	4.82	4.94	5.19

行业	1997年	1998年	1999年	2000年	2001年	2002年	2003年
社会服务业	8.12	9.04	9.19	9.20	9.86	10.28	10.65
卫生体育和社会福利业	2.30	2.35	2.36	2.34	2.52	2.51	2.53
教育、文化艺术及广播电影电视业	5.86	6.23	6.66	6.77	7.08	7.27	7.45
科学研究和综合技术服务业	1.62	1.61	1.77	1.77	1.80	1.89	1.93
国家机关、政党机关和社会团体	6.58	6.72	6.99	6.65	6.61	6.69	6.85
其他行业	0.87	0.84	0.83	0.78	0.74	0.71	0.70

资料来源:根据《中国统计年鉴(2004)》数据整理

2004 年以后根据新的行业分类标准,第三产业由交通运输、仓储和邮政业,信息传输、计算机服务和软件业等 14 个行业构成。表 6-22 显示,2004—2013 年,交通运输、仓储和邮政业、信息传输、计算机服务和软件业、住宿和餐饮业等传统行业在第三产业中的比重近年来呈下降趋势;金融业、房地产业和科学研究、技术服务和地质勘查业等新兴行业在第三产业中的比重有所上升,金融业在第三产业中比重上升幅度最大,增加了 4.45%。

表 6-22   2004—2013 年第三产业内部产业产值构成(按照新的行业标准分类)

%

行业	2004年	2005年	2006年	2007年	2008年	2009年	2010年	2011年	2012年	2013年
交通运输、仓储和邮政业	14.41	14.76	13.76	13.11	12.46	11.30	11.02	10.93	10.63	10.4
信息传输、计算机服务和软件业	6.56	6.49	6.42	6.02	5.98	5.51	5.12	4.77	4.73	—
批发和零售业	19.29	18.43	18.67	18.80	19.93	19.58	20.59	21.17	21.30	21.2
住宿和餐饮业	5.68	5.71	5.41	4.98	5.04	4.81	4.65	4.47	4.51	4.4

续表

行业	2004年	2005年	2006年	2007年	2008年	2009年	2010年	2011年	2012年	2013年
金融业	8.35	8.59	9.15	11.08	11.32	12.00	12.09	12.16	12.38	12.8
房地产业	11.11	11.23	11.71	12.40	11.22	12.60	13.12	13.05	12.66	12.7
租赁和商务服务业	4.07	3.97	4.28	4.22	4.27	4.18	4.48	4.58	4.67	—
科学研究、技术服务和地质勘查业	2.73	2.79	3.03	3.09	3.04	3.19	3.25	3.39	3.55	—
水利、环境和公共设施管理业	1.19	1.16	1.07	1.00	0.96	1.00	1.01	0.99	1.04	—
居民服务和其他服务业	3.84	4.26	4.00	3.59	3.52	3.56	3.51	3.55	3.47	—
教育	7.58	7.70	7.24	6.91	6.77	7.08	6.94	7.03	7.02	—
卫生、社会保障和社会福利业	4.06	4.00	3.76	3.60	3.52	3.43	3.45	3.65	3.88	—
文化、体育和娱乐业	1.62	1.62	1.54	1.46	1.46	1.51	1.44	1.47	1.49	—
公共管理和社会组织	9.51	9.30	9.98	9.73	10.49	10.24	9.34	8.77	8.67	—

注:"—"表示年鉴中缺失,未提供

资料来源:根据《中国统计年鉴(2005—2014)》数据整理

6.2.1.5 产业内部的能源消费情况

如表 6-23 的数据所示,在三次产业中第二产业带来的能源消耗是最大的,基本稳定在 70% 左右,工业中的很多传统产业都会产生高能耗,仅制造业的能源消费量就占到能源消费总量的一半以上。第一产业的能源消费量最小,而且所占比重逐年减少,这与第一产业在国内生产总值中的表现正好对应。前面的产业结构分析说明了第三产业已然成为新常态下中国经济增长的新动力。从结构转型来看,它是天然的绿色产业和"无烟工业",不仅资源消耗少、环境污染小,而且附加值较高。第三产业的能源消耗约占全部消耗的 1/4,其占国内生产总值的比重在 2013 年达到 46.1%,接近于 1/2。2014 年单位 GDP 的能耗下降 4.8%,与服务业的发展有莫大关系。因此第三产业的发展对节能降耗、转变经济发展方式有着重要意义,加快发展第三产业,提高其在三次产业结构中的比重,有利于缓解能源资源短缺的瓶颈制约,提高资源利用效率。

表 6-23　1995—2012 年我国三次产业能源消费情况　　%

年份	第一产业	第二产业			第三产业
		总计	工业	建筑业	
1995	4.20	74.35	73.33	1.02	21.45
2000	4.44	69.89	68.79	1.10	25.67
2001	4.62	69.53	68.45	1.08	25.85
2002	4.39	70.03	68.94	1.09	25.58
2003	3.86	71.02	69.98	1.04	25.12
2004	3.78	72.08	70.48	1.60	24.14
2005	3.57	72.31	70.78	1.53	24.12
2006	3.41	72.63	71.12	1.51	23.96
2007	3.10	73.12	71.60	1.52	23.78
2008	2.06	73.12	71.81	1.31	24.82
2009	2.04	72.97	71.48	1.49	24.99
2010	1.99	73.04	71.12	1.92	24.97
2011	1.94	72.51	70.82	1.69	25.55
2012	1.88	71.49	69.79	1.70	26.63

资料来源:根据《中国统计年鉴(2002—2014)》数据整理

表 6-24 给出了三大产业中主要行业的能源消费情况,黑色金属冶炼和压延加工业、化学原料和化学制品制造业等六大高耗能行业的能源消耗就达到了全部能耗的 1/2,而产值的贡献却不

到 1/3,这些基础的传统行业亟待转型升级。相比之下,农副食品加工业、纺织业、通用设备制造业、电气机械和器材制造业及计算机、通信和其他电子设备制造业等行业的能源消费较少,却能带来不小的产值。第三产业方面,交通运输、仓储和邮政业及批发、零售业和住宿、餐饮业是能源消费的主力,2012 年分别为 8.71% 和 2.36%,消耗量不多但都伴随着逐渐增长的趋势。生活消费的能源消耗是仅次于黑色金属冶炼和压延加工业,所占比重接近于 11%。

表 6-24 主要行业能源消费量占消费总量的比重情况   %

行业	2003年	2004年	2005年	2006年	2007年	2008年	2009年	2010年	2011年	2012年
煤炭开采和洗选业	3.16	3.12	3.10	2.76	2.70	3.21	3.33	3.25	3.32	3.41
农副食品加工业	0.91	0.90	0.91	0.88	0.88	0.94	0.91	0.81	0.77	0.76
纺织业	2.03	2.24	2.23	2.34	2.34	2.19	2.04	1.91	1.80	1.76
石油加工、炼焦和核燃料加工业	5.26	5.99	5.32	5.02	4.96	4.72	5.00	5.10	4.90	5.01
化学原料和化学制品制造业	10.01	10.01	10.07	10.06	10.26	9.94	9.44	9.14	9.97	10.23
非金属矿物制品业	7.40	8.90	8.44	8.10	7.66	8.74	8.77	8.52	8.62	8.13
黑色金属冶炼和压延加工业	14.08	14.62	16.12	17.38	17.99	17.79	18.39	17.71	16.92	16.50
有色金属冶炼和压延加工业	3.16	3.15	3.22	3.51	4.02	3.87	3.72	3.95	4.02	4.10
通用设备制造业	0.89	0.84	0.89	0.95	0.97	0.95	0.97	1.01	1.10	0.96

行业	2003年	2004年	2005年	2006年	2007年	2008年	2009年	2010年	2011年	2012年
电气机械和器材制造业	0.52	0.55	0.53	0.54	0.58	0.61	0.60	0.65	0.65	0.64
计算机、通信和其他电子设备制造业	0.61	0.63	0.66	0.71	0.76	0.75	0.72	0.78	0.75	0.74
电力、热力生产和供应业	7.77	7.17	7.08	7.07	6.96	6.41	6.38	6.95	7.00	6.58
交通运输、仓储和邮政业	7.45	7.43	7.47	7.55	7.77	7.86	7.73	8.02	8.20	8.71
批发、零售业和住宿、餐饮业	2.41	2.37	2.25	2.24	2.24	1.97	2.09	2.10	2.24	2.36
生活消费	11.27	10.47	10.48	10.31	10.09	10.94	11.04	10.64	10.75	10.97

资料来源:根据《中国统计年鉴(2002—2014)》数据整理

6.2.2 我国产业结构转变与经济增长关系分析

在分析产业结构转变和经济增长的诸多研究中,崔海燕、袁高鹏(2009),刘新同(2012),左其兴(2012)都选择三次产业的产值结构和劳动就业结构来刻画产业结构的转变,我们选择目前国内学者最常用的三次产业产值结构和就业结构作为产业结构转变的代表变量,在具体分析时使用产业结构的高级化率(X_1)即第三产业产值在 GDP 中的比重和就业结构的高级化率(X_2)即第三产业就业人数占就业总人数的比重来反映我国产业结构在国民经济的状况。经济增长使用 $GDP(Y)$ 来衡量。

由于数据的自然对数变换不改变原来变量之间的协整关系,并能使其趋势线性化,消除时间序列中存在异方差现象,所以分别对 $GDP(Y)$、第三产业产值在 GDP 的比重(X_1)和第三产业就业人数占就业总人数的比重(X_2)进行自然对数变换,分别用 $\ln Y$,$\ln X_1$ 和 $\ln X_2$ 来表示。使用的样本数据区间为 1980—2011 年。

6.2.2.1　单位根检验

为了分析产业结构转变和经济增长是否存在因果关系,可以使用 Granger 因果检验,在进行该检验之前首先要对 $\ln Y, \ln X_1$ 和 $\ln X_2$ 进行单位根检验,确定这三个时间序列变量是否平稳。使用 ADF 检验方法检验时间序列的平稳性,利用 Eveiws6.0 进行分析,得到表 6-25 所示的结果。

表 6-25　时间序列 $\ln Y, \ln X_1$ 和 $\ln X_2$ 的单位根检验

序列	ADF 检验值	检验形式(C,T,L)	临界值	结论
$\ln Y$	-1.5671	$(C,T,5)$	-4.3561^{**}	非平稳
$\ln X_1$	-2.3135	$(C,T,1)$	-4.2967^{**}	非平稳
$\ln X_2$	-0.4818	$(C,T,5)$	-4.3561^{**}	非平稳
$D(\ln Y)$	-3.4858	$(C,0,0)$	-2.9762^{*}	平稳
$D(\ln X_1)$	-3.7794	$(C,0,0)$	-3.6701^{**}	平稳
$D(\ln X_2)$	-4.4156	$(C,0,4)$	-3.7114^{**}	平稳

注:检验形式(C,T,L)分别表示 ADF 检验模型中的常数项、时间趋势和滞后阶数。

$**,*$ 分别表示 1% 和 5% 显著水平

表 6-25 显示,除了 $\ln Y$ 在 5% 的显著性水平下,其余各序列都在 1% 的显著水平下经一阶差分之后变成平稳序列,所以各序列是一阶单整序列。协整性的前提条件是非平稳序列必须是同阶单整序列。尽管 $\ln Y, \ln X_1$ 和 $\ln X_2$ 序列都是非平稳的,但它们都是一阶单整序列,因此可进一步检验产业结构转变和经济增长之间的协整关系。

6.2.2.2　协整检验

时间序列 $\ln Y, \ln X_1$ 和 $\ln X_2$ 都是非平稳的序列,但是它们的线性组合可能是稳定的,也就是它们之间存在长期的稳定关系,即协整关系。本节采用 Johansen 迹统计量方法,对三个变量进行协整检验(见表 6-26)。在 5% 显著性水平上,拒绝不存在协整

关系的原假设,而在 5% 显著水平上不能拒绝至多存在一个协整方程的原假设,因此三者存在唯一的协整关系。

表 6-26　Johansen 检验结果

协整方程个数	特征值	迹统计量	5%临界值	P 值
不存在协整方程*	0.747 074	60.819 16	42.915 25	0.000 3
至多一个协整方程	0.430 097	20.954 08	25.872 11	0.181 4
至多两个协整方程	0.148 083	4.647 704	12.517 98	0.647 5

注:* 代表显著地拒绝原假设

6.2.2.3　Granger 因果检验

协整检验结果证明:国内生产总值增加值和产业结构高度化、就业结构高度化之间存在长期稳定的均衡关系,但这种均衡关系是否构成因果关系,还需要进一步验证。综合 LR,FPE,AIC 与 SC 等信息量来确定 VAR 模型的滞后阶数 2 阶。通过 VAR(2) 模型进行 Granger 因果检验,结果见表 6-27。

表 6-27　$\ln Y$ 和 $\ln X_1$,$\ln X_2$ 的 Granger 检验结果

变量	原假设	Chi-sq 值	滞后长度	P 值	结论
$\ln Y$	$\ln X_1$ 不是 $\ln Y$ 的 Granger 原因	10.670 41	2	0.004 8	拒绝原假设
	$\ln X_2$ 不是 $\ln Y$ 的 Granger 原因	13.169 56	2	0.001 4	拒绝原假设
$\ln X_1$	$\ln Y$ 不是 $\ln X_1$ 的 Granger 原因	2.787 094	2	0.248 2	接受原假设
	$\ln X_1$ 不是 $\ln Y$ 的 Granger 原因	4.121 246	2	0.127 4	接受原假设
$\ln X_2$	$\ln Y$ 不是 $\ln X_2$ 的 Granger 原因	5.395 552	2	0.067 4	接受原假设
	$\ln X_2$ 不是 $\ln Y$ 的 Granger 原因	1.040 793	2	0.594 3	接受原假设

表 6-27 的结果显示,在 5% 的显著水平下,第三产业增加值占 GDP 的比重、第三产业就业人数占就业总人数的比重是 GDP 的单向 Granger 原因,换句话说,是我国产业结构和就业结构调整引起了经济增长,而不是经济增长引起了产业结构和就业结构调整。另外,第三产业就业比重的增加和第三产业产值比重的增加都不是引起对方的 Granger 原因。

6.2.2.4 脉冲响应函数

脉冲响应函数刻画的是在扰动项上加一个标准差大小的冲击对于内生变量当前值和未来值所带来的影响。本节通过估计 VAR 模型的脉冲响应函数确定产业结构与就业结构对经济增长冲击的时间轨迹,响应时间设定为 10 期,如图 6-6 所示。

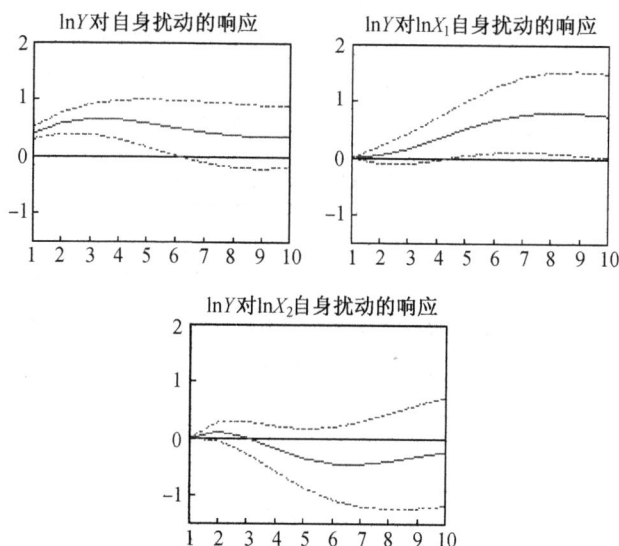

图 6-6 脉冲响应图

在图 6-6 中,横轴表示冲击作用的响应期数(单位为年),纵轴表示各变量的变化百分比。从图 6-6 可以看出,产业结构的冲击对 GDP 的增长具有持续显著的正向影响,在前 8 年,产业结构对 GDP 的冲击效应较为明显,呈现逐渐上升趋势。产业结构对 GDP 的冲击在第 8 年达到最大值 0.080 6,即第 8 年产业结构每增长 1 个单位,引致 GDP 增加 0.080 6 个单位。此后,GDP 对产值结构冲击大致趋于平稳。从图 6-6 可以看出,就业结构的冲击对 GDP 的增长在短期具有正的影响效应,在中长期具有负的影响效应。冲击反应逐步增强至第 2 年最大值 0.011 9。但第 3 年回落,第 4 年开始产生负效应,第 7 年就业结构对 GDP 的负效应达到最低值-0.045 1。

6.2.2.5 方差分解

方差分解是将系统的均方误差分解成各变量冲击所做的贡献。通过将一个变量冲击的均方误差分解成系统中各变量的随机冲击所做的贡献,然后计算出每一个变量冲击的相对重要性,即变量冲击的贡献占总贡献的比。为加强产业结构变迁与经济增长作用关系的认识,本节进一步利用方差分解考察产业结构变迁对经济增长的效应,取滞后期为 10,如表 6-28 所示。

表 6-28　$\ln Y$ 的方差分解结果

预测期	$S.E.$	$\ln Y$	$\ln X_1$	$\ln X_2$
1	0.039 7	100.000 0	0.000 0	0.000 0
2	0.071 2	96.713 1	0.472 8	2.814 1
3	0.097 8	95.437 7	3.061 4	1.500 9
4	0.123 1	87.387 8	9.406 3	3.205 9
5	0.150 0	73.910 2	18.430 1	7.659 7
6	0.177 5	60.719 7	27.611 4	11.668 8
7	0.203 2	50.708 1	35.471 5	13.820 4
8	0.225 3	43.966 3	41.671 0	14.362 7
9	0.243 4	39.689 5	46.326 7	13.983 9
10	0.257 8	37.083 4	49.673 0	13.243 6

从表 6-28 可以看出,GDP 自身、产业结构和就业结构的冲击对 GDP 均有较大影响。在前几期,GDP 受自身的冲击影响占主导地位,但随着时间的推移逐渐减弱,在第 10 年递减到了 37.08%。产业结构和就业结构对 GDP 的冲击均是逐渐递增的,在第 10 年分别达到了 49.67% 和 13.24%。这个结果表明:产业结构与就业结构对经济增长的影响需要通过较长的时间才能表现出来。

6.2.2.6　我国产业结构转变和资源环境约束下经济增长关系分析的结论

通过对我国产业结构、就业结构转变和经济增长关系的实证分析,可以得到下面的几点结论:

(1) 产业结构、就业结构和经济增长之间存在长期稳定的协整关系

我国经济增长、产业结构高度化和就业结构高度化都是非平稳的,但是通过检验发现三者之间存在长期的平衡变动关系,通过调整、优化产业结构和就业结构可以促进我国经济快速、平稳和高质量地增长。

(2) 产业结构高度化、就业结构高度化对经济增长具有显著的影响

实证分析表明,第三产业产值比重变动、第三产业就业比重变动和经济增长呈现的正向变动,进一步表明我国第三产业劳动生产率高于其他产业。改革开放以来,我国三次产业在产出结构、就业结构和劳动生产率等方面虽然发生了较大的变化,但是和发达国家相比,产业结构仍旧存在很多不合理的地方,因此优化产业结构和就业结构对促进我国经济增长具有非常大的潜力。

(3) 经济增长对产业结构高度化、就业结构高度化的影响不显著

我国消费结构、投资结构和需求结构随着经济增长发生了很

大的变化,经济发展中的主要矛盾已经从总量矛盾转化为结构矛盾,实证分析表明经济增长并不是导致我国产业结构和就业结构调整的原因,其主要原因在于,目前产业结构和就业结构的变动主要是政府产业政策调整的结果,而政府主导的产业结构变动、就业结构变动和实际的经济增长的需求往往是不一致的,有时会导致产业结构变动的失衡,因此政府在制定产业政策的同时要考虑到市场体系的建设,通过市场来调整和配置各产业部门之间的资源,能够让产业结构根据经济发展的需要做出及时调整。

6.3 我国经济发展方式转变的要素投入结构转变分析

国民经济的发展需要各种要素投入,从经济学的角度来看,经济发展的要素主要由固定资产投资、劳动力和科技要素构成,所谓的要素投入结构也就是某一时点这三个要素在国民经济中所占的相对份额。要素投入结构决定了国民经济发展的经济结构和经济发展方式,要素投入结构的转变从主要依靠增加物质资源消耗向依靠提高劳动者素质和科技进步转变。

6.3.1 要素投入结构转变及特点

6.3.1.1 固定资产投资的转变

改革开放以来,随着我国经济社会的快速发展,对投资的需要不断增加,固定资产规模逐渐扩大,投资种类不断丰富,投资经济类型也发生了很大的变化。

(1)固定资产投资规模变化

图 6-7 显示,2013 年我国全社会固定资产投资总额达到 446 294.1亿元,比 1995 年增加 426 274.8 亿元,年平均增长率为 18.82%。

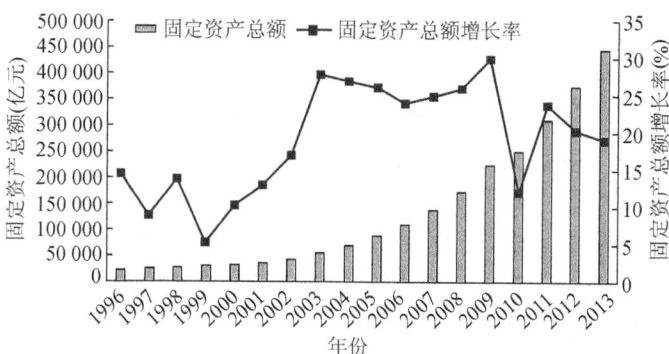

图 6-7　1996—2013 年我国固定资产投资总量及增长率变化

　　从 1995 年以来,虽然我国全社会固定资产投资金额逐年递增,但是固定资产投资额的增长率起伏波动较大,主要可分为两个阶段:第一个阶段是 1996—2002 年,为了解决当时全国固定资产投资过快的问题,各级政府采取措施对固定资产投资项目进行清理,严格控制资金的投放,成功抑制了投资增长过速的势头,这一阶段年平均增长率为 11.78%;第二阶段是 2003—2013 年,这一阶段消费需求不足的问题成为经济生活中的突出矛盾,在"扩大内需,加大固定资产投资力度,以投资拉动经济增长"的政策下,又出现了部分行业投资增长速度过快的现象,政府又采取一系列宏观调控措施对固定资产投资进行调控,该阶段年平均增长率高达 23.16%。但应看到,投资的高速增长受到环境和资源的制约,主要来自两个方面:一是大量重化工、高耗能、高污染、高排放投资项目的建设及生产对自然环境带来巨大的破坏,造成严重污染;二是投资的高速增长消耗大量的建筑材料,而这些产品的生产需要大量的能源和资源,并对自然环境带来破坏。当前,我国经济总量已居世界第二,工业产品的产能和产量占全球的一半以上,所以这种高投入、高消耗、粗放型的增长方式已经难以为继。受这些因素影响,固定资产投资的增速从 2010 年开始放缓。

（2）固定资产投资经济类型转变

从固定资产投资的经济类型来看，改革开放初期，固定资产投资主要由国有经济和集体经济组成，随着投资体制的推进，投资主体呈现多元化趋势，私营个体经济、联营经济等多种投资主体纷纷呈现。国有经济投资和集体经济投资在固定资产投资额中的比重显著下降，其中国有经济投资比重从 1995 年的 54.44%降低到 2013 年的 24.61%，集体经济投资的比重从 1995 年的16.43%下降到 2013 年的 2.98%。

表 6-29　　1995—2013 年各种投资主体在固定资产投资中的比重　　%

投资经济类型	1995年	2000年	2005年	2006年	2007年	2008年	2009年	2010年	2011年	2012年	2013年
国有经济	54.44	50.14	33.42	29.97	28.19	28.18	31.03	29.96	26.48	25.68	24.61
集体经济	16.43	14.59	13.48	3.28	3.38	3.64	3.78	3.61	3.29	3.20	2.98
私营个体经济	12.79	14.31	15.65	22.21	24.11	24.75	24.84	25.20	26.27	24.40	27.16
联营经济	0.59	0.29	0.26	0.47	0.44	0.37	0.30	0.30	0.32	0.34	0.30
股份制经济	4.32	12.34	26.51	32.00	32.07	31.90	30.65	31.99	33.80	36.65	35.68
外商投资经济	7.77	3.99	5.25	5.56	5.36	4.89	3.74	3.20	2.98	2.81	2.49
港澳台商投资经济	3.36	3.93	4.24	4.31	4.37	4.02	3.16	2.98	3.03	2.74	2.47
其他经济	0.30	0.42	1.19	2.20	2.09	2.24	2.51	2.76	3.31	4.18	4.31

资料来源：根据《中国统计年鉴（2006—2014）》数据整理

表 6-29 显示在国有经济和集体经济投资以外的投资主体中，股份制经济的比重上升速度最快，由 1995 年的 4.32%增加到2013 年的 35.68%，提高 31.36 个百分点；其次是私营个体经济的比重上升速度较快，从 1995 年的 12.79%上升到 2013 年的27.16%。另外，外商投资经济和港澳台商投资经济的比重呈现下降趋势，分别下降了 5.28%和 0.89%。

6.3.1.2　劳动力资源的转变

改革开放 30 多年来,我国劳动力素质不断提升。表 6-30 显示,我国每十万人中拥有的各种受教育人口中,高等学校在校人数从 2004 年的 1 420 人增加到 2013 年的 2 418 人,增长 0.70 倍;高中阶段在校人数从 2004 年的 2 792 人增加到 2013 年的 3 227 人,增长 0.16 倍;初中阶段在校人数从 2004 年的 5 058 人降低到 2013 年的 3 279 人,下降 35.17%;小学及小学以下人数从 10 342 人下降到 2013 年的 9 789 人。

表 6-30　每十万人口各级学校平均在校生数

人

教育程度	2004 年	2005 年	2006 年	2007 年	2008 年	2009 年	2010 年	2011 年	2012 年	2013 年
小学以下	1 617	1 676	1 731	1 787	1 873	2 001	2 230	2 554	2 736	2 876
小学	8 725	8 358	8 192	8 037	7 819	7 584	7 448	7 403	7 196	6 913
初中阶段	5 058	4 781	4 557	4 364	4 227	4 097	3 955	3 779	3 535	3 279
高中阶段	2 792	3 070	3 321	3 409	3 463	3 495	3 499	3 489	3 411	3 227
高等学校	1 420	1 613	1 816	1 924	2 042	2 128	2 189	2 253	2 335	2 418

资料来源:根据《中国统计年鉴(2014)》数据整理

自从农村实行土地承包责任制以后,农村劳动力转移到非农产业上,补充了经济社会快速发展所急需的劳动力,我国就业人数从 1978 年的 40 152 万人,增加到 2013 年的 76 977 万人,年平均增长 1.88%。三次产业的就业人中,第一产业就业人数先升后降,从 1978 年的 28 318 万人增加到 2002 年的 36 640 万人,又下降到 2013 年的 24 171 万人,第一产业就业人数在总就业人数中的比重下降了 39.1%;"十二五"期间,第二产业就业人数稳步增加,2013 年已经达到 23 170 万人,就业人数比重上升到 30.1%。第三产业就业人数呈现逐年递增趋势,就业人数从 1978 年的

4 890万人增加到 2013 年的 29 636 万人,就业人数比重提高了26.3%(参见表6-17)。

6.3.1.3 科技要素的转变

科技要素包括科学思想、研究开发、科技人员、高新技术及产品、知识产权等方面的内容。科技要素在社会经济发展过程中能够提升一个地区或者国家经济发展的劳动者素质,实现有效资源的组合和高效利用,推动产业结构转变,增强区域经济发展的竞争力。改革开放以来,我国在科技投入、研究与发展、专利申请和授权、高新技术产出等方面都发生了很大的变化。

(1) 科技投入的变化

近十几年来,我国 R&D 经费内部支出、R&D 经费内部支出相当于国内生产总值比例、R&D 人员全时当量有很大的提高,其中 R&D 经费内部支出从 1998 年的 551.1 亿元提高到 2013 年的11 846.6 亿元,增长了 20.5 倍;R&D 经费内部支出相当于国内生产总值的比重从 1998 年的 0.69% 增加到 2013 年的 2.08%;R&D 人员全时当量从 1998 年的 75.5 万人年提高到 2013 年的353.3 万人年,增长了 3.68 倍。如表 6-31 所示。

表 6-31　1998—2011 年我国科技活动投入

年份	R&D 经费内部支出(亿元)	R&D 经费内部支出相当于国内生产总值比例(%)	R&D 人员全时当量(万人年)
1998	551.10	0.69	75.50
1999	678.90	0.83	82.20
2000	897.70	1.00	89.30
2001	1 042.49	0.95	95.70
2002	1 287.64	1.07	103.50
2003	1 539.63	1.13	109.48
2004	1 966.33	1.23	115.26
2005	2 449.97	1.34	136.48
2006	3 003.10	1.39	150.20

年份	R&D 经费内部支出（亿元）	R&D 经费内部支出相当于国内生产总值比例（%）	R&D 人员全时当量（万人年）
2007	3 710.24	1.40	173.60
2008	4 616.00	1.47	196.50
2009	5 802.11	1.70	229.10
2010	7 062.58	1.76	255.40
2011	8 687.00	1.84	288.30
2012	10 298.41	1.98	324.70
2013	11 846.60	2.08	353.30

资料来源：根据《中国统计年鉴（1998—2014）》数据整理

随着研究与发展经费内部支出的提高，基础研究、应用研究和试验发展经费支出也稳步递增（见图 6-8），基础研究支出从 1995 年的 18.06 元增长到 2013 年的 554.95 亿元，年平均增长 20.96%；应用研究支出由 1995 年的 92.02 亿元增加到 2013 年的 1 269.12 亿元，年平均增长 15.69%；试验发展支出从 1995 年的 238.60 亿元增长到 2013 年的 10 022.50 亿元，年平均增长高达 23.08%。在 R&D 经费内部支出中，试验发展支出的增长速度最快，而应用研究支出增长较为缓慢，这和经济发展的需求存在较大的差距。

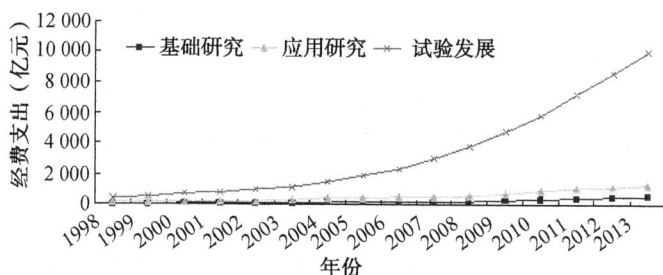

图 6-8　1998—2013 年我国 R&D 经费内部支出变化趋势

（2）科技活动人员和技术获取与改造的变化

科技人员的数量和水平高低是科技要素中的重要因素,我国科技人员数量和素质近年来稳步提高,科技活动人员的结构得到进一步的优化,如表 6-32 所示。

表 6-32　　2003—2014 年我国科技人员情况　　　　万人

年份	科技人力资源总量	专业技术人员	年份	科技人力资源总量	专业技术人员
2003	3 000	2 174	2009	5 100	2 321.2
2004	3 250	2 178.3	2010	5 700	2 270
2005	3 500	2 197.9	2011	6 300	2 357
2006	3 800	2 229.8	2012	6 743	2 387
2007	4 200	2 254.3	2013	7 105	2 439
2008	4 600	2 309.9	2014	7 490	2 484

注:专业技术人员指国有企事业单位专业技术人员中的工程技术人员、农业技术人员、科学研究人员、卫生技术人员和教学人员

资料来源:中国科技统计网站 http://www.sts.org.cn/,《中国科技统计资料汇编(2011—2015)》

表 6-33 显示 1999—2013 年我国技术获取和技术改造情况,可以看出,引进技术经费支出波动较为明显,2007 年达到最高值452.5 亿元,之后连续三年下降,到 2011 年又回升至 420.9 亿元,后两年又有下降趋势。消化吸收经费支出在 2011 年前呈明显上升趋势,上升到 178.3 亿元,后两年有下降趋势。购买国内技术经费支出呈明显上升趋势,2013 年达到 214.38 亿元,购买国内技术经费支出增长速度较快,并且国内技术依靠程度(购买国内技术经费支出/引进技术经费支出)从 1999 年的 6.65% 提高到2013 年的 54.42%,增加 47.77 个百分点,这表明国内技术开发能力在逐步加强,国内技术市场正在完善。技术改造经费支出先上升后下降,从 1999 年的 845.6 亿元增加到 2008 年的 4 167.2

亿元,后降低到 2013 年的 4 072.12 亿元。

表 6-33　1999—2013 年我国技术获取和技术改造情况　　　亿元

年份	引进技术 经费支出	消化吸收 经费支出	购买国内技术 经费支出	技术改造 经费支出
1999	207.5	18.1	13.8	845.6
2000	245.4	18.2	26.4	1 132.6
2001	285.9	19.6	36.3	1 264.8
2002	372.5	25.7	42.9	1 492.1
2003	405.4	27.1	54.3	1 896.4
2004	368.0	56.0	70.0	2 588.5
2005	296.8	69.4	83.4	2 792.9
2006	320.4	81.9	87.4	3 019.6
2007	452.5	106.6	129.6	3 650.0
2008	440.4	106.4	166.2	4 167.2
2009	394.6	163.8	174.7	3 671.4
2010	386.1	165.2	221.4	3 638.5
2011	420.9	178.3	203.0	3 677.8
2012	393.91	156.84	201.69	4 161.75
2013	393.95	150.58	214.38	4 072.12

资料来源:《中国统计年鉴(2002—2014)》和《中国科技统计年鉴(2002—2014)》

(3)专利申请受理量和授权量的变化

一个国家和地区拥有的自主知识产权数和专利数的多少,反映了这个国家和地区在科技竞争中的实力和优势,近年来我国专利申请和专利授权量不断增长,如表 6-34 所示。

我国国内专利申请受理量从 1990 年的 36 585 件增加到2013 年的 2 234 560 件,增长了 60.08 倍;专利申请授权量从1990 年的 19 304 件增加到 2013 年的 1 228 413 件,增长了 62.64倍。在专利申请受理量和专利申请授权量中,发明专利的比重呈现波动上升趋势,其中专利申请受理量中的发明专利比重上升了15.61%,专利申请授权量中的发明专利比重上升了5.73%;实用新型专利的比重下降明显,其中专利申请受理量中的实用新型专利比重降低了35.51%,专利申请授权量中的实用新型专利比重降低了30.88%;外观设计专利的比重显著提高,其中专利申请受理量中的外观设计比重增加了19.92%,专利申请授权量中的外观设计比重增加了25.14%。我国专利申请受理量和授权量虽然显著增加,但是在专利授权量中,发明专利量所占的比例较小,一直都低于15%,实用新型和外观设计专利授权量的比重显著高于发明专利。

表 6-34   1990—2013 年我国专利申请受理量和专利申请授权量   件

年份	专利申请受理量				专利授权量			
	申请受理量合计	发明	实用新型	外观设计	申请授权量合计	发明	实用新型	外观设计
1990	36 585	5 832	27 488	3 265	19 304	1 149	16 744	1 411
1995	68 880	10 018	43 429	15 433	41 248	1 530	30 195	9 523
2000	140 339	25 346	68 461	46 532	95 236	6 177	54 407	34 652
2005	383 157	93 485	138 085	151 587	171 619	20 705	78 137	72 777
2009	877 611	229 096	308 861	339 654	501 786	65 391	202 113	234 282
2010	1 109 428	293 066	407 238	409 124	740 620	79 767	342 256	318 597
2011	1 504 670	415 829	581 303	507 538	883 861	112 347	405 086	366 428
2012	1 912 191	535 313	734 437	642 401	1 163 226	143 847	566 750	452 629
2013	2 234 560	704 936	885 226	644 398	1 228 413	143 535	686 208	398 670

资料来源:根据《中国统计年鉴(2014)》数据整理

(4)高新技术产出的变化(见表 6-35)

经过多年的努力,我国高新技术产业和新型产业得到发展,如表 6-35 所示。高新技术产业产值从 2001 年的 8 797.09 亿元增长到 2011 年的 88 433.85 亿元,增长 9.05 倍。在高新技术产业的 5 个行业中,医疗器械及仪器仪表制造业、电子计算机及办公设备制造业、电子及通信设备制造业和医药制造业这 4 个产业

产值的增长较快,医疗器械及仪器仪表制造业十年内产值增加
6 589.34 亿元,增长 22.35 倍;电子计算机及办公设备制造业产值
增长 19 693.71 元,增长 13.66 倍;电子及通信设备制造业产值增
加 38 233.33 亿元,增长 7.18 倍;医药制造业产值 2011 年比 2001
增加 13 662.75 亿元,增长 10.68 倍。

　　尽管如此,我国经济发展仍然以消耗资源、粗放经济的传统
模式为主,企业技术自主创新的观念和方式不能很好地适应市场
经济的要求。新产品开发可以作为一个地区自主创新能力和水
平的标志。图 6-9 显示,从 2001 年以来,虽然我国高技术产业大
中型工业企业实现的新产值逐年递增,但是新产品产值在工业总
产值中的比重从 2001 年的最高值 33.62% 开始下降,2005 年降
低到最低点 20.47%,从 2006 年开始才逐渐上升,2009 年又下
降,到 2011 年略微上升到 24.26%,这表明我国工业企业技术创
新活动总体不是非常活跃。

表 6-35　2002—2011 高新技术行业产值　　　　　　　亿元

年份	医药制造业	航空航天器制造业	电子及通信设备制造业	电子计算机及办公设备制造业	医疗器械及仪器仪表制造业	总计
2001	1 279.24	455.34	5 326.16	1 441.47	294.88	8 797.09
2002	1 933.08	498.56	5 786.54	2 343.31	315.93	10 877.42
2003	1 878.44	528.30	8 657.31	5 329.57	470.60	16 864.22
2004	2 035.28	472.62	11 918.71	8 040.85	605.95	23 073.41
2005	4 250.45	797.23	16 867.13	10 666.95	1 785.35	34 367.11
2006	3 089.63	787.74	18 118.55	11 712.39	1 283.16	34 991.45
2007	3 873.90	976.03	21 579.04	14 279.39	1 717.66	42 426.02
2008	4 799.02	1 104.17	23 678.00	15 587.72	2 126.59	47 295.50
2009	9 443.30	1 353.01	28 947.12	16 292.74	4 394.31	60 430.48
2010	11 741.31	1 598.10	35 929.76	19 822.46	5 617.31	74 708.95
2011	14 941.99	1 912.97	43 559.49	21 135.19	6 884.22	88 433.85

　　资料来源:根据《中国统计年鉴(2002—2012)》数据整理,2012 年之后高新
技术行业产值不再更新

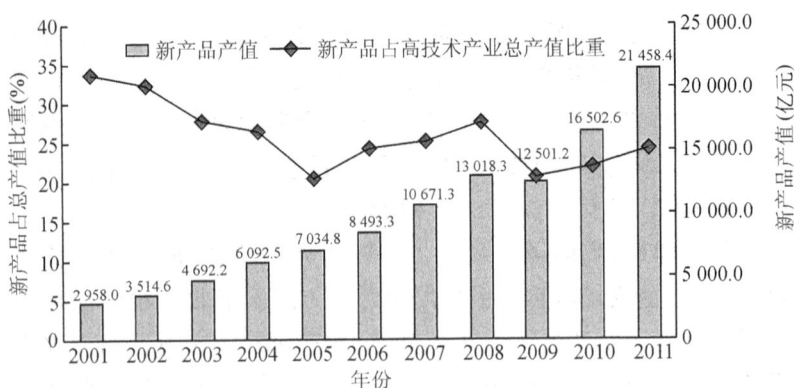

图 6-9　2001—2011 年我国高技术产业新产品产值及其在总产值中的比重

表 6-36 给出了近年来我国高技术产业主营业务收入和新产品销售收入的数据,测算五个行业 2006—2013 年的平均增速发现,医药制造业和医疗器械及仪器仪表制造业的增速均超过了20%,分别是 23.3% 和 20.8%。航空航天器制造业、电子及通信设备制造业则以每年 19.9% 和 16.3% 速度增长,电子计算机及办公设备制造业的增长最慢,但速度也达到了 9.1%。

表 6-36　2006—2013 高技术产业主营业务收入情况　　　　亿元

年份	医药制造业	航空航天器制造业	电子及通信设备制造业	电子计算机及办公设备制造业	医疗器械及仪器仪表制造业	高技术产业新产品销售收入
2006	4 719	799	21 069	12 634	2 364	8 249
2007	5 967	1 006	24 824	14 887	3 030	10 303
2008	7 402	1 162	27 410	16 499	3 256	12 880
2009	9 087	1 323	28 465	16 432	4 259	12 595
2010	11 417	1 592	35 984	19 958	5 531	16 365
2011	14 484	1 934	43 206	21 164	6 739	22 473
2012	17 338	2 330	52 799	22 045	7 772	25 571
2013	20 484	2 853	60 634	23 214	8 863	31 230

资料来源:中国科技统计 http://www.sts.org.cn/,中国高技术产业数据

6.3.1.4　能源要素的转变

能源要素的投入体现在能源的生产和消费上,如表 6-37 所示,生产方面,原煤的产量始终占据首位,逐年增长后慢慢趋于稳定,而原油的生产严重下滑,这受到我国有限资源的约束。天然气及水电、核电、风电等清洁能源一直保持上升的势头,特别是水电、核电、风电的产量,从 1978 年的 3.1% 增至 2013 年的 10.9%,我国新能源的生产开发正在不断成熟,可再生能源获得越来越多的关注。能源消费方面,主要还是依靠煤炭和石油,这两种能源在 1978 年的消费量占到消费总量的 93.4%,2013 年这一比重降至 84.4%。伴随着煤炭和石油消耗带来的高污染及环境问题的被重视,天然气和水电、核电、风电的使用逐渐增多,在 2013 年的占比分别达到 5.8% 和 9.8%。

表 6-37　我国能源生产与消费的构成情况　　　　　　　　　%

年份	占能源生产总值比重				占能源消费总值比重			
	原煤	原油	天然气	水电、核电、风电	煤炭	石油	天然气	水电、核电、风电
1978	70.3	23.7	2.9	3.1	70.7	22.7	3.2	3.4
1980	69.4	23.8	3.0	3.8	72.2	20.7	3.1	4.0
1985	72.8	20.9	2.0	4.3	75.8	17.1	2.2	4.9
1990	74.2	19.0	2.0	4.8	76.2	16.6	2.1	5.1
1995	75.3	16.6	1.9	6.2	74.6	17.5	1.8	6.1
2000	73.2	17.2	2.7	6.9	69.2	22.2	2.2	6.4
2005	77.6	12.0	3.0	7.4	70.8	19.8	2.6	6.8
2010	76.6	9.5	4.2	9.4	68.0	19.0	4.4	8.6
2013	75.6	8.9	4.6	10.9	66.0	18.4	5.8	9.8

资料来源:《中国统计年鉴(2014)》

表 6-38 给出了我国主要能源的进出口情况,煤和原油均表现出进口量增加而出口量减少的趋势,而且煤已经超越原油成为第一大进口能源。天然气的进口量在近几年迅速增长,从 2006 年的

9.5 亿立方米增至 2012 年的 420.58 亿立方米,出口量变化不大。我国的电力资源虽以出口为主,但是进口也在不断增长且增速更快,从 2000 年至 2012 年,电力的进、出口量分别增长了 3.45 倍和 0.79 倍。

表 6-38　我国主要能源品种进、出口量

年份	进口				出口			
	煤（万吨）	原油（万吨）	天然气（亿立方米）	电力（亿千瓦小时）	煤（万吨）	原油（万吨）	天然气（亿立方米）	电力（亿千瓦小时）
2000	212	7027	—	15.46	5505	1031	—	98.78
2002	1081	6941	—	23	8384	766	—	97
2003	1109.77	9102.01	—	29.8	9402.89	813.33	—	103.39
2004	1861.4	12272	—	34	8666.36	549.16	24.4	94.76
2005	2617.1	12681.7	—	50.1	7172.4	806.7	29.7	111.9
2006	3810.5	14517	9.5	53.9	6327.3	633.72	29	122.7
2007	5101.59	16317	40.2	42.51	5317	389	26	145.66
2008	4034	17888.5	46.04	38.42	4543	423.75	32.45	166.4444
2009	12584	20365	76.34	60.06	2239.57	507.25	32.09	173.86
2010	16310	23768	165	56	1910	303	40	190.894
2011	18210	25378	312	66	1466	252	32	193.0726
2012	28841.12	27103	420.58	68.74	928	243	28.9	176.53

注:"—"表示年鉴中缺失,未提供

资料来源:《中国能源统计年鉴(2013)》

6.3.2　我国自主创新与经济增长的关系分析

党的十七大报告指出,经济发展方式要由主要增加物质资源消耗向主要依靠科技进步、提高劳动者素质和管理创新转变,而要实现这三个转变必须依靠自主创新。党的十八大报告又强调,科技创新是提高社会生产力和综合国力的战略支撑,必须摆在国

家发展全局的核心位置。2014年6月9日习近平总书记在中国
科学院第十七次院士大会、中国工程院第十二次院士大会上指
出,我国科技发展的方向就是创新、创新、再创新,实施创新驱动
发展战略,最根本的是要增强自主创新能力,最紧迫的是要破除
体制机制障碍,最大限度地解放和激发科技作为第一生产力所蕴
藏的巨大潜能。目前学者在研究自主创新和区域经济增长关系
时,选择的自主创新代表变量并不相同。黄莉(2008)和葛鹏飞
(2012)选择了基于投入视角的R&D经费支出,戴魁早(2008)、
张应武(2012)和李华香、孙久文(2012)选择基于产出视角的专利
授权数量,认为R&D经费支出作为自主创新能力更具有代表性
和可操作性,选择我国研究与发展内部支出(R&D)作为自主创
新的代表变量,人均地区生产总值(PCGDP)作为经济增长的代
表变量。建立人均地区生产总值(PCGDP)对研究发展内部支出
(R&D)的对数线性回归模型,得到下面的结果:

$$\ln(PCGDP)=5.026\,2+0.590\,2\ln(R\&D) \qquad R^2=0.986\,5$$
$$(37.811\,2) \qquad\qquad\qquad (33.166\,5)$$

　　回归模型中自变量对应的t统计量为33.166 5,其对应的伴
随概率$P=0.000\,0<0.01$,自变量在1%显著性水平下通过了参
数的显著性检验,人均地区生产总值和研究发展内部支出之间存
在显著的线性关系。模型的拟合系数达到0.986 5,模型的拟合
效果较好。模型的回归系数为0.590 2,表明研究发展内部支出
每增加1%,人均地区生产总值将平均增加0.59%。

　　要增强我国自主创新能力,需要全社会的共同努力,应该按
照新型工业化的发展要求进一步推进企业技术创新活动,加快企
业技术创新体系建设,增强企业自身的技术创新能力,依靠科技
进步,促进产业结构优化和升级,最终实现我国经济发展方式的
转变,实现我国经济可持续发展。

6.4 本章小结

通过本章对我国发展方式转变的核心分析,发现在需求结构方面,我国的消费、投资和货物与服务净出口需求在总体规模和需求结构上都发生了很大的变化。然而消费动力持续减弱成为经济发展方式转变的强大阻力之一。投资需求在总需求中的比重在改革开放以后保持稳步上升趋势,货物和服务净出口在总需求中的比重呈现先升后降趋势。但自 1994 年以来,我国货物和服务净出口一直保持净流出状态。通过联立方程模型分析,我国的经济增长与资源消耗之间存在着倒"U"形的非线性曲线关系;消费、投资及净出口增长对我国经济增长的拉动效应不同,其中居民消费增长对经济增长的影响系数最大,投资增长对经济增长的影响系数较大,净出口增长对经济增长的影响系数最小。在产业结构转变方面,我国产业结构、就业结构和经济增长之间存在长期稳定的协整关系,产业结构高度化、就业结构高度化对经济增长具有显著的影响,但经济增长对产业结构高度化、就业结构高度化的影响不显著。在要素投入结构方面:我国要素投入结构的转变已经从主要依靠增加物质资源消耗向依靠提高劳动者素质和科技进步转变,自主创新的效应已初步显现,模型分析结果显示,回归系数为 0.590 2,表明研究发展内部支出每增加 1%,人均地区生产总值将平均增加 0.59%。尽管如此,企业技术自主创新促进经济发展方式转变的效应仍未大规模呈现,仍需政府加大引导力度,提高自主创新能力。

第 7 章　基于资源与环境双重约束下的我国经济发展方式转变的系统动态仿真研究

　　长期以来,中国的经济发展基本上是一种"粗放型"的增长方式,这一发展模式曾经为经济发展做出过重要的贡献。但是随着经济发展,传统经济发展方式忽略经济增长和资源环境承载力之间的平衡,投入大、产出少、附加值低、产业结构不合理、资源消耗严重和生态环境恶化等一系列问题势必会引起资源与环境不可持续供给的限制。为此,十七大报告提出加快经济发展方式转变的要求。十八大报告更明确指出,以科学发展为主题,以加快经济发展方式转型为主线,是关系中国全局发展的战略抉择。所以,研究资源与环境双重约束下我国经济发展方式转变具有重要的现实意义。本章在之前研究的基础上,运用系统动力学模型对我国经济发展方式转变进行动态模拟仿真研究。

7.1　系统动态仿真模型的基本原理

　　系统动力学是由福雷斯特教授首先提出的。系统动力学从系统的微观结构出发建立系统的结构模型,用回路描述系统结构框架,用因果关系图和流图描述系统要素之间的逻辑关系,用方程描述系统要素之间的数量关系,用专门的仿真软件进行模拟分析。整个分析过程从定性、半定性到定量,最后又把定量的数学模型简单地转换成计算机程序,最终利用计算机进行仿真分析。人们普遍感到这种方法既有一定的理论性,又简单实用,无论是专家、学者还是实际管理者都能使用,并能解决复杂的、非线性的和带有延迟现象的系统性问题。因此,自系统动力学创建以来在许多领域都受到欢迎,并被广泛使用。

7.1.1 系统动力学基本方法及特点

系统动力学基本方法包括因果关系图、流图、方程和仿真平台,在系统动力学中涉及的主要变量有流位变量、流率变量、辅助变量、常量。① 流位变量。在系统的研究中存在着具有积累效应的变量,所谓具有积累效应的变量是指现时值等于原有值加上改变量,而且存在量的变化速度的这种变量,我们称为流位变量,又可称为状态变量、积累变量或者水平变量。流位变量可用矩形表示。② 流率变量。流率变量是表示积累效应变化快慢的变化速度的变量,又可称速率变量。流率变量可用阀符号表示。③ 辅助变量。辅助变量是指从积累效用变量到变化速度变量及变化速度之间的中间变量。④ 常量。常量是指某一时间区间内不随时间变化而变化的量。在 Vensim 软件中,辅助变量和常量的表示方法是一致的,用变量名表示就可以了。

系统动力学的特点在于:第一,系统动力学研究处理的是复杂、高阶次、多变量、多时变的社会经济大系统,它能够容纳大量变量,一般可以达数千个甚至更多。第二,系统动力学的研究对象主要是开放系统。它强调系统、联系、发展和运动的观点,认为系统的运行模式主要根植于其内部的动态结构与反馈机制。第三,系统动力学的模型,既有描述系统各要素之间因果关系的结构模型,以此来认识和把握系统的结构;又有专门形式表现的数学模型,据此进行仿真试验和计算,以掌握系统的未来动态行为,所以,系统动力学是一种定性和定量相结合的仿真技术。第四,系统动力学可以说是社会经济系统的实验室,建立的模型是规范的。虽然在辅助方程中可能含有半定量、半定性或定性的描述部分,但从总体上看它的模型是规范的,变量按系统基本结构的组成加以分类,这是系统动力学最引人注目的特点之一。第五,系统动力学的建模过程既能发挥人对社会系统的了解、分析推理、评价等能力的优势,又能利用计算机高速计算和迅速跟踪等的功能,便于实现建模人员、决策者和专家的三结合,便于汲取其他学科的精髓,从而为选择最优或满意的决策提供有力的依据[145,146]。

7.1.2　系统动力学的建模过程

系统动力学的整个建模过程是从定性到定量的综合集成的过程。该过程主要可以分为以下几个部分:

(1)分析问题,明确建模目的。在开始建模之前,首先要明确,我们研究的是什么样的社会经济现象,研究的最终目的是要解决哪些问题。

(2)划分系统边界。一是采用系统的思考方法,根据建模目的,集中专家、研究者的知识,形成定性分析意见,确定系统的边界;二是尽可能缩小系统的边界。

(3)系统的结构分析。第一,分析系统总体与局部结构;第二,划分系统的层次与子块,定义变量(包括常数),确定变量的种类及主要变量;第三,分析各个子系统的变量、变量间关系,确定回路及回路间的反馈复合关系,初步确定系统的主回路及它们的性质,分析主回路随时间转移的可能性,绘制因果关系图和系统流图。

(4)建立数学模型。根据确定的变量,写出有关这些变量的方程。变量方程的建立往往要与其他统计模型如回归模型等结合。对于参数,要用一些常用的参数估计方法进行估计,还要给每个流位变量的初始值赋值。

(5)模型的模拟。模型的模拟是利用模型对系统在一段时间内的运行状况进行模仿,它的目的是产生一个人工控制的运行过程,去描述分析改进系统的运行特征。以系统动力学的理论为指导进行模型模拟与政策分析,可以更深入地剖析系统,寻找解决问题的决策,并尽可能付诸实施,取得实践结果,获取更丰富的信息,发现新的矛盾与问题。我们还可以根据模拟的情况修改模型,包括修改系统结构与参数。

(6)模型的评估与运用。通过参数的调控,可以得出多种仿真结果,将定量仿真的方案与各种定性分析相结合进行方案比较,得出一种最优的决策方案。

上述仿真步骤主要利用系统动力学专用软件 Vensim PLE 进行。通过建模和对模型进行多种模拟,为政策分析提供依据。Vensim 软件处理问题的一般过程如图 7-1 所示。

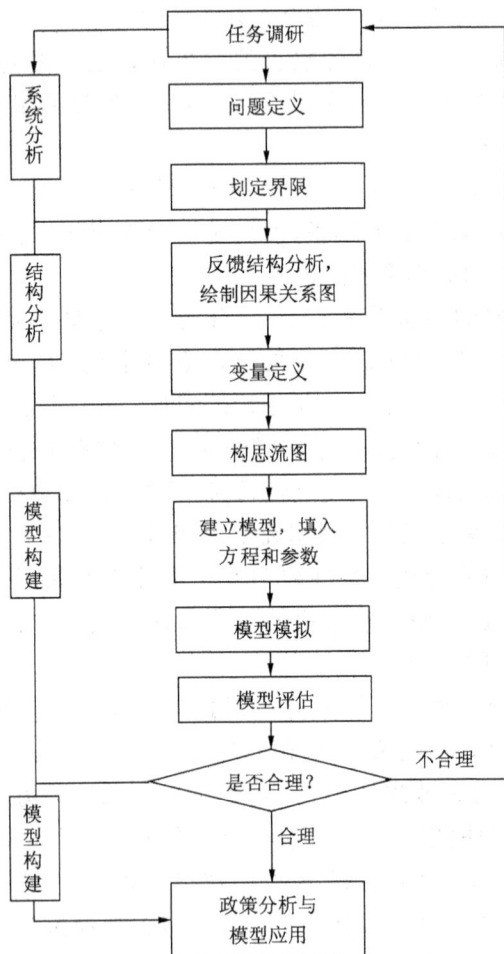

图 7-1　Vensim 软件处理问题的一般过程

7.2　我国经济发展方式转变的系统动态仿真模型构建

我国经济发展方式转变的系统是动态性的复杂系统。基于系统动力学模型的基础,本书探讨了在资源与环境的双重约束下我国经济发展方式转变的系统,并将产业结构优化水平、社会发展水平和科技发展水平等因素纳入其中,利用有关数据进行系统动态仿真模拟,深入研究了资源环境与经济发展方式转变之间的动态变化问题,为加快经济发展方式转变提供了理论依据。

7.2.1　经济发展方式转变的系统分析

由于我国经济发展方式的转变在很大程度上依赖于产业结构的升级、科学技术的进步、社会水平的发展及资源环境的可持续发展水平等因素,所以建立经济发展方式转变的系统动力学模型的主要目的就是研究各子系统之间的相互关系。

在建立系统仿真模型时,需要对实际的经济系统进行简化和抽象,因此要建立社会发展子系统、科技发展子系统、产业结构子系统和资源环境子系统,并建立四个子系统之间的联系,使得各个系统相互促进、相互制约,发挥整体功能,从而实现我国经济发展方式的转变。

(1)资源环境子系统。选取环境污染的治理水平这一指标来研究我国治理污染的能力对经济可持续发展的影响,进而研究我国环境现状对经济转变的影响。环境污染治理水平不仅受环境治理投资力度的影响,也受到技术发展水平的影响。一方面,环境污染治理水平体现了我国对经济社会赖以生存的环境保护的能力,另一方面,以环境换取经济增长的时代已结束,目前要实现经济增长应当把环境治理放在首要位置。另外,通过能源的利用效率指标来研究资源对经济转变的影响,能源的利用效率不仅可以体现我国科技发展水平,而且能源利用效率的高低直接关乎能源消耗对环境的污染程度,可见能源问题已成为社会经济发展的重要问题。此外,设置资源环境政策调控指标,当能源消费生产差额达到一定警戒值之后,政府会采取相应的政策措施,使得能源利用效率得到有效提高,降低能源损耗量。如图 7-2 所示,不难发现资源环境子系统中包含了技术发展子系统中的科技发展水平,继而又与社会发展子系统相联系,说明了各系统的各子系统之间相互影响、相互牵制的关系。

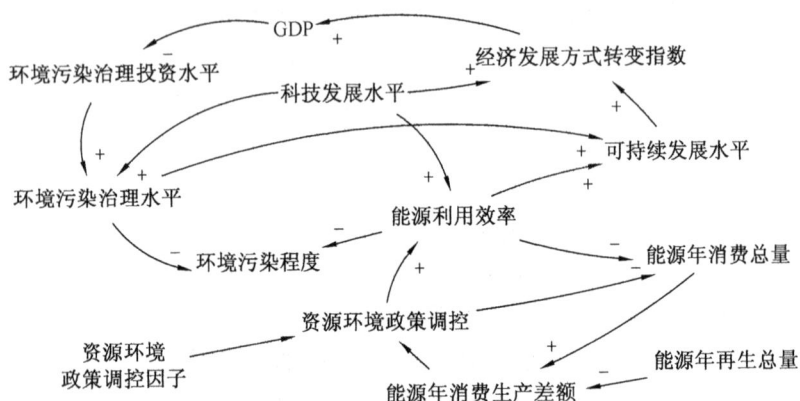

图 7-2　资源环境子系统

(2) 社会发展子系统。如图 7-3 所示,本子系统主要研究了人民生活水平与劳动力素质水平对我国经济发展方式转变产生的影响。人民生活水平的变化及全社会劳动力素质的提高是推动

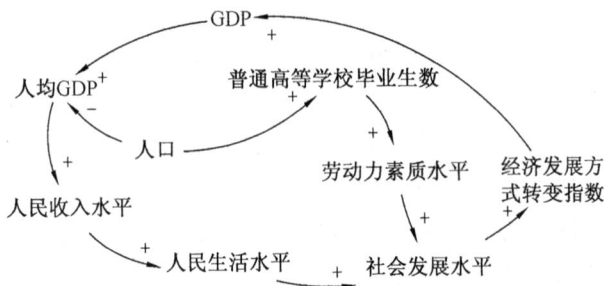

图 7-3　社会发展子系统

社会发展的主要因素,本书选取城镇和农村居民人均收入来表示人民收入水平,利用城镇和农村恩格尔系数及居民消费价格指数来表示人民生活水平。

(3) 科技发展子系统。科技进步作为我国经济发展进程中一个重要的因素,其发展水平由科技投入及产出水平共同决定。其中,专利申请数代表了一国的研发水平,而新产品销售收入是技术研发成果转化为经济效益的指标,故用两者来表示科技产出水平。如图 7-4 所示,属于社会发展子系统中的劳动力素质水平决定了本子系统中的 R&D 人员数,体现了社会发展子系统与技术发展子系统之间的联系。

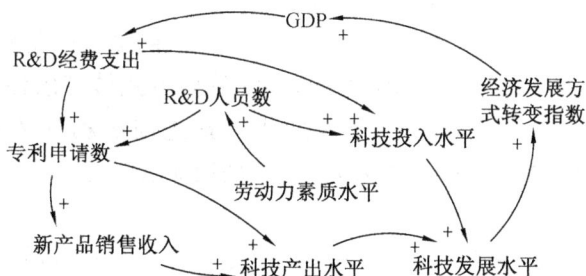

图 7-4 科技发展子系统

(4) 产业结构子系统。主要分析了推动产业结构优化升级的主要因素,产业结构的升级主要依赖于第三产业及高技术产业的发展,其中,选取第三产业对 GDP 的贡献率及第三产业从业人数占总人数的比重来表示第三产业发展水平,利用高技术产业从业人数占总人数的比重及高技术产品出口额占比表示高技术产业发展水平。如图 7-5 所示,影响第三产业发展水平的人民生活水平属于社会发展子系统,影响高技术产业发展水平的科技发展水平属于技术发展子系统,这充分体现了三个子系统之间的关系。

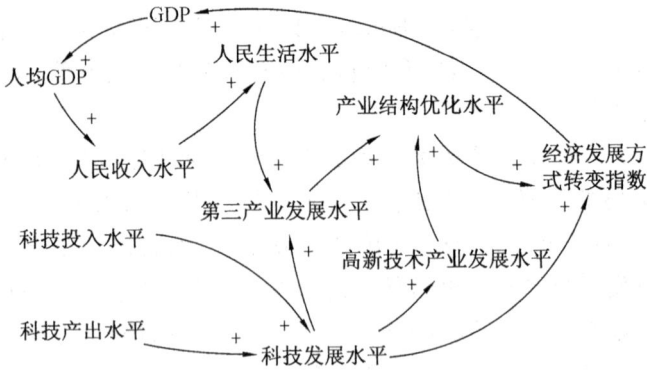

图 7-5 产业结构子系统

7.2.2 经济发展方式转变的因果关系图

构建我国经济发展方式转变系统的因果关系图是建立模型的关键一步。首先选取能够衡量经济发展方式转变的评价指标，再结合其他的影响因素，考察这些因素之间的相互关系，运用 Vensim PLE 软件建立如图 7-6 所示的因果关系图。主要因果关系如下：

（1）GDP→人均 GDP→人民收入水平→人民生活水平→社会发展水平→经济发展方式转变指数→GDP 年增长率→GDP 年增加量→GDP；

（2）人口→普通高校毕业生数→劳动力素质水平→社会发展水平→经济发展方式转变指数→GDP 年增长率→GDP 年增加量→GDP；

（3）GDP→人均 GDP→人民收入水平→人民生活水平→第三产业发展水平→产业结构优化水平→经济发展方式转变指数→GDP 年增长率→GDP 年增加量→GDP；

（4）GDP→R&D 经费投入→科技投入水平→科技发展水平→高新技术产业发展水平→产业结构优化水平→经济发展方式转变指数→GDP 年增长率→GDP 年增加量→GDP；

（5）GDP→R&D 经费投入→专利申请数→新产品销售收

入→科技产出水平→科技发展水平→经济发展方式转变指数→GDP 增长率→GDP 年增加量→GDP；

（6）GDP→环境污染治理投资力度→环境污染治理水平→可持续发展水平→经济发展方式转变指数→GDP 增长率→GDP 年增加量→GDP；

（7）人口→普通高校毕业生数→劳动力素质水平→R&D 人员数→科技投入水平→科技发展水平→能源利用效率→可持续发展水平→经济发展方式转变指数→GDP 增长率→GDP 年增加量→GDP；

（8）人口→普通高校毕业生数→劳动力素质水平→R&D 人员数→科技投入水平→科技发展水平→能源利用效率→能源年消费总量→能源年消费生产差额→资源环境政策调控→能源利用效率可持续发展水平→经济发展方式转变指数→GDP 增长率→GDP 年增加量→GDP。

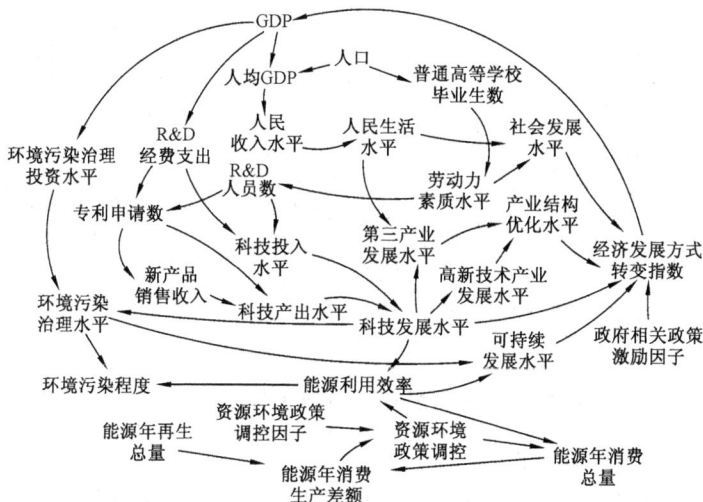

图 7-6　我国经济发展方式转变的因果关系图

7.2.3 经济发展方式转变的系统流图

在综合分析模型中各子系统、各变量之间的因果关系之后，利用回归模型、曲线拟合及表函数等方法确定相关变量之间的函数关系，构建仿真模型的系统动力学方程并画出流图。

基于一些数据的不可获性及模型简化的原则，在上述因果关系图的基础上形成我国经济发展方式转变的系统动力学模型流图，如图7-7所示。模型中共有43个各类变量、1个常量、4个表函数，在各类变量中有5个状态变量、7个速率变量，其余均为辅助变量。

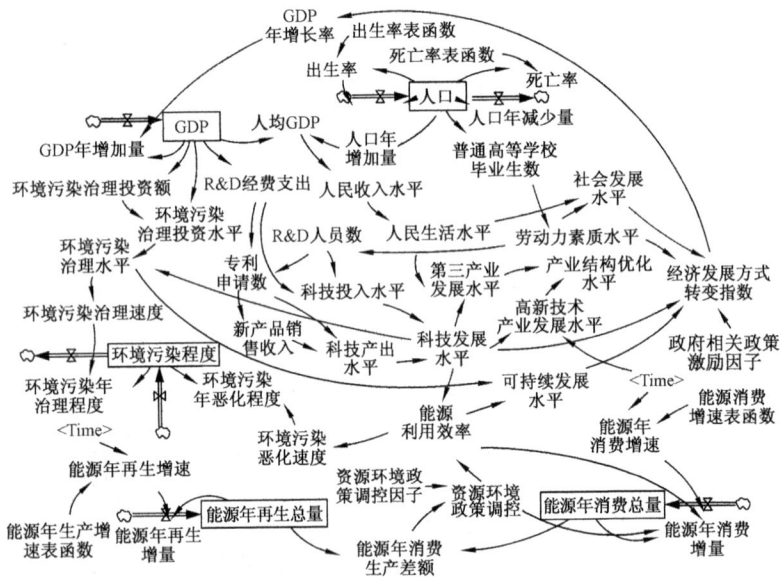

图7-7　我国经济发展方式转变系统动力学流图

7.2.4 方程的建立

利用计量经济学模型、曲线拟合、表函数及其他各类函数构建我国经济发展方式转变的系统动力学方程。

（1）产业结构优化水平＝1/2＊（第三产业发展水平＋高新

218

技术产业发展水平);

(2) 出生率＝出生率表函数(人口);

(3) 出生率表函数

([(0,0)－(200 000,0.01)],(121 121,0.017 12),(122 389,0.016 98),(123 626,0.016 57),(124 761,0.015 64),(125 786,0.014 64),(126 743,0.014 03),(127 627,0.013 38),(128 453,0.012 86),(129 227,0.012 41),(129 988,0.012 29),(130 756,0.012 4),(131 448,0.012 09),(132 129,0.012 1),(132 802,0.012 14),(133 450,0.011 95),(134 091,0.011 9),(134 735,0.011 93),(135 404,0.012 1),(136 072,0.012 08),(150 000,0.01));

(4) 第三产业发展水平＝0.680 8＋0.261 6 * 人民生活水平＋0.065 6 * 科技发展水平;

(5) 高新技术产业发展水平＝IF THEN ELSE(Time≤2006,1.99 * 科技发展水平^0.583,0.98);

(6) 环境年污染量＝环境污染程度 * 环境污染速度;

(7) 环境污染程度＝INTEG(－环境污染年治理量＋环境年污染量,1);

(8) 环境污染年治理量＝环境污染治理速度 * 环境污染程度;

(9) 环境污染速度＝(EXP(－1.008＋0.54/能源利用效率)) * 0.1;

(10) 环境污染治理水平＝0.929 2 * (环境污染治理投资水平^0.283 9) * (科技发展水平^0.063 7);

(11) 环境污染治理速度＝(1.21－6.788 * 环境污染治理水平^2＋6.07 * 环境污染治理水平^3) * 0.1;

(12) 环境污染治理投资力度＝－521.455＋0.015 * GDP;

(13) 环境污染治理投资水平＝环境污染治理投资力度/GDP * 100;

（14）经济发展方式转变指数＝（1/4＊（产业结构优化水平＋科技发展水平＋可持续发展水平＋社会发展水平））＊政府相关政策激励因子；

（15）科技产出水平＝1/4＊新产品销售收入/112 562＋3/4＊专利申请数/2.377 06e＋006；

（16）科技发展水平＝1/4＊科技投入水平＋3/4＊科技产出水平；

（17）科技投入水平＝1/2＊（"R&D 经费投入"/11 846.6＋"R&D 人员投入"/353.3）；

（18）可持续发展水平＝1/2＊（环境污染治理水平＋能源利用效率）；

（19）劳动力素质水平＝普通高等学校毕业生数/638.7；

（20）普通高等学校毕业生数＝－5 304＋0.043＊人口；

（21）能源年消费增量＝能源年消费增速＊能源年消费总量－资源环境政策调控＊能源利用效率＊10 000；

（22）能源年消费增速＝能源消费增速表函数（Time）；

（23）能源年消费总量＝INTEG（能源年消费增量,131 176）；

（24）能源年再生增量＝能源年再生总量＊能源年再生增速；

（25）能源年再生增速＝能源生产增速表函数（Time）；

（26）能源年再生总量＝INTEG（＋能源年再生增量,129 034）；

（27）能源利用效率＝1.049＋0.159＊ln（科技发展水平）＋资源环境政策调控＊0.1；

（28）能源生产增速表函数

（[（1995,0.030 98）－（2020,0.03）],（1995,0.030 98），（1996,0.003 217），（1997,－0.027 17），（1998,0.016 18），（1999,0.023 6），（2000,0.065 36），（2001,0.047 13），（2002,0.141 1），（2003,0.143 9），（2004,0.099 5），（2005,0.073 76），（2006,0.065 09），

(2007,0.053 68),(2008,0.053 99),(2009,0.081 19),(2010,0.070 97),(2020,0.03));

（29）能源消费生产差额＝能源年消费总量－能源年再生总量；

（30）能源消费增速表函数

（[(1995,0.030 615)－(2020,0.05)],(1995,0.030 615),(1996,0.005 304),(1997,0.002 023),(1998,0.032 199),(1999,0.035 299),(2000,0.033 498),(2001,0.06),(2002,0.152 8),(2003,0.161 4),(2004,0.105 6),(2005,0.096 099),(2006,0.084 399),(2007,0.039 001),(2008,0.052 15),(2009,0.059 652),(2010,0.070 976),(2020,0.05));

（31）新产品销售收入＝805.267＋0.051＊专利申请数；

（32）死亡率＝死亡率表函数（人口）；

（33）死亡率表函数

（[(0,0)－(200 000,0.006 5)],(121 121,0.006 57),(122 389,0.006 56),(123 626,0.006 51),(124 761,0.006 5),(125 786,0.006 46),(126 743,0.006 45),(127 627,0.006 43),(128 453,0.006 41),(129 227,0.006 4),(129 988,0.006 42),(130 756,0.006 51),(131 448,0.006 81),(132 129,0.006 93),(132 802,0.007 06),(133 450,0.007 08),(134 091,0.007 11),(134 735,0.007 14),(135 404,0.007 15),(136 072,0.007 16),(200 000,0.006 5));

（34）社会发展水平＝1/4＊劳动力素质水平＋3/4＊人民生活水平；

（35）人均 GDP＝GDP/人口＊10 000；

（36）人口＝INTEG（＋人口年增加量－人口年减少量，121 121）；

（37）人口年减少量＝人口＊死亡率；

（38）人口年增加量＝人口＊出生率；

(39) 人民收入水平＝0.236＋2.268e－005 * 人均 GDP；

(40) 人民生活水平＝1.411－0.376/人民收入水平；

(41) FINAL TIME＝2020

    Units：Year

    The final time for the simulation.

(42) GDP＝INTEG(GDP 年增加量,60 793.7)；

(43) GDP 年增长率＝

IF THEN ELSE(0.290 4－0.717 * 经济发展方式转变指数＋0.702 * 经济发展方式转变指数^2＜＝0.15,0.290 4－0.717 * 经济发展方式转变指数＋0.702 * 经济发展方式转变指数^2,0.174)；

(44) GDP 年增加量＝GDP * GDP 年增长率；

(45) INITIAL TIME＝1995

    Units：Year

    The initial time for the simulation.

(46) 专利申请数＝145 * "R&D 经费投入"^0.527 8 * "R&D 人员投入"^0.698 5；

(47) 政府相关政策激励因子＝1；

(48) 资源环境政策调控因子＝1；

(49) 资源环境政策调控＝IF THEN ELSE(能源年消费生产差额＞＝40 000,资源环境政策调控因子^3,EXP(资源环境政策调控因子)－EXP(1))；

(50) "R&D 经费投入"＝－1 144＋0.02 * GDP；

(51) "R&D 人员投入"＝50.052＋200.096 * 劳动力素质水平^2＋892.213 * 劳动力素质水平^3；

(52) SAVEPER ＝TIME STEP

    Units：Year

    The frequency with which output is stored.

(53) TIME STEP ＝1

Units：Year

The time step for the simulation.

7.3　仿真结果与分析

利用构建的系统动力学模型对今后我国的经济发展方式转变进行预测，得到如下结果：

7.3.1　结果仿真性研究

选取主要数据 GDP 及经济发展方式转变指数作原始值与仿真值的对比图。

从图 7-8、图 7-9 中可以直观地看出，GDP 和经济发展方式转变指数的拟合度很好，仿真结果与原始值基本吻合，所存在的误差也均在允许范围内，说明模型具有一定的仿真意义。

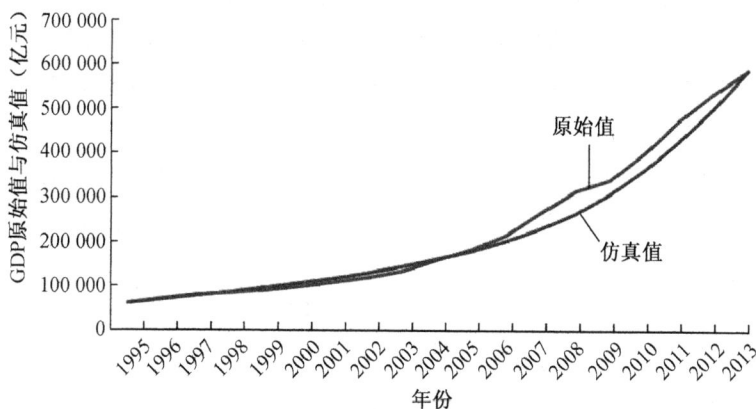

图 7-8　GDP 原始值与仿真值对比图

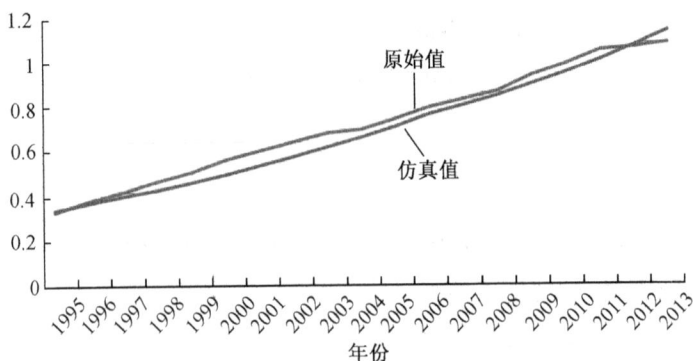

图 7-9　经济发展方式转变指数原始值与仿真值对比图

7.3.2　GDP 与经济发展方式转变

GDP 与经济发展方式转变发展趋势如图 7-10 所示。我国经济增长稳步上升,且随着经济的增长,经济发展方式转变指数也呈现出增长的趋势,起初由于我国经济发展方式转变受到社会发展、科技发展、资源环境等多方面因素的制约,增长的速度较为平缓,但如图 7-10 所示,从 2010 年起,增长速度呈现出加快的势头,

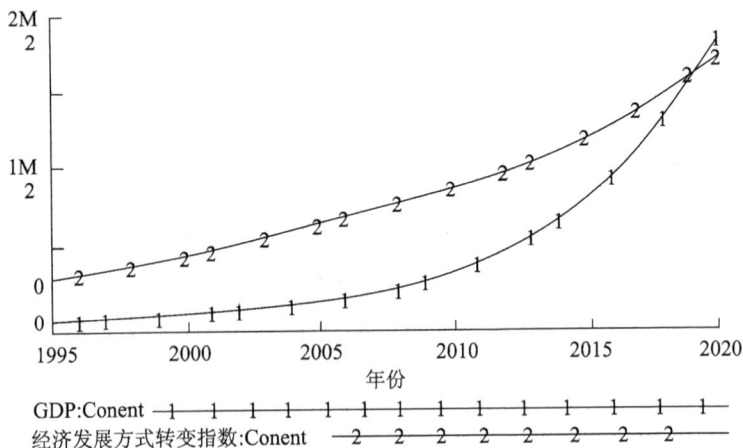

图 7-10　GDP 与经济发展方式转变关联图

这与前期的累积有很强的关联性,由于社会的不断进步,科技水平的不断提升及资源环境状况的不断改善,再加上整个系统的正反馈特性,这一增长势头将会持续。

7.3.3　可持续发展水平与经济发展方式转变

可持续发展水平与经济发展方式转变情况如图 7-11 所示。可持续发展水平属于资源环境子系统,代表了我国资源的利用情况及环境污染治理水平。从图 7-11 中可以看出,经济发展方式转变指数随着可持续发展水平的增长而增长,但在 2013 年后将会减缓并出现波动增长的趋势。一方面是由于我国前期大力发展经济,忽视了对环境的保护,环境污染累积到一定程度,爆发了环境危机。另一方面,对能源的年消费量过多,导致不可再生资源的过度消耗,会影响经济的可持续发展水平,政府必然会通过节能政策提高能源的利用效率,进而减少对能源的消费,提高可持续发展水平。可持续发展水平增速减缓,表示资源与环境对经济发展方式转变起到一定的约束作用,但是由于经济发展方式转变指数将持续增加,环境污染治理投资额、R&D 经费投入仍会增加,可以保持环境污染治理水平和能源利用效率的持续增长,推动系统向前发展。

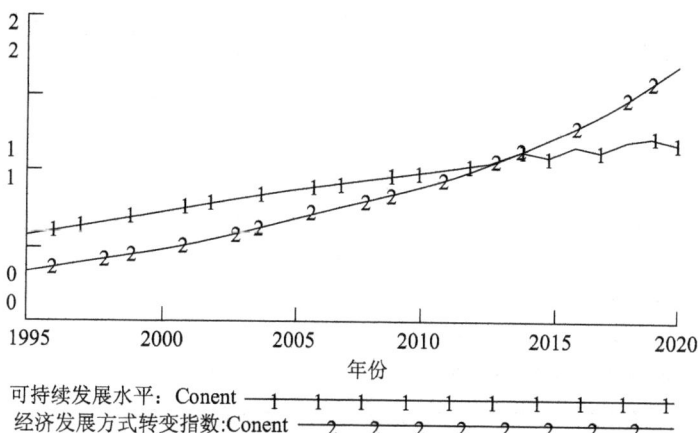

图 7-11　可持续发展水平与经济发展方式转变关联图

7.3.4 GDP 与环境污染程度、能源年消费生产差额

GDP 与环境污染程度、能源年消费生产差额如图 7-12 所示。从图 7-12 中可以看出,当经济发展水平较低时,环境污染程度也较轻,但其恶化程度随着经济的增长而加剧;当经济发展达到一定水平后,其环境污染程度逐渐减缓,环境质量得到改善,这一结论符合环境库兹涅茨曲线中经济增长与环境污染的关系。根据模型的预测,2015 年后环境污染程度才有所减轻。如图 7-12 所示,改革开放初期,经济快速发展,能源消费量也呈现出快速上升的趋势。近年来,能源消费量呈现出波动上升的趋势,由于政府节能政策的调控,有效控制了能源的消费量,能源生产与消费的差额逐渐趋于稳定。经济的增长一方面会加剧环境污染,增加能源的消耗,另一方面,经济发展又会增加环境污染治理投资与促进科技进步,控制环境污染,加强能源利用效率,促使经济在资源与环境的双重约束下稳步上升。

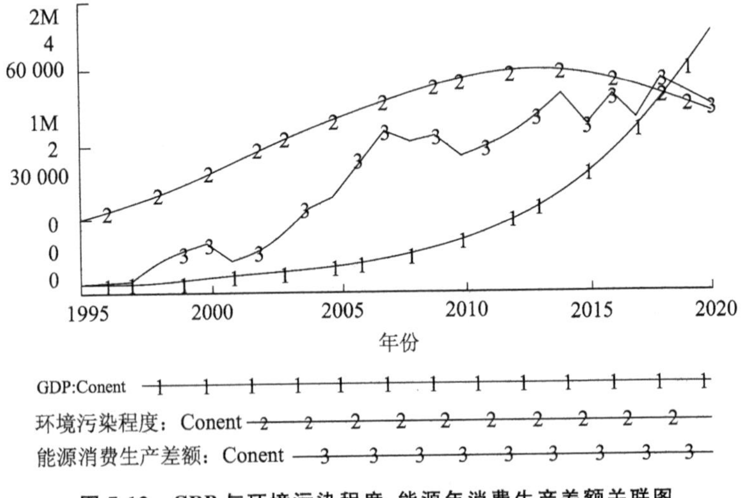

图 7-12 GDP 与环境污染程度、能源年消费生产差额关联图

7.3.5　经济发展方式转变与产业结构优化水平、科技发展水平、社会发展水平

如图 7-13 所示,经济发展方式转变与产业结构优化水平、科技和社会发展水平在长期均呈现上升的趋势,其中科技发展水平增长势头较快,而产业结构优化水平与社会发展水平的发展趋于平稳。产业结构优化水平呈现出先升后降再升的发展趋势。由于国际金融危机的影响,导致 2008 年前后我国高技术产品进出口减少,严重影响了高技术产业的发展,产业结构优化水平出现下降趋势。随着危机的解除,高技术产业恢复生机,处于缓慢的发展过程中。由此可见,科学技术的进步大幅度推动了经济发展方式的转变,两者之间呈现出较强的一致性,科技水平的提升将促进产业结构的升级、提高环境污染治理水平和能源利用效率,进一步推进经济发展方式的转变。

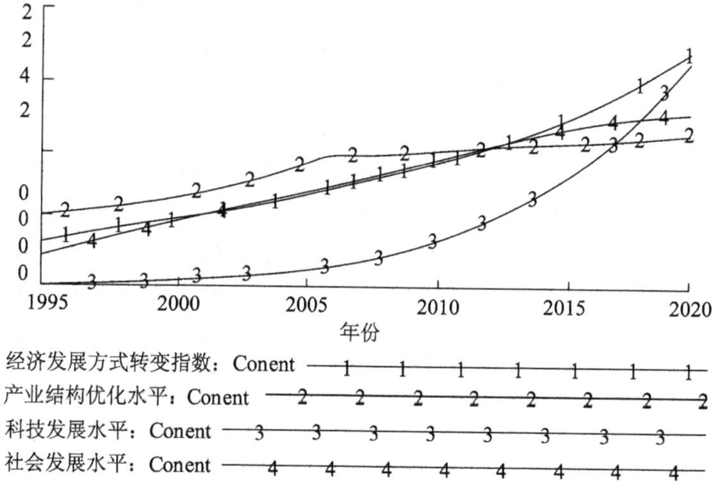

图 7-13　经济发展方式转变与产业结构优化水平、
科技发展水平、社会发展水平关联图

7.4　不同方案的模拟结果和分析

7.4.1　加强政府宏观政策激励的方案模拟

方案一是在原始参数惯性发展的传统模式下进行的,方案二是在保证其他变量一定的情况下,改变国家相关政策激励后(变量"政府相关政策激励因子"从 1 变为 2)得出的结论。党的十七大明确提出了加快转变经济发展方式的战略任务,"十二五"规划纲要又进一步明确以加快转变经济发展方式为推进国民经济和社会发展的主线,因此政府出台了一系列宏观政策刺激经济发展方式的转变:积极鼓励第三产业及战略性产业的发展,推进服务业改革,从而实现产业结构优化。党的十八大指出了要大力推进生态文明建设,把生态文明建设放在突出地位,融入经济建设、政治建设、文化建设、社会建设各方面和全过程,而生态文明建设是加快转变经济发展方式、实现绿色发展的必然要求;技术创新是促进我国经济增长的重要动力,也是推动高技术企业和创新型企业发展的重要引擎,更是转变经济发展方式的关键方法,因此政府应进一步加强政策扶持和引导,做大做强一批创投机构,发展创业投资等。这些政策会影响到经济发展的方方面面,从而促进经济发展方式的转变。

图 7-14 至图 7-17 分别展示了 GDP、经济发展方式转变指数、环境污染程度及能源利用效率在方案一和方案二两种不同程度的政府相关激励水平下的情况。图 7-14 和图 7-15 分别是 GDP、经济发展方式转变指数的方案一和方案二的对比,政府的政策激励经过多年的累积后,其作用效果是逐渐放大的,政府政策小幅度的变化带来的影响却是十分明显的。如果政府政策没有起到激励作用,或是起到的负面作用大于正面作用,其对经济增长的反作用也将会数倍的加强。因此政府在制定政策时应加强这方面的分析和考虑,力求保证政策能够最大限度地发挥作用。如图 7-16 和图 7-17 所示,政府的相关激励政策对环境的影

响也是较大的,但是对能源利用效率的影响却是有限的。这是由于,政府政策的激励不仅通过增加 GDP 的发展增加了环境治理的投资力度而且通过科技进步加强了污染治理水平,双管齐下,使得环境得到有效改善;但是,能源利用效率的提升仅通过技术的进步,所以效率增加有限。政府在制定相关激励政策时应当做到对症下药,对于能源利用效率的提升可以实行技术改进补贴等优惠政策,鼓励企业改进生产设备,提高资源利用效率。

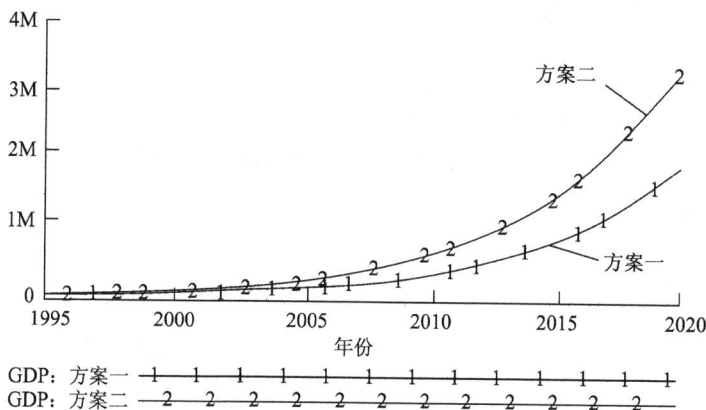

图 7-14　方案一和方案二下 GDP 水平比较

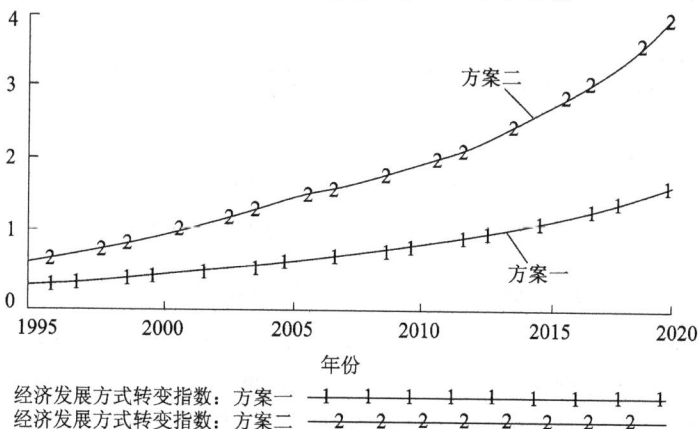

图 7-15　方案一和方案二下经济发展方式转变指数比较

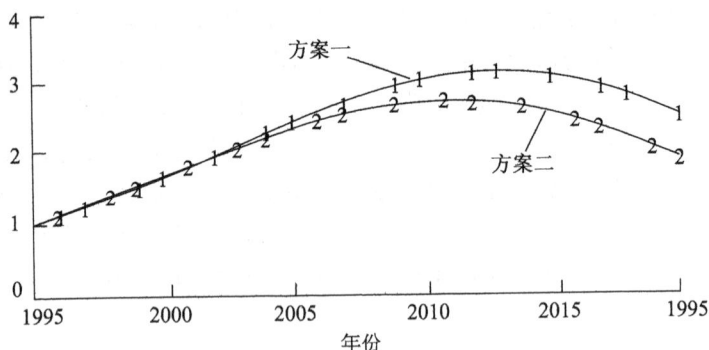

图 7-16　方案一和方案二下环境污染程度比较

环境污染程度：方案一
环境污染程度：方案二

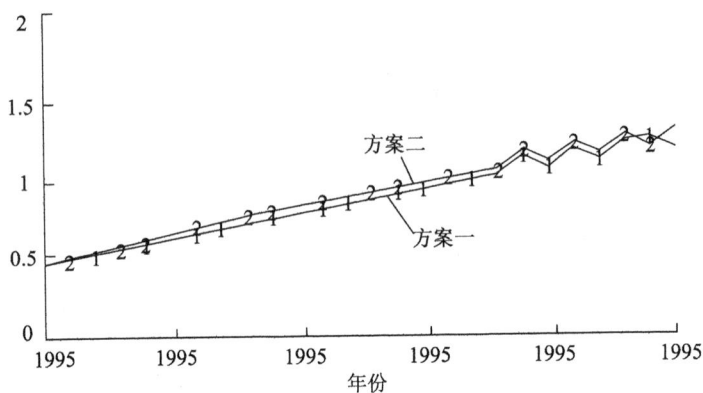

图 7-17　方案一和方案二下能源利用效率比较

能源利用效率：方案一
能源利用效率：方案二

7.4.2　加强资源环境政策调控的方案模拟

同上节一样,方案一是在原始参数惯性发展的传统模式下进行的,方案三则是在保证其他变量一定的情况下,加强资源环境政策调控后(变量"资源环境政策调控因子"从 1 变为 2)得出的结论。政府的政策调控和监管在节约资源、保护环境方面发挥着重要作用,具体包括环境收费、环境税收、生态补偿政策等,这方面政策调控随着经济发展方式转变的需要而不断加强。十八大报告提出要大力推进生态文明建设,十八届三中全会指出用制度保护生态环境,必须建立系统完整的生态文明制度体系,要健全自然资源资产产权制度和用途管制制度,实行资源有偿使用制度和生态补偿制度,改革生态环境保护管理体制。此外,《中华人民共和国环境保护法(修订草案)》获得通过,在环境保护基本理念、公众参与、法律责任等方面做了重要修改,同时确立与其配套的执法规范及其标准制度。节约资源和保护环境离不开政府的管控,需要相关标准和规范的政策加以调控。

　　图 7-18 至图 7-21 分别展示了 GDP、经济发展方式转变指数、环境污染程度及能源利用效率在方案一和方案三的情况。GDP 和经济发展方式转变指数发生的变化较小,因为资源环境政策仅仅是针对资源节约和环境保护,作用力有限。而 GDP、经济发展方式转变指数等经济指标则受到包括资源环境政策在内的多方面因素影响,需要各方面的协同作用才会有显著的改善,资源环境政策需要通过对能源和环境的作用而逐渐影响到可持续发展及经济发展水平。不过可以看到,资源环境政策调控的加强对 GDP 和经济发展方式转变指数产生了正向作用,方案三的数值大于方案一,说明资源环境方面的改善有助于经济发展方式的转变。图 7-20 和图 7-21 表明了资源环境政策的对环境污染和能源利用发挥着直接且重要的作用。政府如果提高环境污染的收费、贯彻生态补偿政策,必然加强企业和社会的重视度,采取措施减少污染排放、控制资源消耗。一些补贴措施可以鼓励对科技创新的投资,通过技术进步来改善对资源环境的依赖。资源环境政策的调控对减少环境污染、提高能源利用产生了显著影响,而且系统动力学的反馈机制使得作用效果逐渐放大,方案三的值比方案一优化许多,因此政府在调控政策时要注意力度把控。

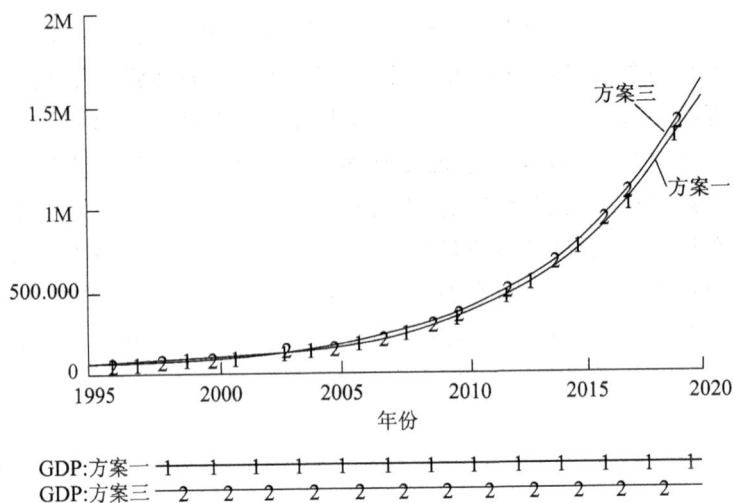

图 7-18　方案一和方案三下 GDP 水平比较

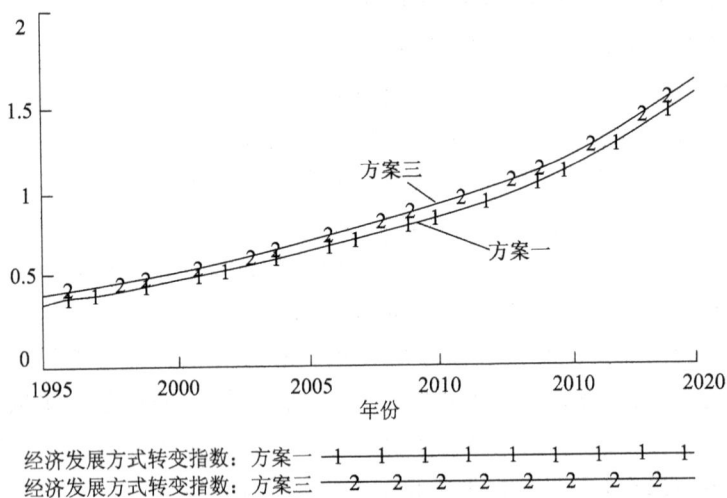

图 7-19　方案一和方案三下经济发展方式转变指数比较

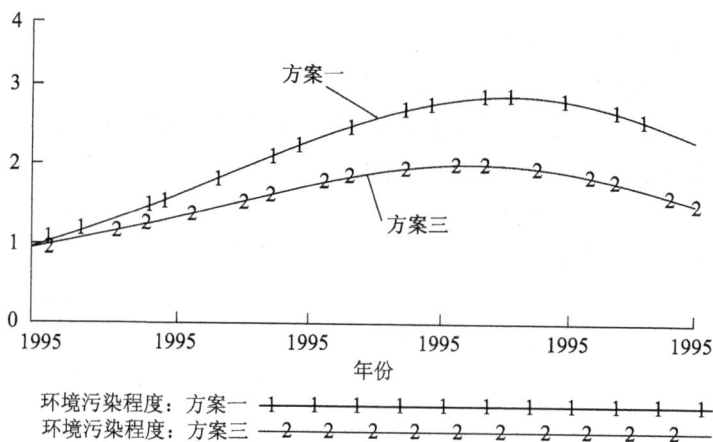

图 7-20　方案一和方案三下环境污染程度比较

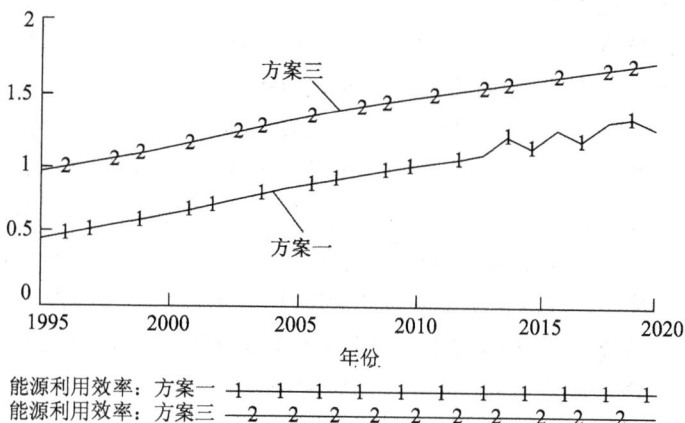

图 7-21　方案一和方案三下能源利用效率比较

根据以上分析,可以得出以下结论:

第一,我国经济发展方式的转变与经济增长是相互影响的,经济发展方式转变的稳步升级促进了经济的增长,经济的增长又为经济发展方式的转变提供了有力的保障。

第二,我国资源利用和环境优化随着时间的推移总体是呈现不断改善的趋势,但发展不稳定且时有波动,改善的速度也较慢,这在一定程度上抑制了我国经济发展方式的转变,目前由于科技水平的迅速发展,有效地推进了经济发展方式的转变,因此资源与环境对经济发展的约束并未成为不可调和的矛盾。为此,在提高科学技术水平的同时,只要注意将科技成果应用于环境污染治理与能源利用效率,减少环境污染程度和能源消耗量,而不是仅仅依靠政策在短时间内实现能源消费量的减少,这不是长久之计,要找到解决能耗过多的根源,提高科技的应用水平,一方面可以提高能源利用效率,另一方面可以加快产业结构升级,减少能源消费。

第三,从方案一和方案二、方案三的对比中我们可以看出,政府政策力度的加强对经济发展方式转变及经济增长会产生一定影响。转变经济发展方式的宏观政策的微小波动引起 GDP 和经济发展方式转变指数的较大变化,影响效果是放大的;对环境的影响也较大,但对能源利用效率的影响却是有限的。而资源环境有关政策的调整加强带来了 GDP 和经济发展方式转变指数的小幅度变化,却明显减少了环境污染,提高了能源利用率。不同方面的政策调控,影响效果会产生差异,所以需要注意政策实施的目标要求。因此,适时地抓住有利时机,利用目前我国经济增长的良好势态发展科学技术,切实转变经济发展方式,把资源、环境与经济增长结合起来,走可持续发展道路。

7.5　本章小结

本章通过建立包括社会发展子系统、科技发展子系统、产业结构子系统、资源环境子系统在内的经济发展方式转变的系统动力学模型,通过四个子系统之间的联系,使得各个系统相互促进、相互制约,发挥整体功能,从而实现我国经济发展方式的转变。仿真结果表明:我国经济发展方式的转变与经济增长是相互影响的;我国资源利用和环境优化随着时间的推移总体是呈现不断改善的趋势,但发展不稳定且时有波动,改善的速度也较慢,这在一定程度上抑制了我国经济发展方式转变的速度;如果加大政府政策激励力度,所获得经济发展方式转变及经济增长的成效将十分显著,如果加强资源环境政策的调控,环境污染和能源利用受到的影响也会很大,因为政策的微小波动引起的变化是放大的。

第8章 资源与环境约束下我国经济发展方式转变的战略思考及对策建议

通过前面各章的理论与实证的分析可知,我国经济发展方式转变进程不断加速,经济发展总体趋势向好,然而产业结构仍不够优化,创新能力仍较薄弱,经济发展方式转变的空间仍有进一步提升的潜力。本章将采用 SWOT 分析和 QSPM 分析法,提出并选择提升我国经济发展方式转变的战略,在此基础上给出加快中国经济发展方式转变的对策建议。

8.1 我国经济发展方式转变的 SWOT 分析

SWOT 分析法最早是由美国旧金山大学的管理学教授于 20世纪 80 年代初提出来的,它是竞争情报分析常用的方法之一,就是将与研究对象密切相关的各种主要内部优势(Strengths)和劣势(Weaknesses)、外部机会(Opportunities)和威胁(Threats)依照矩阵形式排列,然后运用系统分析的思想,把各种因素相互结合起来分析,从中得出一系列相应的结论和对策的研究方法。SWOT 分析方法的运用,有利于对研究对象进行全面、系统、准确的研究,有助于制定改善现状的发展战略和计划,有利于提出更加妥帖的对策建议。在资源与环境约束下我国经济发展方式转变的研究,牵涉面广,涉及因素繁多,因此有必要引入 SWOT 分析方法,得到更科学的结论。

8.1.1　我国经济发展方式转变的 SWOT 因素分析

8.1.1.1　优势因素（Strength factors）分析

（1）中国经济的持续增长为经济发展方式转变带来坚实基础

近些年来中国经济得到了飞速发展，GDP 由 2001 年的 109 655.2亿元增长到 2013 年的 568 845.2 亿元，13 年间 GDP 总量增长 4 倍多，中国经济的增长速度也很让人震惊，由 2001 年的 8.3％逐年增长到 2007 年的最大值 14.2％，后又由于金融危机的影响，中国的经济发展速度有所回落，但仍保持在 9.5％左右，近两年经济增长有所放缓，2012 年、2013 年的增长率都是 7.7％。根据国际统计年鉴的数据显示，2008 年和 2009 年中国国内生产总值居世界第三位，2010 年居世界第二位，仅次于美国。由此可见，中国经济的持续增长为中国经济发展方式转变带来了坚实的经济基础。

（2）我国丰富的自然资源为经济发展方式转变带来了坚实的物质基础

我国土地面积有 960 万平方公里，居世界第三位。我国矿产资源丰富，由中国环境统计年鉴知，2013 年石油的基础储量为 336 732.8万吨，天然气的基础储量为 46 428.8 亿立方米，煤炭基础储量为 2 362.9 亿吨，铁矿基础储量为 199.2 亿吨，锰矿基础储量为 21 547.7 亿吨，锡矿基础储量为 116.5 万吨。由第八次全国森林资源清查结果显示，我国森林面积为 20 768.73 万公顷，森林覆盖率为 21.63％，活立木总蓄积 164.33 亿立方米，森林蓄积 151.37 亿立方米，森林面积居世界第五位，森林蓄积居世界第六位，人工林面积居世界首位。

（3）政府对经济发展方式转变的重视

2014 年 4 月 24 日，十二届全国人大常委会第八次会议通过了《中华人民共和国环境保护法（修订草案）》，自 2015 年 1 月 1 日起施行，进一步加强了环境保护的法律保障。党中央、国务院坚持以科学发展观为主题,以加快转变经济发展方式为主线,按照稳中求进的工作总基调,加强和改善宏观调控,着力稳增长、调结构、抓改革、惠民生,宏观经济运行总体良好,较好地完成了全年经济社会发展任务。2015 年 3 月的第十二届全国人民代表大会第三次会议指出,我国的经济增速预期目标是 7%,同时我国又在进行结构调整,必然经历增速放缓,这也是全球增长放缓的一部分。会议提出了协调推动经济稳定增长和结构优化,既要全力保持经济在合理区间运行,又要积极促进经济转型升级、行稳致远。

(4) 新能源产业的发展

面对越来越严峻的资源形势,开发和利用新能源势在必行。目前,我国新能源产业规模不断扩大,发展速度加快,其中利用比较广泛的新能源是太阳能、风能和生物质能。新能源的发展受到了国内各企业和民间资本的青睐,发展新能源企业成了企业发展的重要战略之一。我国的水力发电的产业化程度较高,技术非常成熟,而且盈利稳定;太阳能的热利用程度较为成熟,处于世界领先地位;生物燃油和燃料电池等基本上处于开发和研制阶段。由此可见,我国对新能源的重视,为我国经济发展方式转变奠定了基础。

(5) 科研人员数量众多

我国高校和科研院所众多,人才资源十分丰富。截至 2005 年,我国高等教育规模已经位居世界第一。根据统计年鉴数据显示,2013 年全国共有普通高校和成人高校 2 788 所,普通高校 2 491 所,其中本科院校 1 170 所,我国普通高等教育在校学生人数超过 2 400 万人。全国共招收研究生 61.14 万人,其中博士生 7.05 万人、硕士生 54.09 万人,由此可见,我国高等院校已经成为科学研究和科技创新的主力军,为我国经济发展方式转变提供了有力的人力资源支持。

（6）引入外资金额大

中国经济的快速发展，外商投资企业占据了重要地位，2000 年到 2013 年我国外商直接投资实际利用外资金额不断增加。由于我国实施西部大开发战略和加入 WTO 等有利因素的影响下，我国在 2002 年引入 FDI 金额首次超过 500 亿美元，达到 527.43 亿美元，受 2008 年金融危机的影响，2009 年我国实际利用 FDI 金额下跌至 900.33 亿美元，比 2008 年减少 23.62 亿美元。近几年实际利用 FDI 金额趋于稳定，2013 年我国实际利用 FDI 金额达到最大值 1 175.86 亿美元，外资的引入为我国经济的发展提供了资金支持，有利于我国经济发展方式的转变。

8.1.1.2　劣势因素（Weakness factors）分析

（1）环境治理投入不足

保护环境就是保护我们赖以生存的家园，良好的环境对人们的工作、生活、身体健康至关重要，我国正在加大对环境污染治理的投资。我国对环境污染治理投资占 GDP 的比重逐年小幅度波动，整体呈现上升的趋势，由 2000 年的 1.02％波动上升到 2010 年的最大值 1.9％，而后 2011 年又回落到 1.5％，此后又逐渐增长。我国已经对环境问题给予了一定程度的重视，但是环境污染治理的投资力度还十分微弱。

（2）自然资源人均占有量少

中国拥有 13 亿多人口，居世界第一位。虽然中国的 GDP 位居世界前列，但是人均 GDP 水平较发达国家相距甚远。人均 GDP 由 2001 年的 8 622 元逐步上升到 2013 年的 41 908 元，但由于人口众多，除了有色金属和稀土矿外，中国大多数资源的人均量都低于世界平均水平。人均土地面积为世界平均的 30％；人均耕地只有 0.1 公顷，仅为世界人均的 1/3；人均森林面积为 0.13 公顷，为世界人均的 15％；人均林木储蓄量 9.8 立方米，仅为世界平均的 13％；人均草地面积 0.31 公顷，仅为世界人均的 36％；人均矿产资源居世界第 80 位。

（3）自然资源利用率低

中国能源加工及转换总效率从 2004 年开始保持在 70% 以上,但是与发达国家相比能源加工及转换总效率还是偏低。我国钢铁、有色、煤炭、建材、化工、纺织等行业的余热余压及其他余能没有得到充分利用,如钢铁企业的焦炉气、高炉气、转炉气,煤矿的煤层气,焦化企业的焦炉气等可燃副产气大量放空,造成能源的严重浪费,同时也污染了环境。

（4）能源分布不均匀

2014 年中国环境统计年鉴数据显示,2013 年我国煤炭基础储量为 2 362.9 亿吨,主要分布于山西、内蒙古、陕西和新疆四省区,四省区总储量占全部基础储量的 67.6%,而浙江、广东、西藏和海南四省区储量最少,仅占全部煤矿总储量的 0.09%。石油基础储量 336 732.8 万吨,主要集中于河北、内蒙古、东北三省、山东、陕西、甘肃、新疆九省区。天然气主要分布于内蒙古、吉林、黑龙江、山东、重庆、四川、陕西、青海和新疆九省区。铁矿矿石 199.2 亿吨,其中辽宁省储量最多 56.25 亿吨,占铁矿全部储量的 28.2%,四川省和河北省次之,储量分别为 26.6 亿吨和 23.97 亿吨,而此三省总储量占全部储量的 53.6%。原生钛铁矿主要分布在河北、山东、湖北和重庆四省区。由此可见,我国能源分布不均,这为我国经济发展方式转变形成了阻碍。

（5）区域经济发展不平衡

我国区域经济发展差距很大,以 2013 年数据为例,全国国民经济核算中,国内生产总值为的 568 845.2 亿元,其中东部地区地区生产总值为 336 636.89 亿元,占国内生产总值的 53.4%;中部地区地区生产总值为 144 138.01 亿元,占国内生产总值的 22.9%;西部地区地区生产总值为 94 792.4 亿元,占国内生产总值的 15.1%,东北地区的地区生产总值最少为 54 442.04 亿元,仅占国内生产总值的 8.6%。因此,我国区域经济发展不平衡为我国经济发展方式转变带来了一定的困难。

（6）创新型人才缺失

2014 年我国科技人力资源总量达到 7 490 万人，科技人才总量和大学毕业生总数都超过美国，但我国仍不属于人才强国。究其原因，就在于缺乏战略型创新型人才，缺乏高层次的战略科学家、技术家和发明家。我国是拥有 13 亿人口的大国，而高层次创新型人才仅 1 万多人。比如我们是海洋大国，但我国在世界海洋专家数据库登记的专家不足百人，不到全球总数的 1%，仅为美国的 1/20。我国创新型人才的缺失是我国经济发展方式转变的一大缺憾。

（7）我国消费率和居民消费率低

1978 年我国消费率为 62.1%，1993 年下降到 59.3%，2013 年下降到 51.0%，可见我国消费率总体趋势是下降的。在居民消费方面，我国居民消费率总体趋势也是下降的，1978 年我国居民消费率为 48.8%，到 2013 年我国居民的消费率为 37.3%，明显低于美国的 70%、日本的 60% 和俄罗斯的 52%，同时我国的消费率和居民消费率也低于世界的平均水平。因此，我国持续走低和偏低的消费率和居民消费率对我国经济发展方式转变有一定的阻碍作用，同时对推动我国经济发展方式的转变也存在巨大的潜力。

8.1.1.3　机会因素（Opportunity factors）分析

（1）经济全球化为我国经济发展方式转变带来了机遇

经济全球化为世界各国的经济发展带来了机遇，对外贸易的不断增加推动了中国经济的发展，跨国公司和外商直接投资为中国经济的发展带来了技术支持和管理经验，有利于我国经济的发展和人民生活水平的提高。

2013 年 9 月和 10 月习近平总书记提出的建设"新丝绸之路经济带"和"21 世纪海上丝绸之路"，即"一带一路"的战略构想，为我国转变经济发展方式、推进区域经济一体化、顺应经济全球化带来机遇。"一带一路"沿线大多是新兴经济体和发展中国家，普遍处于经济发展的上升期,开展互利合作的前景广阔。我国将实行更加积极主动的开放战略,充分发挥国内各地区比较优势加大资本、基础设施建设、技术等的输出,同时利用国际市场引进资源、能源和高新技术,优化要素输入和输出结构,改善经济发展方式,同时加强东、中、西部互动合作,全面提升开放型经济水平。我国传统的外向型经济和经济发展方式正在受到资源、环境、结构、劳动力成本、国际环境等多方面制约,"一带一路"战略促使我国进一步参与国际分工与合作,促进对外贸易和经济技术交流,解决经济发展中的问题。它为我国东部地区产业转移和化解过剩产能提供了空间,推动低端制造业的区域转移,拉动中西部基础设施的投资建设,带动沿海地区优化外贸结构。在与沿线各国的经贸合作与经济交流中推动经济转型升级,转变经济发展方式,稳步促进我国经济质量效率型集约增长,从而成为牵引经济发展的新引擎。

(2)全球各国对环境保护的重视促使我国改变经济发展方式

目前,全球能源消费依然侧重于化石燃料,它在能源消费中的份额高达87%,可再生能源仅占能源消费的2%。而在化石燃料中煤炭成了消费增长最快的能源,这为全球气候变化带来不利影响。当前全球人类生存环境受到很大的威胁,如全球气候变暖,较高的气温使得冰川融化,海平面上升会使海岸沿线地区被淹没,气候变暖还可能引起降雨和大气环流的变化,使气候反常,易造成旱涝等自然灾害;土地荒漠化严重,全球陆地面积占60%,沙漠和沙漠化问题的面积占了29%,而每年有600万公顷的土地变成沙漠,每年经济损失约423亿美元;除此之外,我们还受到大气污染、水污染、海洋污染、森林锐减和酸雨蔓延等环境问题的威胁。对此,各国纷纷出台保护环境的各种措施来保护我们赖以生存的家园,这为我国环保产业的发展和经济发展方式转变提供很好的机会。

（3）建立资源节约型、环境友好型社会的要求

目前,资源的短缺和环境的恶化已经成为制约中国经济发展、影响社会稳定和危害公众健康的重要因素,对此中共十六届五中全会明确提出了"资源节约型和环境友好型社会",并首次将建立资源节约型和环境友好型社会确定为国民经济与社会发展中长期规划的一项战略任务。与此同时,在《中共中央关于制定国民经济和社会发展第十一个五年规划的建议》中,又将"建立资源节约型和环境友好型社会"作为基本国策,将其提高到前所未有的高度。建立资源节约型、环境友好型社会要求我国转变经济发展方式,这为我国经济发展方式的转变带来了政治支持。

（4）对外贸易发展推动我国转变经济发展方式

我国的对外贸易主要以加工制造业为主,从全球价值链视角上看,加工制造环节处于价值链中低端环节,商品的附加值低,与产品的研发等高端环节相比,我们获得的利润相当有限。此外,我国是以廉价的劳动力在加工制造方面有一定的优势,但随着我国经济的发展和人民生活水平的提高,我国劳动力的竞争优势逐渐减弱,有被其他国家代替的趋势。面对国际激烈的贸易竞争,我国应该提高我国自主创新能力和技术水平,转变我国外贸发展方式和经济发展方式。

8.1.1.4　威胁因素（Threat factors）分析

（1）世界各国激烈的竞争压力

加入 WTO 后,中国的本土企业在生产战略、品牌和人才上面临巨大的国际竞争压力。随着经济全球化的迅速发展,国外的产品进入我国市场,我国本土企业受到了威胁。我国经济的发展大都依赖丰富的资源,技术相对落后,就对外贸易来说,我国企业生产的商品大都是处于价值链低端环节的加工制造环节,产品的附加值低。而新技术的引进和发展还需要一段时间,我国经济的发展和发展方式转变受到激烈的竞争压力。

（2）自然灾害造成的经济损失

根据第一次全国水利普查水土保持情况普查成果,我国水土流失面积 294.91 万平方千米,占到普查范围总面积的 31.12%,其中水力侵蚀面积 129.32 万平方千米,风力侵蚀面积 165.59 万平方千米。2012 年,全国主要林业有害生物灾害呈现高发多发态势,发生面积为 1 176.87 万公顷,重度发生面积为 98.73 万公顷。2014 年我国共发生森林火灾 3 673 起,受害面积 1.88 万公顷,发生草原火灾 158 起,受害草原面积 39 338.6 公顷,牲畜损失 1 223 头（只）,经济损失 2 204.6 万元。2014 年,全国共发生各类地质灾害 10 907 起,其中滑坡 8 128 起、崩塌 1 872 起、泥石流 543 起、地面塌陷 302 起、地裂缝 51 起、地面沉降 11 起,造成 349 人死亡、51 人失踪、218 人受伤,造成直接经济损失 54.1 亿元。2014 年,中国大陆地区共发生 5.0 级（含）以上地震 22 次,有 10 次地震灾害事件,其中重大地震灾害事件 1 次,较大地震灾害事件 4 次。地震灾害共造成 713.51 万平方米房屋毁坏和严重破坏,3 477.99 万平方米房屋中等及以下破坏,直接经济损失 358.5 亿元。

（3）高素质人才的缺失和外流

在市场经济的大环境下,人才的竞争已经成为衡量企业竞争能力的主要内容之一,企业想要拥有持久的竞争力,就要具备比对手更优秀和更具创造力的人才资源。在创新型人才培养方面,我国与国外相比差距很大,我国高度缺乏高技术、高素质人才,我国对外技术依存度高达 50%,远远高于经济发达的美国和日本的 5% 左右;我国的专利转换率不足 15%,而美国等发达国家的专利转换率高达 70% 以上,由此可见,在我国经济发展方式转变的过程中,要注重高技术人才的培养。除此之外,中国加入 WTO 后国内的大多数企业不能抵挡外企强大的竞争力,结果许多优秀人才外流。2000 年至 2013 年我国出国留学人数逐年递增,2013 年人数达到最大值 413 900 人,年平均增速接近 20%。学成归国人数也是递增的,从 2000 年的 9 121 人增至 2013 年的 353 500 人,年平均增速达到 32.5%,但是人数小于出国留学人数。我国的高素质、高技术人才仍处于不断流失的状态。

（4）突发事件的威胁

1997 年和 2008 年发生的金融危机对我国经济发展造成了很大的影响,2008 年的金融危机破坏力更甚,国际金融体系遭到破坏,许多中小企业在其冲击下倒闭,此次的金融危机对我国的实体经济造成了严重的负面影响,导致我国经济增长的脚步放缓,更加严重的是导致我国失业率增加,社会不安因素增加。除此之外,我国经济还受到能源危机的威胁,1990 年由于波斯湾战争世界石油价格暴涨,2005 年由于供需关系失衡又引起石油价格的上涨,能源危机严重影响我国经济的发展,推动我国转变经济发展方式。

8.1.2　我国经济发展方式转变的 SWOT 矩阵分析

为了便于综合分析资源与环境约束下我国经济发展方式转变的各因素,将我国经济发展方式转变的优势、劣势、机会和威胁等因素以对比分析的矩阵形式表现出来,具体见表 8-1 和表 8-2。

表 8-1　我国经济发展转变的优势与劣势因素对比分析

关键内部因素对比分析	
优势（S）	优势（W）
S_1:中国经济的持续增长为经济发展方式转变带来坚实基础 S_2:我国丰富的自然资源为经济发展方式转变带来了坚实的物质基础 S_3:政府对经济发展方式转变的重视 S_4:新能源产业的发展 S_5:科研人员数量众多 S_6:引入外资金额大	W_1:环境治理投入不足 W_2:自然资源人均占有量少 W_3:自然资源利用率低 W_4:能源分布不均匀 W_5:区域经济发展不平衡 W_6:创新型人才缺失 W_7:我国消费率和居民消费率低 W_8:我国居民收入差距大

表 8-2　我国经济发展方式转变的机会和威胁因素对比分析

关键外部因素对比分析	
机会(O)	威胁(T)
O_1:经济全球化为我国经济发展方式转变带来了机遇 O_2:全球各国对环境保护的重视促使我国改变经济发展方式 O_3:建立资源节约型、环境友好型社会的要求 O_4:对外贸易发展对我国经济发展方式转变的推动	T_1:世界各国激烈的竞争压力 T_2:自然灾害造成的经济损失 T_3:高素质人才的缺失和外流 T_4:突发事件的威胁

8.2　我国经济发展方式转变的战略分析与选择

8.2.1　我国经济发展方式转变的战略构成分析

从战略角度出发,本书将 S,W,O,T 进行组合,可以形成四种不同的战略,SO 战略是利用机会、发挥优势;WO 战略是利用机会、克服劣势;ST 战略是发挥优势、减少威胁;WT 战略是减少威胁、克服劣势。为了把我国建设成资源节约型、环境友好型社会,实现全面建设小康社会的目标,为了促进我国经济持久健康发展,实现人民幸福安康,适应国际经济形势,加快转变我国经济发展方式势在必行。基于以上的目标,本书将经济发展方式转变的优势、劣势、机会和威胁进行了匹配,得到了备选战略,它们是 SO 战略、WO 战略、ST 战略和 WT 战略。具体战略见图 8-1 战略对策体系的 SWOT 矩阵分析。

战略　内部因素　外部因素	优势(S)　S_1:中国经济的持续增长为经济发展方式转变带来坚实基础　S_2:我国丰富的自然资源为经济发展方式转变带来了坚实的物质基础　S_3:政府对经济发展方式转变的重视　S_4:新能源产业的发展　S_5:科研人员数量众多　S_6:引入外资金额大	劣势(W)　W_1:环境治理投入不足　W_2:自然资源人均占有量少　W_3:自然资源利用率低　W_4:能源分布不均匀　W_5:区域经济发展不平衡　W_6:创新型人才缺失　W_7:我国消费率和居民消费率低　W_8:我国居民收入差距大
机会(O)　O_1:经济全球化为我国经济发展方式转变带来了机遇　O_2:全球各国对环境保护的重视促使我国改变经济发展方式　O_3:建立资源节约型、环境友好型社会的要求　O_4:对外贸易发展对我国经济发展方式转变的推动	SO 战略　SO_1:循环经济战略　SO_2:节能减排战略　SO_3:科技创新战略	WO 战略　WO_1:多元化环保投入战略　WO_2:海外人才引进战略　WO_3:扩大内需战略
威胁(T)　T_1:世界各国激烈的竞争压力　T_2:自然灾害造成的经济损失　T_3:高素质人才的缺失和外流　T_4:突发事件的威胁	ST 战略　ST_1:新能源开发战略　ST_2:创新型人才培育战略　ST_3:财税政策激励战略	WT 战略　WT_1:国际能源流动战略　WT_2:区域经济协调发展战略

图 8-1　战略对策体系的 SWOT 矩阵分析

8.2.2　我国经济发展方式转变的战略研究

本章通过对 SWOT 的分析结果,提出了加快我国经济发展方式转变的战略。

(1) 循环经济战略

在现代经济词典中,循环经济是建立在物质资源不断循环利用基础上的经济,它是以"资源—产品—再生资源"为流程的物质反复循环利用的一种生态经济,它包括产品的清洗生产、资源的循环利用和废物的高效回收。循环经济是实现可持续发展的重要途径之一,许多国家以立法的方式推进循环经济的发展。循环经济战略对我国经济发展、环境保护和人民健康都具有重要意义。

(2)节能减排战略

节能减排有广义和狭义之分。广义上指节约物质资源和能源资源,减少废弃物和环境有害物的排放;狭义上指节约能源和较少有害物质排放。节能减排战略是贯彻落实科学发展观,建设资源节约型、环境友好型社会的必然选择。我们应采取措施、加强管理,采取技术上可行、经济上合理及社会可承受的方法,从能源生产到消费的各个环节,都尽量降低能源消耗和减少有害物质排放。

(3)科技创新战略

政府应从经费支出到政策支出,加大创新的支持力度,实施促进自主创新能力的政府采购,不断鼓励和保护自主创新能力的发展,并对国内企业研发的具有自主知识产权的高新技术产品,实施首购政策,并对企业采购国产高新技术设备提供政策支持。政府应从各个方面支持和鼓励科技创新,不断增强企业自主创新能力,不断提升企业科技创新的国际竞争力。

(4)多元化环保投入战略

建立多元化、多渠道的环保投入体系,充分发挥政府在环保投入上的引导和监督作用,通过政府的支持和监督,增加企业对环保的资金投入,不断减少有害物质的排放量,同时安排专项资金治理各种环境污染,深化环境影响的评价制度,对环境影响评价受理、审批和验收全过程"三公开",保证公众的参与权和知情权。将环保资金投入到饮用水治理、森林草场治理和土壤治理等关乎人民生活的各个方面。

（5）海外人才引进战略

2013年度我国出国留学人员总数413 900人，同比增长3.58%；留学回国人员总数353 500人，同比增长29.53%。在2011年新当选的中国科学院院士中，留学回国人员占90%。因此，继续制定和实施政策吸引优秀留学人才回国工作，吸引高层次人才和紧缺人才仍有潜力。政府和企业应采取多种方式，建立符合留学人员特点的引才机制，加大对高层次留学人才回国的资助力度和提高待遇条件，健全留学人才为国服务的政策措施，同时加大高层次创新人才公开招聘力度，施行强有力的政策措施，吸引海外高层次优秀人才和团队来华工作。

（6）扩大内需战略

当今世界正处于大发展大变革之中，经济转型和结构调整成为国际大趋势，中国经济的发展已与世界经济高度融合，中国经济要发展就要处理好国际和国内两个大局，进一步加快发展方式转变和结构调整。调整经济结构最重要的是扩大内需。在面对国际金融危机时，我们依靠扩大内需实现了经济好转；我国人口众多、国土广阔，市场空间大、内需潜力大，对经济的发展有持久的拉动作用。

（7）新能源开发战略

由于石油、煤炭、天然气等传统能源在未来可能面临枯竭，面对越来越严峻的能源危机和环境危机，不断研发提高传统能源的能效，从根本上代替传统能源的新能源是世界各国和国际社会的重大攻关项目，为了在未来抢占经济制高点，增强我国国际竞争力，新能源的开发对我国经济发展具有重要意义。新能源的特点是清洁、安全和基本可以满足需求，新能源最大的优势是地域分布比较均衡且资源量巨大。新能源的开发有利于优化能源消费结构和保护生态环境，有利于培育新的经济增长点和增加就业机会，有利于我国经济的发展和社会的可持续发展。

(8) 创新型人才培育战略

充分发挥教育在创新人才培养中的重要作用,加强科技创新与人才培养的有机结合,鼓励科研院所与高等院校合作培养研究型人才。支持研究生参与或承担科研项目,鼓励本科生投入科研工作,在创新实践中培养他们的探索兴趣和科学精神。高等院校要适应国家科技发展战略和市场对创新人才的需求,及时合理地设置一些交叉学科、新兴学科并调整专业结构。加强职业教育、继续教育与培训,培养适应经济社会发展需求的各类实用技术专业人才,还要深化中小学教学内容和方法的改革,全面推进素质教育,提高科学文化素养。

(9) 财税政策激励战略

实施激励企业技术创新的财税政策,鼓励企业增加研究开发投入资金,不断增强技术创新能力。在进一步落实国家关于促进技术创新、加速科技成果转化及设备更新等各项税收优惠政策的基础上,积极鼓励和支持企业开发新产品和新技术,加大企业研究开发投入的税前扣除等激励政策的力度,实施促进高技术企业发展的税收优惠政策。对企业购买先进科学研究仪器和设备的,政府应给予必要税收扶持,加大对企业设立海外研究开发机构的外汇和融资支持力度,提供对外投资便利的优质服务。

对各种性质的中小企业的创办给予资金和贷款支持,充分发挥中小企业技术创新的活力,同时鼓励和支持中小企业采取联合出资、共同委托等方式进行合作研究开发,不断加快创新成果的实现。

(10) 国际能源流动战略

面对日益严重的能源问题和复杂多变的国际能源市场,实现国际能源合作和国际能源流动对全球经济的发展具有重要意义。各个国家之间实现能源贸易互通有无,减少贸易壁垒和能源垄断,增加国际能源的流动性,有利于维护国际能源价格的稳定和社会的稳定,有利于世界经济良好健康的发展。

（11）区域经济协调发展战略

我国区域经济发展差距大,东部地区生产总值占全国生产总值的一半以上,中部和西部地区相差不大,大约各占到全国生产总值的 20%,东北部地区生产总值最少。长期以来,我国内陆地区的经济发展明显普遍低于沿海地区,两地区的人民生活水平也存在一定的差距。区域经济协调发展就是处理好中、东、西部地区的经济发展,不断增强我国区域经济协调发展,缩减区域经济差距和人民收入差距,形成先富帮助和带动后富,实现区域经济协调发展,有利于缓解社会矛盾,促进民生进步,有利于社会和谐,有利于我国经济健康发展和经济发展方式转变。

8.2.3 我国经济发展方式转变的战略选择

本书运用定量战略规划矩阵对各个战略进行分析,所谓定量战略规划矩阵(Quantitative Strategic Planning Matrix, QSPM)就是一种通过确定各可行战略方案的相对吸引力,客观地表明最佳战略的分析技术。它的优点是:不同的战略可以依次或同时进行评价;每一战略决策都可以有许多不同的战略(包括不同层次的战略)在模型上同时进行评价;可借助计算机进行多个或复杂的战略选择;QSPM 迫使战略管理者在做出战略选择时应认真考虑每一内外战略因素的影响及其相互关系。

建立 QSPM 有以下 6 个步骤:

（1）列出关键因素

在 QSPM 的左档列出评价对象的内部优势和劣势及外部机会和威胁。

（2）赋予权重

对每个外部及内部关键因素赋予权重,权重标在紧靠外部和内部因素的纵栏中。

（3）标注备选战略

考察各矩阵并确认对象可考虑实施的备选战略,将这些战略标在 QSPM 的横行。

（4）确定吸引力分数

确定吸引力分数（Attractive Scores，AS）就是用数值表示各组中每个战略的相对吸引力。依次考察各外部或内部关键因素，对其提出这样的问题——"这一因素是否影响战略的选择？"如果回答为"是"，便应就这一因素对各战略进行比较。具体地说，即就选定的因素给予各战略相对于其他战略的吸引力评分。吸引力的评分范围及含义为：1＝没有吸引力，2＝有一些吸引力，3＝有相当吸引力，4＝很有吸引力。

（5）计算吸引力总分数

吸引力总分数（Total Attractive Scores，TAS）等于将各行中的权重乘以吸引力分数。吸引力总分数表示相对相应外部或内部关键因素而言，各备选战略的相对吸引力。吸引力总分数越高，战略的吸引越大。

（6）计算吸引力总分数和

吸引力总分数和（Sum Total Attractive Scores，STAS）是通过将 QSPM 中各战略纵栏中的吸引力总分相加而得出。吸引力总分数和表明了在各级供选择的战略中，哪种战略最具吸引力，分数越高的战略越具有吸引力，备选战略组中各战略吸引力总分和之差表明了各战略相对于其他战略的可取性。

运用 QSPM 方法对上节所制订的各种备选战略方案构建出定量战略规划矩阵，见表 8-3。

表 8-3（a）　加快我国经济发展方式转变战略选择的 QSPM 矩阵

关键因素		备选战略					
		SO₁		SO₂		SO₃	
优　势	权重	AS	TAS	AS	TAS	AS	TAS
S₁：中国经济的持续增长为经济发展方式转变带来坚实基础	0.15	4	0.6	4	0.6	4	0.6
S₂：我国丰富的自然资源为经济发展方式转变带来了坚实的物质基础	0.06	3	0.18	2	0.12	2	0.12

续表

关键因素		备选战略					
		SO_1		SO_2		SO_3	
S_3：政府对经济发展方式转变的重视	0.08	4	0.32	4	0.32	4	0.32
S_4：新能源产业的发展	0.05	4	0.2	4	0.2	3	0.15
S_5：科研人员数量众多	0.05	4	0.2	3	0.15	4	0.2
S_6：引入外资金额大	0.05	2	0.1	2	0.1	2	0.1
劣　势							
W_1：环境治理投入不足	0.06	3	0.18	4	0.24	2	0.12
W_2：人均占有量少	0.08	3	0.24	2	0.16	2	0.16
W_3：自然资源利用率低	0.10	3	0.3	3	0.3	3	0.3
W_4：能源分布不均匀	0.05	2	0.1	2	0.1	1	0.05
W_5：区域经济发展不平衡	0.05	2	0.1	2	0.1	2	0.1
W_6：创新型人才缺失	0.12	3	0.36	3	0.36	4	0.48
W_7：我国消费率和居民消费率低	0.05	2	0.1	2	0.1	1	0.05
W_8：我国居民收入差距大	0.05	2	0.1	2	0.1	2	0.1
机　会							
O_1：经济全球化为我国经济发展方式转变带来了机遇	0.15	3	0.45	4	0.6	4	0.6
O_2：全球各国对环境保护的重视促使我国改变经济发展方式	0.10	4	0.4	3	0.3	2	0.2
O_3：建立资源节约型、环境友好型社会的要求	0.20	4	0.8	4	0.8	2	0.4
O_4：对外贸易发展对我国经济发展方式转变的推动	0.10	3	0.3	2	0.2	4	0.4
威　胁							
T_1：世界各国激烈的竞争压力	0.15	3	0.45	2	0.3	2	0.3
T_2：自然灾害造成的经济损失	0.05	2	0.1	2	0.1	1	0.05
T_3：高素质人才的缺失和外流	0.15	3	0.45	2	0.3	4	0.6
T_4：突发事件的威胁	0.10	2	0.2	2	0.2	2	0.2
总计（STAS）			6.23		5.75		5.60

表 8-3(b)　加快我国经济发展方式转变战略选择的 QSPM 矩阵

关键因素	权重	备选战略					
		WO₁		WO₂		WO₃	
优　势	权重	AS	TAS	AS	TAS	AS	TAS
S₁:中国经济的持续增长为经济发展方式转变带来坚实基础	0.15	3	0.45	3	0.45	4	0.6
S₂:我国丰富的自然资源为经济发展方式转变带来了坚实的物质基础	0.06	2	0.12	2	0.12	3	0.18
S₃:政府对经济发展方式转变的重视	0.08	4	0.32	3	0.24	4	0.32
S₄:新能源产业的发展	0.05	2	0.1	3	0.15	3	0.15
S₅:科研人员数量众多	0.05	1	0.05	2	0.1	1	0.05
S₆:引入外资金额大	0.05	2	0.1	2	0.1	3	0.15
劣　势							
W₁:环境治理投入不足	0.06	4	0.24	1	0.06	1	0.06
W₂:人均占有量少	0.08	2	0.16	1	0.08	2	0.16
W₃:自然资源利用率低	0.10	2	0.2	2	0.2	1	0.1
W₄:能源分布不均匀	0.05	1	0.05	1	0.05	2	0.1
W₅:区域经济发展不平衡	0.05	2	0.1	2	0.1	4	0.2
W₆:创新型人才缺失	0.12	1	0.12	4	0.48	2	0.24
W₇:我国消费率和居民消费率低	0.05	1	0.05	1	0.05	4	0.2
W₈:我国居民收入差距大	0.05	2	0.1	2	0.1	4	0.2
机　会							
O₁:经济全球化为我国经济发展方式转变带来了机遇	0.15	2	0.3	2	0.3	3	0.45
O₂:全球各国对环境保护的重视促使我国改变经济发展方式	0.10	3	0.3	3	0.3	2	0.2
O₃:建立资源节约型、环境友好型社会的要求	0.20	4	0.8	3	0.6	3	0.6
O₄:对外贸易发展对我国经济发展方式转变的推动	0.10	2	0.2	3	0.3	4	0.4

续表

关键因素	备选战略					
	WO₁		WO₂		WO₃	

表头为：WO$_1$、WO$_2$、WO$_3$

关键因素		WO$_1$		WO$_2$		WO$_3$	
威　胁							
T$_1$:世界各国激烈的竞争压力	0.15	2	0.3	3	0.45	4	0.6
T$_2$:自然灾害造成的经济损失	0.05	2	0.1	1	0.05	2	0.1
T$_3$:高素质人才的缺失和外流	0.15	1	0.15	3	0.45	2	0.3
T$_4$:突发事件的威胁	0.10	2	0.2	2	0.2	3	0.3
总计(STAS)			4.51		4.93		5.66

表 8-3(c)　加快我国经济发展方式转变战略选择的 QSPM 矩阵

关键因素	权重	备选战略					
		ST$_1$		ST$_2$		ST$_3$	
		AS	TAS	AS	TAS	AS	TAS
优　势							
S$_1$:中国经济的持续增长为经济发展方式转变带来坚实基础	0.15	4	0.6	3	0.45	3	0.45
S$_2$:我国丰富的自然资源为经济发展方式转变带来了坚实的物质基础	0.06	3	0.18	2	0.12	1	0.06
S$_3$:政府对经济发展方式转变的重视	0.08	4	0.32	3	0.24	3	0.24
S$_4$:新能源产业的发展	0.05	4	0.2	4	0.2	2	0.1
S$_5$:科研人员数量众多	0.05	3	0.15	3	0.15	2	0.1
S$_6$:引入外资金额大	0.05	1	0.05	2	0.1	1	0.05
劣　势							
W$_1$:环境治理投入不足	0.06	2	0.12	1	0.06	2	0.12
W$_2$:人均占有量少	0.08	3	0.24	1	0.08	2	0.16
W$_3$:自然资源利用率低	0.10	3	0.3	2	0.2	2	0.2
W$_4$:能源分布不均匀	0.05	3	0.15	1	0.05	1	0.05
W$_5$:区域经济发展不平衡	0.05	2	0.1	2	0.1	2	0.1
W$_6$:创新型人才缺失	0.12	4	0.48	4	0.48	2	0.24
W$_7$:我国消费率和居民消费率低	0.05	2	0.1	2	0.1	2	0.1
W$_8$:我国居民收入差距大	0.05	2	0.1	2	0.1	2	0.1

关键因素		ST₁		ST₂		ST₃	
机　会							
O₁:经济全球化为我国经济发展方式转变带来了机遇	0.15	3	0.45	3	0.45	2	0.3
O₂:全球各国对环境保护的重视促使我国改变经济发展方式	0.10	4	0.4	3	0.3	3	0.3
O₃:建立资源节约型、环境友好型社会的要求	0.20	3	0.6	3	0.6	3	0.6
O₄:对外贸易发展对我国经济发展方式转变的推动	0.10	2	0.2	3	0.3	3	0.3
威　胁							
T₁:世界各国激烈的竞争压力	0.15	3	0.45	3	0.45	2	0.3
T₂:自然灾害造成的经济损失	0.05	1	0.05	1	0.05	2	0.1
T₃:高素质人才的缺失和外流	0.15	3	0.45	4	0.6	2	0.3
T₄:突发事件的威胁	0.10	2	0.2	2	0.2	2	0.2
总计(STAS)			5.89		5.38		4.47

表 8-3(d)　加快我国经济发展方式转变战略选择的 QSPM 矩阵

关键因素		备选战略			
		WT₁		WT₂	
优　势	权重	AS	TAS	AS	TAS
S₁:中国经济的持续增长为经济发展方式转变带来坚实基础	0.15	3	0.45	4	0.6
S₂:我国丰富的自然资源为经济发展方式转变带来了坚实的物质基础	0.06	3	0.18	3	0.18
S₃:政府对经济发展方式转变的重视	0.08	2	0.16	3	0.24
S₄:新能源产业的发展	0.05	2	0.1	2	0.1
S₅:科研人员数量众多	0.05	1	0.05	2	0.1
S₆:引入外资金额大	0.05	1	0.05	2	0.1

续表

关键因素		备选战略			
		WT$_1$		WT$_2$	
劣　势					
W$_1$:环境治理投入不足	0.06	1	0.06	1	0.06
W$_2$:人均占有量少	0.08	3	0.24	2	0.16
W$_3$:自然资源利用率低	0.10	3	0.3	2	0.2
W$_4$:能源分布不均匀	0.05	3	0.15	4	0.2
W$_5$:区域经济发展不平衡	0.05	2	0.1	4	0.2
W$_6$:创新型人才缺失	0.12	1	0.12	2	0.24
W$_7$:我国消费率和居民消费率低	0.05	2	0.1	2	0.1
W$_8$:我国居民收入差距大	0.05	2	0.1		0.15
机　会					
O$_1$:经济全球化为我国经济发展方式转变带来了机遇	0.15	3	0.45	3	0.45
O$_2$:全球各国对环境保护的重视促使我国改变经济发展方式	0.10	2	0.2	3	0.3
O$_3$:建立资源节约型、环境友好型社会的要求	0.20	2	0.4	3	0.6
O$_4$:对外贸易发展对我国经济发展方式转变的推动	0.10	2	0.2	3	0.3
威　胁					
T$_1$:世界各国激烈的竞争压力	0.15	2	0.3	3	0.45
T$_2$:自然灾害造成的经济损失	0.05	2	0.1	3	0.15
T$_3$:高素质人才的缺失和外流	0.15	1	0.15	2	0.3
T$_4$:突发事件的威胁	0.10	2	0.2	3	0.3
总计(STAS)			4.16		5.48

通过 QSOM 矩阵对生成的 SO 战略、WO 战略、ST 战略、WT 战略这四大战略中的 11 项分战略进行评价,评价的得分情况如下:

(1) SO 战略:SO$_1$—循环经济战略(6.23);SO$_2$—节能减排战略(5.75);SO$_3$—科技创新战略(5.60)。

(2) WO 战略:WO$_1$—多元化环保投入战略(4.51);WO$_2$—

海外人才引进战略(4.93);WO_3—扩大内需战略(5.66)。

(3) ST:ST_1—新能源开发战略(5.89);ST_2—创新型人才培育战略(5.38);ST_3—财税政策激励战略(4.47)。

(4) WT 战略:WT_1—国际能源流动战略(4.16);WT_2—区域经济协调发展战略(5.48)。

综合以上分析,排名在前六位的战略依次是:SO_1—循环经济战略(6.23)、ST_1—新能源开发战略(5.89)、SO_2—节能减排战略(5.75)、WO_3—扩大内需战略(5.66)、SO_3—科技创新战略(5.60);WT_2—区域经济协调发展战略(5.48)。

由此得到加快我国经济发展方式转变的战略应该是发展循环经济、节能减排、合理利用和节约资源,加大科技创新力度,促进新能源的开发,坚持扩大内需的方针,实现区域经济协调发展,不断加速我国经济发展方式的转变。

8.3 资源与环境双重约束下我国经济发展方式转变的对策建议

当前资源与环境正在成为我国经济发展的最大限制性约束,粗放的生产方式一方面快速消耗大量资源,另一方面又以高污染排放增加环境负担,这是一种不可持续的生产方式。为此迫切需要加快转变经济发展方式。十八大报告指出要把"转变经济发展方式"作为经济发展的主线。在具体操作上,又细分为四个"着力"和五个"更多依靠":着力激发各类市场主体发展新活力,着力增强创新驱动发展新动力,着力构建现代产业发展新体系,着力培育开放型经济发展新优势,使经济发展更多依靠内需特别是消费需求拉动,更多依靠现代服务业和战略性新兴产业带动,更多依靠科技进步、劳动者素质提高、管理创新驱动,更多依靠节约资源和循环经济推动,更多依靠城乡区域发展协调互动,不断增强长期发展后劲。在实证分析中,通过主成分分析揭示,加快转变经济发展方式的关键因素在于人力资本、科技发展、政府政策、结构调整、能源利用效率、市场化程度及国际化程度。因此,根据报告内容及已得出的分析结果,提出资源与环境约束下转变经济发展方式的对策建议。

8.3.1　重视人才培育,推动科技创新,加快自主创新

纵观美国、日本、亚洲新兴工业化国家和地区经济发展方式转变的经验可以发现,只有持续推进创新,才能突破资源环境制约,实现要素驱动向创新驱动转型,才能真正实现经济发展方式的转变。我国自主创新与经济增长的关系分析亦表明了人均地区生产总值和研究发展内部支出之间存在显著关系,经济中要有充足的人力资本和技术能力,才能开展有效的科技创新活动并克服资源稀缺和环境危害的难题,从而保证经济持续增长。如果缺乏研发创新及有效合理的资源利用,经济增长就无法持续。为此,我们在人才培养、自主创新能力提升及国外先进技术的引进和吸收方面均需加大力度。

第一,提升创新型人才培养质量,造就创新型企业家。优秀的科技人员和企业家人力资源是经济发展方式转变的重要支撑。美国政府在推进教育改革、重视教育公平、提高教育质量、培养人才方面起到了关键作用,为美国经济发展提供了优秀的人力资源。而我国政府应进一步加大教育改革力度,结合国情开展各类教育,充分利用我国高校和科研院所众多的优势,为我国创新型人才培养提供良好的条件,充分发挥教育在创新型人才培养中重要作用,鼓励支持研究生参与和承担科研项目,支持本科生投入科研工作。同时,在产业活动实践中,以市场为导向,不断培养具有战略性眼光的创新型、国际型的企业家。

第二,增强自主创新能力。自主创新能力是加快转变经济发展方式的关键环节,是科学技术发展的战略重点,更是提高国家竞争力的决定因素。美国政府制定积极的科技创新战略,构建起系统完整的国家创新体系。日本侧重于技术引进、消化吸收和自

主创新。因此我国政府应采取财税政策激励制度,鼓励企业增加研发投入,增强企业的自主创新能力,积极支持企业开发新产品、新工艺和新技术,对企业技术研发给予资金支持,形成以企业为主体的国家创新体系。

第三,引进和吸收国外先进技术。要不断地吸收和学习国外先进的科学技术和管理经验,如日本早在 20 世纪 50 年代开始就大量引进具有针对性的世界先进技术。因此,中国亦应根据实际需要,有选择地引进国际先进技术,并加以吸收利用,同时积极号召海外留学人员回国发展,为我国科技创新提供人力支持。

8.3.2 推动产业结构优化升级

推动产业结构优化升级是转变经济发展方式的重要手段,也是突破中国经济发展困境的重要途径之一。主成分分析和判别分析都充分显示产业结构是关键的影响因素,之后的研究也表明产业结构高度化对经济增长具有显著的影响,而且两者之间存在长期的平衡变动关系。不仅如此,产业结构升级对资源消耗的抑制作用较强,产业结构的进一步提升对我国经济的可持续发展是非常有利的。但目前我国产业结构仍存在比例失调问题,第一产业基础薄弱;第二产业内部结构失衡,重工业比例偏高,高技术产业发展不足;第三产业发展滞后。值得注意的是,工业中有一些高耗能、高污染的产业面临转型甚至淘汰,这些行业往往是我国经济的重要组成部分,但是却阻碍了经济发展方式的转变,急需转型升级。现有产业结构不适应现代经济发展的趋势,必须进一步调整优化。而要把经济发展从依赖第二产业调整到一、二、三产业全面协调发展,特别是要发挥第三产业即现代服务业的作用。近年来,我国服务业继续保持了平稳较快发展的良好势头,服务业在经济和社会发展中的作用不断增强。但是,服务业总体水平较低,企业规模偏小,综合竞争力不强,与发达国家或地区相比仍有较大差距。

一是提高第三产业在国民经济中的比重。在巩固农业、壮大工业的同时,提高第三产业特别是现代服务业在国民经济中的比重和地位。这对于促进国民经济协调发展、提高经济效益、扩大劳动就业、加快城镇化进程、改善人民生活都有着重大作用。第三产业的成长也是资源与环境约束下的必然发展趋势,资源消耗少、环境污染小且附加值高的特点使得第三产业被称为天然的绿色产业和"无烟工业",它也是新常态下中国经济的新动力。为此,要加快服务业市场化、产业化步伐。要为服务业创造宽松的发展环境,放宽市场准入,加大对垄断行业和体制的改革力度,鼓励正当竞争,切实推进市场化,合理划分服务业中的竞争性和公益性行业,实行不同的运行模式和经营管理方式,创造良好的法律环境,加快制定和完善维护服务业市场秩序的行为规范和法律法规。

二是坚持用高新技术改造传统产业,着力发展新能源产业和高新技术产业。受资源环境约束的影响,新能源产业正在成为撬动能源结构调整乃至整个经济结构调整的重要支点,以新能源、生物技术为代表的新一轮技术革命的出现,使得我国正面临一个实现新技术变革、推动产业升级的重大机遇。因此我们要借助技术创新,加强开发重大产业技术标准,构建自主创新的技术基础,注重产品科技含量和知识含量的提高。着力发展对经济发展方式转变有重大带动作用的高新技术先导产业及新兴战略性产业,并使之成为新的经济增长链,架构在全球价值链的顶端。目前,我国高新技术产业中关键核心技术主要依赖进口的局面没有根本改变。比如我国电子信息产业规模全球第一,但集成电路芯片、基础软件等仍主要依赖进口。因此,大力发展高新技术产业,优化产业结构依然任重道远。

8.3.3　合理利用自然资源,发展循环经济

我国虽拥有丰富的自然资源,但人均占有量较少,自然资源利用率不高,基于资源环境双重约束的消费、投资及净出口与经济增长的联立方程模型表明,我国目前的资源消耗仍将随着经济

增长而增加,系统动力学的分析结果则是经济发展方式的转变伴随着环境污染的加剧和能源消费的增多。因此,合理利用自然资源,发展循环经济对我国经济发展具有十分重要的意义。循环经济是在人、自然资源和科学技术的大系统内,在资源投入、企业生产、产品消费及其废弃的全过程中,把传统的依赖资源消耗的线形增长的经济,转变为依靠生态型资源循环来发展的经济。它与可持续发展的理念一脉相承。历史的经验告诉我们,自然资源开发利用的不同阶段对经济增长有不同的作用,开发初期,自然资源是经济增长的有力支撑,然而随着资源增长的停滞,资源稀缺性的凸显,经济增长面临下滑,出现资源"诅咒"现象。循环经济倡导在经济发展中坚持"低消耗、高利用、再循环"。发展循环经济需要充分发挥政府职能,重视政策内容和力度的影响,系统动力学下不同方案的模拟结果说明,不管是宏观还是微观政策,都会影响经济发展方式的转变及资源环境的可持续发展,而且不同的政策影响效果存在差异,需要政府部门给予重视。首先,政府要加大宣传力度,引导公民的节约意识、环保意识和循环经济意识。第二,在政府主导下,研究制定循环经济规划,建立循环经济评价体系,提出循环经济发展的主要指标,并加以严格落实执行。第三,企业是循环经济的重要执行主体,对参与循环生产、回收和加工的企业,政府要给予合理的税收和贷款等方面的优惠政策。最后,对传统工业进行技术改造,淘汰落后产能,促使其换代升级,步入循环经济发展轨道。

8.3.4 推动节能减排,积极开发新能源

一方面要推动节能减排。前述研究显示,产业结构、技术结构、外经外贸结构的不合理和机制、体制的不完善是妨碍节能减排的主要因素。可以通过正向激励、逆向限制及补贴等多种形式推进产业结构优化、科学技术进步和贸易机构的合理化,发挥三者在缓解能源约束方面的作用。在体制方面,我国的能源要素的市场化程度不高,导致能源利用效率低下。因此需要合理推动能

源的市场化改革进程,充分发挥市场的优化配置作用,促进节能减排。与此同时,制订节能减排的规划,严格实施规划内容。重点推进减排措施落实,继续加大对节能减排的资金投入力度,完善减排的长效机制,完善对污水和固体废弃物的处理设施,加强对重点行业污染物排放的观测。将资源节约、环境友好的绿色产业等引导成为经济长期发展的主流方向,大力发展高新技术,发展生态技术,实现高新技术及其产品物耗低、污染小的优点。大力发展城市公共交通,倡导人们绿色出行。在生活方面,倡导人们节约水电,进行垃圾分类处理,尽量选择低消耗节能产品,节能减排,从自身做起,从身边的小事做起。

另一方面积极开发新能源。由于可获能源的有限性,新能源开发对我国经济的发展和我国经济发展方式的转变至关重要。第一,推动新能源产业的发展,对新能源的产业给予税收补贴和贷款的优惠政策,不断加大对新能源产业的发展的重视。第二,加大对新能源的投资力度,增强其技术创新能力和技术含量,增强其国际竞争力。第三,建立新能源的市场运行机制,实现常规能源机组与新能源机组配合运行,推动新能源的开发利用。

8.3.5　保障人民生活,不断扩大内需

扩大国内需求是保证国民经济持续快速健康发展、提高综合国力、改善人民生活的根本需要。2008 年国际金融危机之后,外需不足成为制约经济发展的重要因素,为此扩大内需成为支持经济发展的首要任务,扩大内需尤其是扩大居民消费对经济发展的支持作用。首先,要不断完善居民养老保险制度和基本医疗保险制度,千方百计增加居民收入,规范收入分配制度,调节过高收入和增加低收入者收入,提高居民收入,刺激居民消费。第二,加大有利于促进消费的基础设施投资,改善城乡居民消费环境。一是是加大消费产品供给结构的调整,重点增加与城乡居民"吃、穿、住、行"升级有关的投入,尤其是建立农村消费市场,确保农民消费供给。二是增加城市道路、铁路、高架轻轨等交通设施建设投

资,满足城市公共交通和居民使用私人轿车发展的需要,带动消费。三是继续加强市场经济秩序的管理,维持良好的消费环境。第三,瞄准近期消费热点,鼓励居民合理适度消费,制定有力措施。在汽车、住房、商贸、旅游、文化、体育、健康、网络等消费热点方面,引导居民消费,从而促进经济发展。

8.3.6 发挥地区优势,实现区域经济协调发展

我国区域间经济发展方式转变仍存在不平衡性,经济发展方式的转变离不开我国区域经济协调发展。我国地域辽阔,各地区经济发展不平衡,经济发展方式转变的其中一个目标就是要实现各区域协调发展。而目前各区域经济发展方式转变的进程不统一,仍存在较大差异,因子和聚类分析将我国各省市根据经济发展方式转变情况分成了四类:转变示范型、转变先进型、转变平缓型和转变滞后型,区域发展不平衡问题依然严峻。日本为了解决区域经济社会发展不平衡问题,消除资源与环境瓶颈,制订和实施了"产业集群计划""知识集群计划""地方科技集群联合措施群"计划。因此,根据我国区域发展实际,为实现区域经济发展方式的转变和区域经济协调发展就要充分发挥各地区比较优势,合理利用各地区的资源,梯次转变。如加大对西部地区的扶植力度,加大对中西部地区金融业的扶持,鼓励东部地区金融机构在中西部地区设立分支机构;加大对西部地区及东北老工业基地的投资力度,积极鼓励发达地区对欠发达地区投资设厂,增加欠发达地区居民的收入水平,同时鼓励高素质人才到西部去。政府应加大对革命老区、民族地区、边疆地区、贫困地区扶持力度,形成先富帮助和带动后富的局面,防止两极分化和社会动荡。经济发展方式转变领先和发达型区域则可以追赶发达国家和地区,加大人力资本投入和自主创新能力的提升,渐次向全球价值链的高端发展。此外,各省市要在中央政策的领导下根据实际情况出台转变经济发展方式的策略,实现区域经济的协调发展。

8.4　本章小结

本章通过 SWOT 分析和 QSPM 分析表明,加快我国经济发展方式转变的战略应该是发展循环经济、节能减排、合理利用和节约资源,加大科技创新力度,促进新能源的开发,坚持扩大内需的方针,实现区域经济协调发展,不断加速我国经济发展方式的转变。

因此,资源与环境双重约束下对经济发展方式转变应着重从以下六个方面着手:重视人才培育,推动科技创新,加快自主创新;推动产业结构优化升级;合理利用自然资源,发展循环经济;推动节能减排,积极开发新能源;保障人民生活,不断扩大内需;发挥地区优势,实现区域经济协调发展。

附　录

附表1　我国经济发展方式转变的综合评价原始数据

年份	2000	2001	2002	2003	2004	2005	2006	2007	2008	2009	2010	2011	2012	2013
GDP增长率(%)D_1	8.4	8.3	9.1	10.0	10.1	10.4	11.6	13.0	9.6	9.2	10.4	9.3	7.7	7.7
人均GDP(元)D_2	7 858	8 622	9 398	10 542	12 336	14 185	16 500	20 169	23 708	25 608	30 015	35 198	38 459	41 908
第三产业对国内生产总值增长的拉动(%)D_3	2.9	4.0	4.2	3.8	4.0	4.9	5.7	6.6	4.3	4.0	4.1	4.1	3.5	3.6
高新技术产业增加值占工业增加值比重(%)D_4	8.06	10.93	11.42	11.99	11.57	11.26	11.04	9.93	9.18	9.12	8.80	8.81	9.09	13.41
高新技术产品出口额占商品出口额比重(%)D_5	14.9	17.5	20.8	25.15	27.9	28.6	29.04	28.55	29.05	31.37	31.21	28.91	29.34	29.89
财政收入增长率(%)D_6	17	22.3	15.4	14.9	21.6	19.9	22.5	32.4	19.5	11.7	21.3	25.0	12.9	10.2
财政收入占GDP比重(%)D_7	13.50	14.94	15.71	15.99	16.51	17.27	18.29	19.95	19.53	20.10	20.71	21.97	22.57	22.82
就业人员劳动生产率(万元/人)D_8	1.2	1.3	1.41	1.54	1.99	2.32	2.67	2.97	3.22	3.49	4.50	5.76	6.20	6.68
万人口在校大学生数(人/万人)D_9	44	56	70	86	142	161	182	192	204	213	219	225	234	242
万人大专以上学历人数(人/万人)D_{10}	361.10	344.91	437.64	511.23	541.10	556.22	621.89	655.75	670.40	728.72	893.00	1 005.82	1 059.20	1 131.91
居民消费价格指数(无量纲)D_{11}	100.4	100.7	99.2	101.2	103.9	101.8	101.5	104.8	105.9	99.3	103.3	105.4	102.6	102.6
城镇居民人均可支配收入(元)D_{12}	6 280	6 860	7 703	8 472	9 422	10 493	11 759	13 786	15 781	17 175	19 109	21 810	24 565	26 955

续表

年份	2000	2001	2002	2003	2004	2005	2006	2007	2008	2009	2010	2011	2012	2013
农村居民人均年纯收入（元）D_{13}	2 253	2 366	2 476	2 622	2 936	3 255	3 587	4 140	4 761	5 153	5 919	6 977	7 917	8 896
城镇居民家庭恩格尔系数（%）D_{14}	39.4	38.2	37.7	37.1	37.7	36.7	35.8	36.3	37.9	36.5	35.7	36.3	36.2	35.0
农村居民家庭恩格尔系数（%）D_{15}	49.1	48.7	46.2	45.6	47.2	45.5	43.0	43.1	43.7	41.0	41.1	40.4	39.3	37.7
每万人有医院、卫生院床位数（张）D_{16}	24	24	23	23	24	24	25	26	28	31	33	35	39	—
全社会 R&D 经费支出占 GDP 比重（%）D_{17}	0.90	0.95	1.07	1.13	1.23	1.32	1.39	1.4	1.47	1.70	1.76	1.84	1.98	2.08
企业 R&D 经费支出占产品销售主营业务收入比重（%）D_{18}	0.71	0.76	0.83	0.75	0.71	0.76	0.77	0.81	0.84	0.96	0.87	0.93	0.77	0.80
万人 R&D 人员数（人年/万人）D_{19}	7.28	7.49	8.06	8.47	8.87	10.44	11.43	13.14	14.80	17.17	19.05	21.50	24.21	26.35
R&D 人员人均 R&D 经费（万元/人年）D_{20}	9.71	10.90	12.44	14.06	17.10	17.95	20.00	21.37	23.49	25.33	27.66	30.13	31.72	33.53
万名就业人员专利申请量（项/万人）D_{21}	2.37	2.80	3.45	4.18	4.76	6.38	7.64	9.21	10.96	12.88	16.06	21.37	26.73	30.88
万名就业人员发明专利申请量（项/万人）D_{22}	0.72	0.87	1.09	1.43	1.75	2.32	2.81	3.25	3.84	4.15	5.14	6.89	8.51	10.72

续表

年份	2000	2001	2002	2003	2004	2005	2006	2007	2008	2009	2010	2011	2012	2013
大中型工业企业新产品销售收入占主营业务收入比重（%）D_{23}	15.33	15.00	16.10	14.61	15.30	14.61	14.80	15.70	16.00	17.30	16.80	16.33	16.28	17.34
单位 GDP 用水量（立方米/万元）D_{24}	554	518	469	413	391	305	278	245	227	210	191	139	130	122
每万人造林面积（公顷/万人）D_{25}	40.43	38.94	60.69	70.78	52.43	41.45	29.28	29.65	40.42	47.04	44.18	44.62	41.43	44.94
万元 GDP 能耗（吨标准煤/万元）D_{26}	1.466 8	1.371 6	1.324 9	1.353 2	1.335 1	1.276 1	1.195 8	1.055 3	0.928 0	0.899 5	0.809 9	0.793 0	0.764 5	0.727 8
人均能源生产量（千克标准煤/人）D_{27}	1 070	1 131	1 177	1 334	1 517	1 658	1 771	1 876	1 967	2 063	2 220	2 366	2 457	2 505
能源消费弹性系数（无量纲）D_{28}	0.42	0.4	0.66	1.53	1.6	0.93	0.76	0.59	0.41	0.57	0.58	0.76	0.51	0.48
单位 GDP 废水排放量（吨/万元）D_{29}	42.37	40.06	36.90	34.03	30.25	28.56	24.86	20.90	18.09	17.31	15.44	14.07	13.21	12.28
单位 GDP 化学需氧量排放量（千克/万元）D_{30}	14.74	13.00	11.48	9.88	8.40	7.70	6.61	5.19	4.18	3.75	3.10	5.34	4.68	4.16
单位 GDP 二氧化硫排放量（千克/万元）D_{31}	20.36	18.02	16.18	15.99	14.14	13.88	11.99	9.26	7.34	6.51	5.47	4.73	4.09	3.61
工业固体废物综合利用率（%）D_{32}	45.9	52.1	51.9	54.8	55.7	56.1	60.2	62.1	64.3	67.0	66.7	60.5	60.9	62.2
环境污染治理投资占 GDP 比重（%）D_{33}	1.02	1.06	1.21	1.29	1.29	1.39	1.28	1.38	1.57	1.54	1.90	1.50	1.59	1.67
城市建成区绿化覆盖率（%）D_{34}	28.2	28.4	29.8	31.2	31.7	32.5	35.1	35.3	37.4	38.2	38.6	39.2	39.6	39.7

注：$D_1,D_2,D_3,D_5,D_6,D_7,D_9,D_{11},D_{12},D_{14},D_{15},D_{16},D_{17},D_{20},D_{21},D_{23},D_{26},D_{27},D_{28},D_{32}$ 数据来自《中国统计年鉴》；$D_4,D_8,D_{10},D_{18},D_{19}$ 数据来自全国及各地区科技进步统计监测结果某年份；$D_{24},D_{25},D_{29},D_{30},D_{31},D_{33},D_{34}$ 来自《中国环境统计年鉴（2014）》

附表 2 我国区域经济发展方式转变的实证研究原始数据

指标名称	X_1:居民最终消费支出(亿元)	X_2:地区生产总值(亿元)	X_3:第三产业产值(亿元)	X_4:高技术产业主营业务收入(亿元)	X_5:外商企业投资总额(百万美元)	X_6:全社会R&D经费支出占GDP比重(%)	X_7:规上工业企业R&D人员人均专利申请量(项/人)	X_8:万人R&D人员数(人年/万人)	X_9:高技术产品出口额占按境内货源地分货物出口总额比重(%)	X_{10}:万元GDP电耗(千瓦小时/万元)	X_{11}:万元GDP能耗(吨标准煤/万元)	X_{12}:建成区绿化覆盖率(%)
北京	6 974.32	19 800.81	14 986.43	3 826.1	177 105	5.98	0.16	114.52	61.27	461.15	0.36	47.1
天津	3 788.67	14 442.01	6 905.03	4 243.5	127 423	2.96	0.09	68.07	39.42	536.28	0.57	34.9
河北	8 448.06	28 442.95	10 038.89	1 381	54 542	0.99	0.05	12.21	6.88	1 143.06	1.06	41.2
山西	4 372.69	12 665.25	5 035.75	707.8	34 182	1.22	0.05	13.50	33.11	1 446.75	1.53	40.0
内蒙古	4 281.27	16 916.50	6 148.78	344.8	22 911	0.69	0.04	14.93	2.09	1 289.81	1.17	36.2
辽宁	8 847.41	27 213.22	10 486.56	2 362.4	183 207	1.64	0.09	21.62	10.17	738.05	0.86	40.2
吉林	3 761.99	13 046.40	4 613.89	1 431.3	31 779	0.92	0.04	17.45	6.77	501.17	0.72	31.4
黑龙江	4 976.52	14 454.91	5 947.92	610.8	22 794	1.14	0.05	16.35	2.42	584.71	0.88	36.0
上海	9 404.95	21 818.15	13 445.07	6 823.4	457 933	3.56	0.12	68.65	46.99	646.53	0.52	38.4
江苏	18 702.18	59 753.37	26 421.64	24 854	666 376	2.49	0.08	58.72	38.34	829.51	0.48	42.4
浙江	13 593.16	37 756.58	17 337.22	4 360.1	240 408	2.16	0.06	56.57	5.44	914.56	0.48	40.3
安徽	6 981.34	19 229.34	6 286.82	1 831.4	41 612	1.83	0.13	19.78	12.58	794.66	0.59	39.9
福建	6 436.96	21 868.49	8 508.03	3 545	156 516	1.44	0.05	32.46	16.46	777.71	0.51	42.8
江西	5 375.15	14 410.19	5 030.63	2 289.6	58 770	0.94	0.06	9.62	14.77	657.25	0.50	45.1
山东	16 241.40	55 230.32	22 519.23	8 946.5	176 491	2.13	0.07	28.70	12.29	739.29	0.70	42.6
河南	11 086.71	32 191.30	10 290.49	4 284.4	47 787	1.10	0.03	16.18	53.73	900.61	0.73	37.6

续表

指标名称	X₁：居民最终消费支出（亿元）	X₂：地区生产总值（亿元）	X₃：第三产业产值（亿元）	X₄：高技术产业主营业务收入（亿元）	X₅：外商投资企业投资总额（百万美元）	X₆：全社会R&D经费支出占GDP比重（%）	X₇：规上工业企业R&D人员人均专利申请量（项/人）	X₈：万人R&D人员数（人年/万人）	X₉：高技术产品出口额占境内目的地和货物地分货物出口总额比重（%）	X₁₀：万元GDP电耗（千瓦小时/万元）	X₁₁：万元GDP能耗（吨标准煤/万元）	X₁₂：建成区绿化覆盖率（%）
湖北	8 053.82	24 791.83	9 398.77	2 445.3	65 357	1.80	0.07	22.95	24.82	657.37	0.71	38.1
湖南	8 610.74	24 621.67	9 885.09	2 564.9	40 486	1.33	0.09	15.45	11.53	577.98	0.68	37.6
广东	25 208.46	62 474.79	29 688.97	27 871.1	512 640	2.31	0.11	47.13	35.04	773.13	0.47	41.5
广西	5 504.38	14 449.90	5 171.39	1 126.2	31 927	0.75	0.11	8.62	20.67	856.57	0.63	37.7
海南	1 043.43	3 177.56	1 518.7	121.4	26 994	0.47	0.13	7.82	18.00	730.18	0.53	42.1
重庆	4 516.25	12 783.26	5 242.03	2 624.2	58 841	1.38	0.07	17.71	65.00	636.19	0.73	41.7
四川	10 102.47	26 392.07	9 256.13	5 160.5	72 490	1.52	0.10	13.53	58.66	738.46	0.78	38.4
贵州	3 332.70	8 086.86	3 734.04	372	11 856	0.58	0.09	6.82	4.80	1 392.72	1.22	34.5
云南	5 244.58	11 832.31	4 897.75	291.1	24 097	0.67	0.10	6.08	23.03	1 233.75	0.88	37.8
西藏	195.82	815.67	427.93	11.8	1 311	0.28	0.10	3.85	2.73	375.76	0.00	18.1
陕西	4 962.87	16 205.45	5 607.52	1374	36 629	2.11	0.07	24.84	46.35	711.01	0.66	40.2
甘肃	2 480.71	6 330.69	2 567.6	140.9	6 510	1.06	0.05	9.68	16.93	1 695.31	1.11	32.1
青海	694.58	2 122.06	689.15	50.7	2 981	0.65	0.06	8.30	6.84	3 186.95	1.66	31.2
宁夏	880.82	2 577.57	1 077.12	31.8	3 537	0.81	0.13	12.54	7.17	3 147.07	1.77	38.5
新疆	2 563.54	8 443.84	3 125.98	20.7	6 453	0.54	0.08	6.98	2.08	1 823.52	1.40	36.4

注：X_{11}万元GDP能耗数据来源于《中国能源统计年鉴》《中国能源统计年鉴（2013）》，其他指标来源源于《中国统计年鉴（2014）》《中国科技统计年鉴（2014）》

附表 3 我国区域经济发展方式转变的实证研究正指标化数据

指标名称	X₁:居民最终消费支出(亿元)	X₂:地区生产总值(亿元)	X₃:第三产业产值(亿元)	X₄:高技术产业主营业务收入(亿元)	X₅:外商投资企业投资总额(百万美元)	X₆:全社会R&D经费支出占GDP比重(%)	X₇:规上工业企业R&D人员人均专利申请量(项/人)	X₈:万人R&D人员数(人年/万人)	X₉:高技术产品出口额占按境内目的货源地分货物出口总额比重(%)	X₁₀:万元GDP电耗(千瓦时/万元小)	X₁₁:万元GDP能耗(吨标准煤/万元)	X₁₂:建成区绿化覆盖率(%)
北京	6 974.32	19 800.81	14 986.43	3 826.1	177 105	5.98	0.16	114.52	61.27	1.00	1.00	47.1
天津	3 788.67	14 442.01	6 905.03	4 243.5	127 423	2.96	0.09	68.07	39.42	0.97	0.85	34.9
河北	8 448.06	28 442.95	10 038.89	1 381	54 542	0.99	0.05	12.21	6.88	0.75	0.50	41.2
山西	4 372.69	12 665.25	5 035.75	707.8	34 182	1.22	0.05	13.50	33.11	0.64	0.17	40
内蒙古	4 281.27	16 916.50	6 148.78	344.8	22 911	0.69	0.04	14.93	2.09	0.70	0.43	36.2
辽宁	8 847.41	27 213.22	10 486.56	2 362.4	183 207	1.64	0.09	21.62	10.17	0.90	0.64	40.2
吉林	3 761.99	13 046.40	4 613.89	1 431.3	31 779	0.92	0.04	17.45	6.77	0.99	0.74	31.4
黑龙江	4 976.52	14 454.91	5 947.92	610.8	22 794	1.14	0.05	16.35	2.42	0.95	0.63	36
上海	9 404.95	21 818.15	13 445.07	6 823.4	457 933	3.56	0.12	68.65	46.99	0.93	0.89	38.4
江苏	18 702.18	59 753.37	26 421.64	24 854	666 376	2.49	0.08	58.72	38.34	0.86	0.91	42.4
浙江	13 593.16	37 756.58	17 337.22	4 360.1	240 408	2.16	0.06	56.57	5.44	0.83	0.92	40.3
安徽	6 981.34	19 229.34	6 286.82	1 831.4	41 612	1.83	0.13	19.78	12.58	0.88	0.84	39.9
福建	6 436.96	21 868.49	8 508.03	3 545	156 516	1.44	0.05	32.46	16.46	0.88	0.89	42.8
江西	5 375.15	14 410.19	5 030.63	2 289.6	58 770	0.94	0.06	9.62	14.77	0.93	0.90	45.1
山东	16 241.40	55 230.32	22 519.23	8 946.5	176 491	2.13	0.07	28.70	12.29	0.90	0.76	42.6
河南	11 086.71	32 191.30	10 290.49	4 284.4	47 787	1.10	0.03	16.18	53.73	0.84	0.74	37.6

续表

指标名称	X₁: 居民最终消费支出（亿元）	X₂: 地区生产总值（亿元）	X₃: 第三产业产值（亿元）	X₄: 高技术产业主营业务收入（亿元）	X₅: 外商投资企业投资总额（百万美元）	X₆: 全社会R&D经费支出占GDP比重（%）	X₇: 规上工业企业R&D人员人均专利申请量（项/人）	X₈: 每万人R&D人员数（人年/万人）	X₉: 高技术产品出口额占按境内目的地和货源地分货物出口总额比重（%）	X₁₀: 每万元GDP电耗（千瓦时/万元）	X₁₁: 每万元GDP能耗（吨标准煤/万元）	X₁₂: 建成区绿化覆盖率（%）
湖北	8 053.82	24 791.83	9 398.77	2 445.3	65 357	1.80	0.07	22.95	24.82	0.93	0.75	38.1
湖南	8 610.74	24 621.67	9 885.09	2 564.9	40 486	1.33	0.09	15.45	11.53	0.96	0.77	37.6
广东	25 208.46	62 474.79	29 688.97	27 871.1	512 640	2.31	0.11	47.13	35.04	0.89	0.93	41.5
广西	5 504.38	14 449.90	5 171.39	1 126.2	31 927	0.75	0.11	8.62	20.67	0.85	0.81	37.7
海南	1 043.43	3 177.56	1 518.70	121.4	26 994	0.47	0.13	7.82	18.00	0.90	0.88	42.1
重庆	4 516.25	12 783.26	5 242.03	2 624.2	58 841	1.38	0.07	17.71	65.00	0.94	0.74	41.7
四川	10 102.47	26 392.07	9 256.13	5 160.5	72 490	1.52	0.10	13.53	58.66	0.90	0.70	38.4
贵州	3 332.70	8 086.86	3 734.04	372.0	11 856	0.58	0.09	6.82	4.80	0.66	0.39	34.5
云南	5 244.58	11 832.31	4 897.75	291.1	24 097	0.67	0.10	6.08	23.03	0.72	0.63	37.8
西藏	195.82	815.67	427.93	11.8	1 311	0.28	0.10	3.85	2.73	0.00	0.00	18.1
陕西	4 962.87	16 205.45	5 607.52	1 374.0	36 629	2.11	0.07	24.84	46.35	0.91	0.79	40.2
甘肃	2 480.71	6 330.69	2 567.60	140.9	6 510	1.06	0.05	9.68	16.93	0.55	0.47	32.1
青海	694.58	2 122.06	689.15	50.7	2 981	0.65	0.06	8.30	6.84	0.00	0.08	31.2
宁夏	880.82	2 577.57	1 077.12	31.8	3 537	0.81	0.13	12.54	7.17	0.01	0.00	38.5
新疆	2 563.54	8 443.84	3 125.98	20.7	6 453	0.54	0.08	6.98	2.08	0.50	0.26	36.4

附表 4 基于主成分回归的我国经济发展方式转变的影响因素原始数据

年份	人力资本 X_1：每万人大专以上学历人数（人/万人）	科技发展 X_2：全社会R&D经费支出占GDP比重（%）	政府政策 X_3：财政支出（亿元）	结构调整 X_4：第三产业增加值占GDP的比重（%）	能源利用效率 X_5：综合能耗产出率（元/标准煤千克）	市场化程度 X_6：亿元以上商品交易市场成交额（亿元）	国际化程度 X_7：进出口总额（百亿元）	经济发展方式综合指数
2000	361.10	0.90	15 886.50	39.0	7.80	16 358.9	392.732	0.080 5
2001	344.91	0.95	18 902.58	40.5	8.40	17 719.1	421.836	0.153 1
2002	437.64	1.07	22 053.15	41.5	8.13	19 840.0	513.782	0.251 6
2003	511.23	1.13	24 649.95	41.2	8.01	21 514.5	704.835	0.230 7
2004	541.10	1.23	28 486.89	40.4	8.23	26 102.7	955.391	0.284 8
2005	556.22	1.32	33 930.28	40.5	8.20	30 020.9	1 169.218	0.337 9
2006	621.89	1.39	40 422.73	40.9	8.29	37 137.5	1 409.74	0.421 5
2007	655.75	1.40	49 781.35	41.9	8.62	44 085.1	1 668.637	0.524 0
2008	670.40	1.47	62 592.66	41.8	9.07	52 458.0	1 799.215	0.559 7
2009	728.72	1.70	76 299.93	43.4	9.29	57 963.8	1 506.481	0.670 3
2010	893.00	1.76	89 874.16	43.2	9.67	72 703.5	2 017.221	0.730 5
2011	1 005.82	1.84	109 247.79	43.4	12.61	82 017.3	2 364.02	0.746 5
2012	1 059.20	1.98	125 952.97	44.6	13.08	93 023.8	2 441.602	0.789 5
2013	1 131.91	2.08	140 212.10	46.1	13.74	98 365.1	2 581.689	0.901 0

附表 5　我国经济发展方式转变的系统动态仿真研究原始数据

年份	GDP(亿元)	人均 GDP（元/人）	GDP 年增长率(%)	年末人口总数(万人)	出生率(‰)
1995	60 793.7	5 046	11.0	121 121	17.12
1996	71 176.6	5 846	9.9	122 389	16.98
1997	78 973.0	6 420	9.2	123 626	16.57
1998	84 402.3	6 796	7.8	124 761	15.64
1999	89 677.1	7 159	7.6	125 786	14.64
2000	99 214.6	7 858	8.4	126 743	14.03
2001	109 655.2	8 622	8.3	127 627	13.38
2002	120 332.7	9 398	9.1	128 453	12.86
2003	135 822.8	10 542	10.0	129 227	12.41
2004	159 878.3	12 336	10.1	129 988	12.29
2005	183 217.4	14 185	11.3	130 756	12.40
2006	216 314.4	16 500	12.7	131 448	12.09
2007	265 810.3	20 169	14.2	132 129	12.10
2008	314 045.4	23 708	9.6	132 802	12.14
2009	340 902.8	25 608	9.2	133 450	11.95
2010	401 512.8	30 015	10.6	134 091	11.90
2011	472 881.6	35 181	9.5	134 735	11.93
2012	534 123.0	39 544	7.7	135 404	12.10
2013	588 018.8	43 320	7.7	136 072	12.08

年份	死亡率(‰)	第三产业生产总值占国内生产总值的比重(%)	第三产业从业人数占总从业人数的比重	第三产业发展水平	高技术产业从业人数(万人)
1995	6.57	32.862 7	24.8	0.612 3	448
1996	6.56	32.772 4	26.0	0.627 9	461
1997	6.51	34.173 9	26.4	0.694 2	430
1998	6.50	36.231 8	26.7	0.682 8	393

年份	死亡率(‰)	第三产业生产总值占国内生产总值的比重(%)	第三产业从业人数占总从业人数的比重	第三产业发展水平	高技术产业从业人数(万人)
1999	6.46	37.772 7	26.9	0.731 2	384
2000	6.45	39.020 4	27.5	0.726 8	390
2001	6.43	40.455 6	27.7	0.859 7	398
2002	6.41	41.467 5	28.6	0.846 0	424
2003	6.40	41.233 7	29.3	0.777 7	477
2004	6.42	40.381 5	30.6	0.813 9	587
2005	6.51	40.510 6	31.4	0.859 9	663
2006	6.81	40.938	32.2	0.887 6	744
2007	6.93	41.891 5	32.4	0.903 5	843
2008	7.06	41.822	33.2	0.902 7	945
2009	7.08	43.425 3	34.1	0.890 9	958
2010	7.11	43.235 5	34.6	0.848 5	1 092
2011	7.14	43.353 5	35.7	0.914 8	1 147
2012	7.15	45.4	36.1	0.931 2	1 269
2013	7.16	47.6	38.5	0.984 7	1 294

年份	高技术产业从业人数占总人数的比重(%)	高技术产品出口额占商品出口额比重(%)	高技术产业发展水平	产业结构优化水平	普通高等学校毕业生数(万人)
1995	0.369 9	6.8	0.302 9	0.457 6	80.5
1996	0.376 7	8.4	0.331 9	0.479 9	83.9
1997	0.347 8	8.9	0.324 7	0.509 5	82.9
1998	0.315 0	11.0	0.340 9	0.511 9	83.0
1999	0.305 3	12.7	0.362 9	0.547 1	84.8
2000	0.307 7	14.9	0.399 3	0.563 0	95.0
2001	0.311 8	17.5	0.442 9	0.651 3	103.6

续表

年份	高技术产业从业人数占总人数的比重(%)	高技术产品出口额占商品出口额比重(%)	高技术产业发展水平	产业结构优化水平	普通高等学校毕业生数(万人)
2002	0.330 1	20.80	0.505 1	0.675 5	133.7
2003	0.369 1	25.15	0.594 9	0.686 3	187.7
2004	0.451 6	27.90	0.682 1	0.748	239.1
2005	0.507 1	28.60	0.722 4	0.791 2	306.8
2006	0.566 0	29.04	0.760 4	0.824	377.5
2007	0.638 0	28.55	0.790 5	0.847	447.8
2008	0.711 6	29.05	0.837 1	0.869 9	511.9
2009	0.717 9	31.37	0.877 4	0.884 2	531.1
2010	0.814 4	31.21	0.925 6	0.887 1	575.4
2011	0.851 3	28.91	0.908 4	0.911 6	608.2
2012	0.937 2	29.30	0.959 7	0.945 5	624.7
2013	0.951 0	29.90	0.976 6	0.980 6	638.7

年份	劳动力素质水平	城镇居民人均年可支配收入(元)	农村居民人均年纯收入(元)	人民收入水平	城镇居民恩格尔系数(%)
1995	0.126 0	290.3	383.6	0.267 4	50.090 6
1996	0.131 4	301.6	418.1	0.285 4	48.760 9
1997	0.129 8	311.9	437.3	0.297 1	46.595 0
1998	0.130 0	329.9	456.1	0.311 7	44.661 0
1999	0.132 8	360.6	473.5	0.331 0	42.068 0
2000	0.148 7	383.7	483.4	0.344 2	39.442 2
2001	0.162 2	416.3	503.7	0.365 4	38.199 0
2002	0.209 3	472.1	527.9	0.397 6	37.676 4
2003	0.293 9	514.6	550.6	0.423 7	37.100 0
2004	0.374 4	554.2	588.0	0.454 4	37.700 0
2005	0.480 4	607.4	624.5	0.490 2	36.700 0

年份	劳动力素质水平	城镇居民人均年可支配收入(元)	农村居民人均年纯收入(元)	人民收入水平	城镇居民恩格尔系数(%)
2006	0.591 0	670.7	670.7	0.534	35.800 0
2007	0.701 1	752.5	734.4	0.592 1	36.289 5
2008	0.801 5	815.7	793.1	0.640 7	37.889 1
2009	0.831 5	895.4	860.6	0.699 4	36.516 1
2010	0.900 9	965.2	954.4	0.764 3	35.700 0
2011	0.952 2	1 046.3	1 063.2	0.839 6	36.300 0
2012	0.978 1	1 146.7	1 176.9	0.924 7	36.200 0
2013	1.000 0	1 227.0	1 286.4	1.000 0	35.000 0

年份	农村居民恩格尔系数(%)	居民消费价格指数	人民生活水平	社会发展水平	R&D 经费支出(亿元)
1995	58.6	117.1	0.222 6	0.198 5	348.7
1996	56.3	108.3	0.307 2	0.263 2	404.5
1997	55.1	102.8	0.380 8	0.318 1	509.2
1998	53.4	99.2	0.448 7	0.369 0	551.1
1999	52.6	98.6	0.515 2	0.419 6	678.9
2000	49.1	100.4	0.630 0	0.509 7	895.7
2001	47.7	100.7	0.681 5	0.551 6	1 042.5
2002	46.2	99.2	0.715 0	0.588 6	1 287.6
2003	45.6	101.2	0.740 2	0.628 6	1 539.6
2004	47.2	103.9	0.711 0	0.626 8	1 966.3
2005	45.5	101.8	0.764 8	0.693 7	2 450.0
2006	43.0	101.5	0.828 4	0.769 1	3 003.1
2007	43.1	104.8	0.828 7	0.796 8	3 710.2
2008	43.7	105.9	0.800 1	0.800 5	4 616.0
2009	41.0	99.3	0.871 4	0.861 4	5 791.9
2010	41.0	103.3	0.899 0	0.899 5	7 062.6

续表

年份	农村居民恩格尔系数（%）	居民消费价格指数	人民生活水平	社会发展水平	R&D 经费支出（亿元）
2011	40.4	105.4	0.911 5	0.921 7	8 687.0
2012	39.3	579.7	0.939 5	0.949 2	10 298.4
2013	37.7	594.8	1.000 0	1.000 0	11 846.6

年份	R&D 人员（万人年）	科技投入水平	国内外专利申请受理数（件）	大中型工业企业新产品销售收入（亿元）	科技产出水平
1995	75.17	0.121 1	83 045	2 620	0.032 0
1996	80.40	0.130 9	102 735	3 382	0.039 9
1997	83.12	0.139 1	114 208	3 631	0.044 1
1998	75.52	0.130 1	121 989	4 367	0.048 2
1999	82.17	0.144 9	134 239	5 550	0.054 7
2000	92.21	0.168 3	170 682	7 641	0.070 8
2001	95.65	0.179 4	203 573	8 794	0.083 8
2002	103.51	0.200 8	252 631	10 838	0.103 8
2003	109.48	0.219 9	308 487	14 098	0.128 6
2004	115.26	0.246 1	353 807	20 421	0.157 0
2005	136.48	0.296 6	476 264	24 097	0.203 8
2006	150.25	0.339 4	573 178	31 233	0.250 2
2007	173.62	0.402 3	693 917	40 976	0.309 9
2008	196.54	0.473 0	828 328	51 292	0.375 3
2009	229.10	0.568 7	976 686	57 978	0.436 9
2010	255.40	0.659 5	1 222 286	72 864	0.547 5
2011	288.30	0.774 7	1 633 347	88 650	0.712 2
2012	324.70	0.894 2	2 050 649	98 192	0.865 1
2013	353.30	1.000 0	2 377 061	112 562	1.000 0

年份	科技发展水平	环境污染治理投资总额(亿元)	环境污染治理投资水平	工业废水排放达标率(％)	工业固体废物综合利用率(％)
1995	0.054 3	—	—	55.4	42.9
1996	0.062 7	—	—	59.1	43.0
1997	0.067 9	—	—	61.8	45.6
1998	0.068 7	721.8	0.855 2	67.0	48.3
1999	0.077 2	823.2	0.918 0	72.1	51.2
2000	0.095 2	1 010.3	1.018 3	82.1	51.8
2001	0.107 7	1 106.6	1.009 2	85.6	52.1
2002	0.128 0	1 367.2	1.136 2	88.3	51.9
2003	0.151 5	1 627.7	1.198 4	89.2	54.8
2004	0.179 3	1 909.8	1.194 5	90.7	55.7
2005	0.227 0	2 388.0	1.303 4	91.2	56.1
2006	0.272 5	2 566.0	1.186 2	90.7	60.2
2007	0.333 0	3 387.3	1.274 3	91.7	62.1
2008	0.399 7	4 490.3	1.429 0	92.45	64.3
2009	0.469 9	4 525.3	1.327 4	94.23	67.0
2010	0.575 5	6 654.2	1.657 3	95.31	66.7
2011	0.727 8	6 026.2	1.274 4	96.52	60.5
2012	0.872 4	8 253.5	0.867 3	—	60.9
2013	1.000 0	9 516.5	1.000 0	—	62.2

年份	工业废水排放量(亿吨)	工业粉尘排放量(万吨)	环境污染速度	工业固体废综合利用量(万吨)	环境治理速度
1995	222.00	639.0	0.662 4	28 511.0	0.137 3
1996	205.90	562.0	0.604 2	28 365.0	0.136 6
1997	226.72	1 505.0	0.959 7	42 777.0	0.206 0
1998	200.47	1 322.0	0.845 7	33 387.0	0.160 8
1999	197.30	1 175.3	0.790 5	35 755.9	0.172 2

年份	工业废水排放量（亿吨）	工业粉尘排放量（万吨）	环境污染速度	工业固体废综合利用量（万吨）	环境治理速度
2000	194.2	1 092.0	0.756 5	37 451.2	0.180 4
2001	200.7	990.6	0.736	47 285.2	0.227 8
2002	207.2	941.0	0.732 7	50 061.2	0.241 1
2003	212.4	1 021.0	0.769 9	56 040.1	0.269 9
2004	221.1	904.8	0.748 9	67 795.9	0.326 5
2005	243.1	911.2	0.795 6	76 993.3	0.370 8
2006	240.2	808.4	0.755 6	92 601.0	0.446 0
2007	246.6	698.7	0.732 1	110 311.5	0.531 3
2008	241.7	584.9	0.684 4	123 481.9	0.594 8
2009	234.5	523.6	0.649 4	138 185.8	0.665 6
2010	237.5	448.7	0.630 6	161 772.0	0.779 2
2011	230.9	—	—	195 000.0	0.939 2
2012	221.6			204 467.0	0.984 8
2013	209.8	—	—	207 616.0	1.000 0

年份	能源加工转换效率（%）	能源消费弹性指数	能源消费量/GDP（吨标准煤/万元）	能源利用效率	能源生产量（万吨标准煤）
1995	71.05	0.63	2.157 7	0.487 8	129 034
1996	70.19	0.31	1.899 4	0.572 7	133 032
1997	69.76	0.06	1.721 0	0.632 5	133 460
1998	69.28	0.03	1.613 5	0.667 0	129 834
1999	69.25	0.42	1.567 5	0.683 0	131 935
2000	69.04	0.42	1.466 8	0.716 9	135 048
2001	69.34	0.40	1.371 6	0.752 5	143 875
2002	69.04	0.66	1.324 9	0.766 8	150 656
2003	69.40	1.53	1.353 2	0.759 4	171 906
2004	70.91	1.60	1.335 1	0.776 1	196 648

续表

年份	能源加工转换效率（%）	能源消费弹性指数	能源消费量/GDP（吨标准煤/万元）	能源利用效率	能源生产量（万吨标准煤）
2005	71.55	0.93	1.288 1	0.797	216 219
2006	71.24	0.76	1.195 8	0.827 3	232 167
2007	70.77	0.59	1.055 3	0.873 5	247 279
2008	71.55	0.41	0.928 0	0.923 6	260 552
2009	72.01	0.57	0.899 5	0.936 8	274 619
2010	72.83	0.58	0.809 3	0.974 2	296 916
2011	72.32	0.76	0.735 9	0.996 5	317 987
2012	—	0.51	0.677 2	—	331 848
2013	—	0.48	0.637 7	—	340 000

年份	能源消费量（万吨标准煤）	能源生产增长速度（%）	能源消费增长速度（%）	可持续发展水平	经济发展方式转变综合指数
1995	131 176	8.700 0	6.900 0	0.548 2	0.320 6
1996	135 192	3.098 4	3.061 5	0.600 6	0.365 6
1997	135 909	0.321 7	0.530 4	0.647 2	0.404 0
1998	136 184	−2.716 9	0.202 3	0.688 1	0.446 8
1999	140 569	1.618 2	3.219 9	0.720 1	0.481 0
2000	145 531	2.359 5	3.529 9	0.765 3	0.531 2
2001	150 406	6.536 2	3.349 8	0.793 2	0.564 6
2002	159 431	4.713 1	6.000 4	0.806 7	0.602 0
2003	183 792	14.105 0	15.280 0	0.816 1	0.635 5
2004	213 456	14.392 7	16.140 0	0.831 7	0.649 9
2005	235 997	9.952 3	10.560 0	0.845 0	0.693 3
2006	258 676	7.375 9	9.609 9	0.874 2	0.740 3
2007	280 508	6.509 1	8.439 9	0.907 0	0.773 2
2008	291 448	5.367 6	3.900 1	0.942 3	0.803 8
2009	306 647	5.398 9	5.215	0.963 6	0.867 4

年份	能源消费量 （万吨标准煤）	能源生产 增长速度 （%）	能源消费 增长速度 （%）	可持续发 展水平	经济发展 方式转变 综合指数
2010	324 939	8.119 2	5.965 2	0.984 0	0.916 1
2011	348 002	7.096 6	7.097 6	0.975 0	0.971 6
2012	361 732	4.359 0	3.945 4	0.981 7	0.983 2
2013	375 000	2.456 5	3.667 9	1.000 0	1.000 0

参考文献

［1］牛胜强:《发达国家转变经济发展方式趋势对我国的启示》,《现代财经(天津财经大学学报)》,2011 年第 11 期。

［2］Jeroen C. J. M. & Nijkamp P. Dynamic macro modelling and materials balance: Economic-environmental integration for sustainable development. Economic Modelling, 1994,11(3):283－307.

［3］Antoci A. ,Galeotti M. &Russu P. Undesirable economic growth via agents' self-protection against environmental degradation. Journal of the Franklin Institute,2007,344(5):377－390.

［4］Lopes J. , Ruddock L. & Ribeiro F. L. Investment in construction and economic growth in developing countries. Building Research and Information,2002,30(3):152－159.

［5］Khan S. &Levy D. Linking Economic Development to Highway Improvements: Pine Ridge Reservation,South Dakota. Transportation Research Record,2003(1848):106－113.

［6］Ertekin D. O. , Berechman J. & Ozbay K. Empirical Analysis of Relationship Between Accessibility and Economic Development. CU－13－RU922,38p,Jul 2003.

［7］Horst T. & Moore A. Industrial diversity, economic development, and highway investment in Louisiana. Transportation Research Record,2003(1839):136－141.

［8］Creasey E. A. Nation Building as a Determinent of Economic Growth. USNA-TSPR－386,78p,May 2010.

［9］Badran M. & Badran H. Promoting economic growth by broadband development in emerging countries: An empirical study. 2011 Technical Symposium at ITU Telecom World,2011: 199—204.

［10］JamesB. A. What are the mechanisms linking financial development and economic growth in Malaysia? Economic Modelling,2008,25(1):38—53.

［11］Xu Y. & Wang Y. Financial development and economic growth: An analysis based on provincial panel data. 2010 2nd IEEE International Conference on Information and Financial Engineering,2010: 655—658.

［12］Herwartz H. & Walle Y. M. Determinants of the link between financial and economic development: Evidence from a functional coefficient model. Economic Modelling, 2014, 37(2): 417—427.

［13］Liu F. , & Li B. , Zhu M. An empirical analysis on the relationship between logistics development and economic growth in Henan Province. 2010 International Conference of Logistics Engineering and Management,2010:2052—2058.

［14］Lean H. H. , Huang W. & Hong J. J. Logistics and economic development: Experience from China Original Research Article. Transport Policy,Volume,March 2014,32(3):96—104.

［15］Liu W. & Cui A. P. Role of producer services in regional economic growth: A study of Yangtze River Delta. 2006 IEEE International Conference on Service Operations and Logistics,and Informatics,2006:1079—1084.

［16］Liu D. X. & Fan Z. P. Model and its application for evaluating the contribution of foreign resources to economic growth. Dongbei Daxue Xuebao/Journal of Northeastern

University,2000,21(2):214—217.

[17] Xiao W. G. , Zhuo C. & Ding L. Empirical research on the interrelation between US FDI in China and Sino-US economic growth. 2008 International Conference on Management Science and Engineering 15th Annual Conference Proceedings, ICMSE,2008:816—82.

[18] Elsadig Musa Ahmed. Are the FDI inflow spillover effects on Malaysia's economic growth input driven. Economic Modelling,2012,29(4):1498—1504.

[19] Halmi M. The investment decision and the economic growth. Metalurgia International,2013,18(2):210—213.

[20] Shahbaz M. , Khan S. & Tahir M. I. The dynamic links between energy consumption, economic growth, financial development and trade in China: Fresh evidence from multivariate framework analysis. Energy Economics, 2013, 40 (11):8—21.

[21] Menyah K. , Nazlioglu S. & Wolde-Rufae Y. Financial development, trade openness and economic growth in African countries: New insights from a panel causality approach. Economic Modelling,2014,37(2):386—394.

[22] Bengochea-Morancho A. , Higón-Tamarit F. & Martínez-Zarzoso I. Economic growth and CO_2 emissions in the European Union. Environmental and Resource Economics,2001, 19(2):165—172.

[23] Yang H. Y. Coal consumption and economic growth in Taiwan. Energy Sources,2000,22(2):109—115.

[24] Huntington H. G. US carbon emissions, technological progress and economic growth since 1870. International Journal of Global Energy Issues,2005,23(4):292—306.

[25] Heinz Schandl, Steve Hatfield-Dodds & Thomas Wiedmann, etc. Decoupling global environmental pressure and economic growth: Scenarios for energy use, materials use and carbon emissions. Journal of Cleaner Production, 2015.

[26] Wichelns D., Barry J. J. & Müller M., etc. Co-operation regarding water and other resources will enhance economic development in Egypt, Sudan, Ethiopia and Eritrea. International Journal of Water Resources Development, 2003, 19 (4): 535—552.

[27] Hallowes J. S., Pott A. J & Dockel M. Managing water scarcity to encourage sustainable economic growth and social development in South Africa. International Journal of Water Resources Development, 2008, 24(3): 357—369.

[28] Halada K., Shimada M. & Ijima K. Decoupling status of metal consumption from economic growth. Nippon Kinzoku Gakkaishi/Journal of the Japan Institute of Metals, 2007, 71 (10): 823—830.

[29] Cheung K. Y. & Thomson E. Electricity consumption and economic growth in China: A cointegration analysis. International Conference on Management Science and Engineering-Annual Conference Proceedings, 2011: 1025—1031.

[30] Asafu-Adjaye J. The relationship between energy consumption, energy prices and economic growth: Time series evidence from Asian developing countries. Energy Economics, 2000, 22(6): 615—625.

[31] Baddour J. The macro-economic effect of oil incomes instability on the economic growth of oil-producing countries: The case of Kuwait. Revue de I'Energie, 2002(538): 433—440.

[32] Paul S. & Bhattacharya R. N. Causality between

energy consumption and economic growth in India: A note on conflicting results. Energy Economics,2004,26(6):977－983.

[33] Morimoto R. & Hope C. The impact of electricity supply on economic growth in Sri Lanka. International Conference on Energy and Power Systems,2006:211－215.

[34] Yoo S. H. & Jung K. O. Nuclear energy consumption and economic growth in Korea. Progress in Nuclear Energy, 2005,46(2):101－109.

[35] Mahadevan R. & Asafu-Adjaye J. Energy consumption, economic growth and prices: A reassessment using panel VECM for developed and developing countries. Energy Policy, 2007, 35 (4): 2481－2490.

[36] Shuai S. & Qi Z. Y. "Resource curse" effect on economic growth in Western Region of China. International Conference on Management Science and Engineering, 2008: 1310－131.

[37] Chang T. H. , Huang C. M. &Lee M. C. Threshold effect of the economic growth rate on the renewable energy development from a change in energy price: Evidence from OECD countries. Energy Policy,2009,37(12):5796－5802.

[38] Jin-ke L. , Wang F. H. & Song H. L. Differences in coal consumption patterns and economic growth between developed and developing countries. International Conference on Mining Science and Technology,ICMST,2009:1744－1750.

[39] Zhou M. , Wang B. J. & Ji F. Coalmining cities' economic growth mechanism and sustainable development analysis based on logistic dynamics model. Procedia Earth and Planetary Science,2009,1(1):1737－1743.

[40] Apergis N. & Payne J. E. On the causal dynamics

between renewable and non-renewable energy consumption and economic growth in developed and developing countries. Energy Systems,2011,2(3—4):299—312.

[41] Fondja W. & Yris D. Energy consumption and economic growth: Evidence from Cameroon. Energy Policy, 2013,61(10):1295—1304.

[42] Canan Sentürk & Ceyda Sataf. The determination of panel causality analysis on the relationship between economic growth and primary energy resources consumption of Turkey and Central Asian Turkish Republics. Procedia-Social and Behavioral Sciences,2015,195:393—402.

[43] Michael Betz, Mark D. Partridge & Michael Farren, etc. Coal mining, economic development, and the natural resources curse. Energy Economics,2015,50:105—116.

[44] Associates B. , Maplewood N. J. Influence of R & D Expenditures on New Firm Formation and Economic Growth. Small Business Administration,Washington,DC. ,36p,Oct 2002.

[45] Jalava J. & Pohjola M. Economic growth in the New Economy: Evidence from advanced economies. Information Economics and Policy,2002,14(2):189—210.

[46] Meng F. C. & Sun W. Correlation analysis on technology import and China's economic growth. Journal of Beijing Institute of Technology(English Edition),2007,16(11):163—169.

[47] He Y. & Zhu K. J. A soft computing method to estimate the effect of production factors on economic growth. 2007 IEEE Congress on Evolutionary Computation,2007:4337—4343.

[48] Farhadi M. & Ismail R. Does information and

communication technology development contributes to economic growth?. Journal of Theoretical and Applied Information Technology,2012,39(1):11—16.

[49] Vu K. M. Information and communication technology (ICT) and Singapore's economic growth. Information Economics and Policy,2013,25(4)284—300.

[50] Silaghi M. I,P. , Alexa D. & Jude C. Cristian Litan Do business and public sector research and development expenditures contribute to economic growth in Central and Eastern European Countries? A dynamic panel estimation. Economic Modelling,2014,36(1):108—119.

[51] Abdelgalil E. A. & Cohen S. I. Economic development and resource degradation: Conflicts and policies. Socio-Economic Planning Sciences,2007,41(2):107—129.

[52] Bener A. , Yousif A. & Al-Malki M. A. ,etc. Is road traffic fatalities affected by economic growth and urbanization development? Advances in Transportation Studies, 2011 (23): 89—96.

[53] Esteban-Pretel J. & Sawada Y. On the role of policy interventions in structural change and economic development: The case of postwar Japan. Journal of Economic Dynamics and Control,2014,40(3):67—83.

[54] Danju I. , Maasoglu Y. & Maasoglu N. The East Asian model of economic development and developing countries. Procedia-Social and Behavioral Sciences, 2014, 109 (1): 1168—1173.

[55] Randall Akee, Miriam Jorgensen & Uwe Sunde. Critical Junctures and Economic Development-Evidence from the Adoption of Constitutions Among American Indian Nations.

Journal of Comparative Economics,2015.

  [56] 吴树青:《转变经济发展方式是实现国民经济又好又快发展的关键》,《前线》,2008 年第 1 期。

  [57] 黄泰岩:《转变经济发展方式的内涵与实现机制》,《求是》,2007 年第 18 期。

  [58] 白雪飞:《转变经济发展方式的内涵及博弈相容机制研究》,《社会科学辑刊》,2011 年第 2 期。

  [59] 王宁西,张文婷:《加快转变经济发展方式的时代内涵》,《北京交通大学学报(社会科学版)》,2012 年第 1 期。

  [60] 温大安:《论转变经济发展方式的重要意义》,《求实》,2011 年第 S1 期。

  [61] 黄家顺,邬沈青:《转变经济发展方式的新内涵与新路径》,《江汉论坛》,2014 年第 12 期。

  [62] 周叔莲:《十七大为什么提出转变经济发展方式》,《中国党政干部论坛》,2008 年第 2 期。

  [63] 姜作培:《转变经济发展方式与转变经济增长方式的区别和联系》,《党政论坛》,2008 年第 2 期。

  [64] 胡学勤:《经济增长方式与经济发展方式的联系与差别》,《经济纵横》,2008 年第 1 期。

  [65] 张光辉:《经济发展方式转变的逻辑内涵》,《现代经济探讨》,2011 年第 8 期。

  [66] 王一鸣:《转变经济发展方式的现实意义和实现途径》,《理论视野》,2008 年第 1 期。

  [67] 戴翔:《战略机遇期新内涵与我国对外经济发展方式转变》,《经济学家》,2013 年第 8 期。

  [68] 张志敏,何爱平:《对外经济发展方式转变:理论阐释与路径选择》,《经济与管理评论》,2015 年第 3 期。

  [69] 李陈,李家祥:《马克思的发展方式观及其对转变经济发展方式的启示》,《经济学家》,2013 年第 10 期。

[70] 钱津:《论加快中国经济发展方式的转变》,《学习与探索》,2008 年第 1 期。

[71] 李京文:《转变经济发展方式,大力发展现代服务业》,《经济研究参考》,2008 年第 9 期。

[72] 钟芸香:《转变经济发展方式与中部崛起》,《山东社会科学》,2008 年第 2 期。

[73] 刘旭青:《创新驱动:转变经济发展方式的战略选择》,《社科纵横》,2013 年第 9 期。

[74] 肖翔,武力:《大国视角下中国产业结构与经济发展方式演变研究》,《教学与研究》,2015 年第 1 期。

[75] 张玉梅:《基于转变经济发展方式视角的欠发达地区自主创新问题研究》,《消费导刊》,2008 年第 3 期。

[76] 钞小静:《试析经济发展方式转变的创新驱动机制》,《黑龙江社会科学》,2013 年第 4 期。

[77] 潘宏亮:《创新驱动引领产业转型升级的路径与对策》,《经济纵横》,2015 年第 7 期。

[78] 郭晗,任保平:《经济发展方式转变的路径依赖及其破解路径》,《江苏社会科学》,2013 年第 4 期。

[79] 刘郭方:《我国经济发展方式转变的政策环境制约因素研究》,《改革与战略》,2013 年第 5 期。

[80] 邵慰:《经济发展方式的全面转型:基于政府行为的视角》,《经济与管理研究》,2014 年第 9 期。

[81] 周灵:《经济发展方式转变视角下的环境规制研究》,《生态经济》,2014 年第 8 期。

[82] 孟微蕾,潘建伟,朝克:《发展生态消费促进经济发展方式转变的思考》,《消费经济》,2015 年第 1 期。

[83] 周叔莲,刘戒骄:《如何认识和实现经济发展方式转变》,《理论前沿》,2008 年第 6 期。

[84] 周叔莲:《加快经济发展方式的转变》,《新视野》,2010

年第 3 期。

[85] 王军:《完善经济发展方式转变的动力问题研究》,《理论学刊》,2009 年第 9 期。

[86] 徐徐,王相白:《若干国家和地区转变经济发展方式的经验与教训》,《科技管理研究》,2010 年第 16 期。

[87] 辜胜阻,王敏,李洪斌:《转变经济发展方式的新方向与新动力》,《经济纵横》,2013 年第 2 期。

[88] 夏先良:《加快改革开放步伐:转变开放经济发展方式的基石》,《国际贸易》,2013 年第 3 期。

[89] 路风,余永定:《"双顺差"、能力缺口与自主创新——转变经济发展方式的宏观和微观视野》,《中国社会科学》,2012 年第 6 期。

[90] 王颂吉,白永秀:《转变经济发展方式的影响因素与战略举措》,《未来与发展》,2013 年第 6 期。

[91] 杜军:《我国经济发展方式的特征及转变路径分析》,《商业时代》,2013 年第 22 期。

[92] 任保平:《新常态下以再工业化推进经济发展方式转变的路径选择》,《社会科学辑刊》,2015 年第 3 期。

[93] 于新东,牛少凤:《中国加快形成新的经济发展方式的内涵、动力、路径与政策研究》,《经济研究参考》,2013 年第 22 期。

[94] 李翀:《论加快推进我国经济发展方式转变的核心发展战略》,《中山大学学报(社会科学版)》,2014 年第 1 期。

[95] 张群,孙志燕:《加快经济发展方式转变应着力转变政府职能》,《经济纵横》,2013 年第 6 期。

[96] 程宏斌:《转变经济发展方式　实现可持续协调发展》,《发展》,2013 年第 10 期。

[97] 范剑勇,莫家伟:《城市化模式与经济发展方式转变——兼论城市化的方向选择》,《复旦学报(社会科学版)》,2013 年第 3 期。

［98］冷兆松:《扩大内需是经济转型的重要战略基点——扩大内需与转变经济发展方式问题研究述评》,《管理学刊》,2013 年第3 期。

［99］李英,陈立华:《拉动消费—转变经济发展方式的必然选择》,《河北经贸大学学报》,2014 年第 1 期。

［100］陈明鹤,魏亚男:《扩大信息消费促进我国经济发展方式转变》,《辽宁行政学院学报》,2015 年第 4 期。

［101］周绍朋:《加快转变经济发展方式与促进区域经济科学发展》,《区域经济评论》,2013 年第 1 期。

［102］李言规:《湖南转变经济发展方式的能力测评与对策研究——基于 2008—2010 年面版数据的 DEA 分析》,《中南林业科技大学学报(社会科学版)》,2012 年第 6 期。

［103］尹合伶:《创新安徽经济发展方式研究》,《华东经济管理》,2013 年第 5 期。

［104］韩君,梁亚民:《经济发展方式区域差异与生态经济模式选择——基于甘肃省 14 市(州)数据实证研究》,《甘肃社会科学》,2013 年第 2 期。

［105］熊健益,蒋志华,李海霞:《成都市经济发展方式转变的实证分析》,《统计与信息论坛》,2008 年第 6 期。

［106］韩和林:《资源与环境约束下经济发展方式的转变——基于山西省的典型分析和实证检验》,《江苏经贸职业技术学院学报》,2009 年第 2 期。

［107］李志平,刘世奎:《经济发展方式转变的动力测算及实证》,《统计与决策》,2010 年第 11 期。

［108］何菊莲,张轲,唐未兵:《我国经济发展方式转变进程测评》,《经济学动态》,2012 年第 11 期。

［109］关浩杰:《经济发展方式转变评价指标体系构建及应用研究——以河南省为例》,《河北工程大学学报(社会科学版)》,2012 年第 4 期。

[110] 王坤:《资源型地区经济发展方式转变的指标构建及测评》,《工业技术经济》,2012年第6期。

[111] 尹奥,袭著燕,刑旭东:《山东经济发展方式转变评价指标体系构建研究》,《科技和产业》,2012年第4期。

[112] 韩晓明:《转变经济发展方式进程测评体系构建》,《新疆财经》,2013年第1期。

[113] 戴卫东,肖玉巧,顾英伟:《辽宁省转变经济发展方式指标体系建立与分析研究》,《中国市场》,2013年第16期。

[114] 蓝晓宁:《欠发达地区经济发展方式转变路径研究》,《统计与决策》,2013年第18期。

[115] 林海潮:《转变经济发展方式效果的综合评价模型研究及实证分析》,《湖南行政学院学报》,2015年第4期。

[116] 许端阳,陈刚,赵志耘:《2001—2010年我国科技支撑经济发展方式转变的效果评价》,《科技管理研究》,2015年第1期。

[117] 李志华:《用总需求—总供给模型分析经济发展方式转变》,《中国人口·资源与环境》,2012年第S1期。

[118] 姜照华,刘则渊,丛婉,等:《科技进步与中国经济发展方式转型优化分析——共生理论的视角》,《科学学研究》,2012年第12期。

[119] 黄永兴,刘佩:《中国经济发展方式转变效果测评与路径选择》,《安徽工业大学学报(社会科学版)》,2012年第6期。

[120] 丁刚,陈阿凤:《我国省域经济发展方式转变的空间关联模式研究》,《华东经济管理》,2012年第10期

[121] 孙晓雷,何溪:《新常态下高效生态经济发展方式的实证研究》,《数量经济技术经济研究》,2015年第7期。

[122] 周荣荣,吴熙云,郭家欣:《转变经济发展方式的内生动力机制研究——基于江苏经济发展的实证分析》,《现代经济探讨》,2013年第7期。

[123] 裴卫旗:《中国经济发展方式合理性转变的定量评价》,《中州学刊》,2013 年第 2 期。

[124] 关欣,乔小勇,孟庆国:《高技术产业发展与经济发展方式转变的关系研究》,《中国人口·资源与环境》,2013 年第 2 期。

[125] 杜栋,顾继光:《转变经济发展方式背景下城市经济转型评价体系的构建》,《区域经济评论》,2013 年第 5 期。

[126] 白雪飞:《我国经济发展方式转变协调度研究——基于 1995—2010 年的数据》,《辽宁大学学报(哲学社会科学版)》,2013 年第 5 期。

[127] 王少林:《高新技术产业与经济发展方式转变的动态影响研究》,《统计与决策》,2013 年第 1 期。

[128] 李言规:《湖南转变经济发展方式的能力测评与对策研究——基于 2008—2010 年面版数据的 DEA 分析》,《中南林业科技大学学报(社会科学版)》,2012 年第 6 期。

[129] 汪素芹:《中国经济发展方式转变与外贸发展方式转变相互影响的实证分析》,《国际贸易问题》,2014 年第 1 期。

[130] 李树,鲁钊阳:《省域经济发展方式转变的测度及影响因素研究》,《云南财经大学学报》,2015 年第 3 期。

[131] 沈坤荣,等:《经济发展方式转变的机理与路径》,人民出版社,2011 年。

[132] 赵振华:《加快经济发展方式转变十讲》,中共中央党校出版社,2010 年。

[133] 国务院发展研究中心课题组:《转变经济发展方式的战略重点》,中国发展出版社,2010 年。

[134] 张仲宁,白鹏飞:《佩鲁〈新发展观〉述评》,《广西青年干部学院学报》,2007 年第 4 期。

[135] Concept and Measurement of Human Development. Human Development Report 1990. http://hdr. undp. org/en/

reports/global/hdr1990/.

[136] Gulbrandsen M. & Smeby J. Industry funding and university professor's research performance. Research Policy, 2005,34(6):932—950.

[137] 袁春振:《"转变经济发展方式"新表述的背景与原因分析》,《现代商业》,2008年第20期。

[138] 曹成喜:《转变经济发展方式的国际经验及启示》,《特区经济》,2010年第5期。

[139] 舒克龙:《美国、日本、韩国经济发展对我国的启示》,《中共郑州市委党校学报》,2013年第1期。

[140] 叶学平:《转变经济发展方式的国际经验、教训及启示》,《学习月刊》,2011年第15期。

[141] 张华荣,陈伟雄,方忠:《加快转变经济发展方式的国际经验与中国抉择》,《东南学术》,2013年第5期。

[142] 阎坤,于树一:《影响经济发展方式因素分析:各国实践及经验》,《涉外税务》,2008年第3期。

[143] 迟福林:《消费主导——中国转型大战略》,中国经济出版社,2012年。

[144] 潘云涛:《科技评价理论、方法及实证》,科学技术文献出版社,2008年。

[145] 李旭:《社会系统动力学——政策研究的原理、方法和应用》,复旦大学出版社,2009年。

[146] 王其藩:《系统动力学》,上海财经大学出版社,2009年。

后　记

　　本书全面梳理了资源、环境与我国经济发展方式转变的内涵,从我国资源与环境现状,以及经济发展转变进程的现状及问题入手,对我国经济发展转变进行评价与分析,揭示影响经济发展方式转变的关键因素,并对经济发展方式转变中的需求结构、产业结构及要素投入结构进行剖析,构建基于资源与环境双重约束下的我国经济发展方式转变的系统动态仿真模型,最后提出我国经济发展方式转变的战略及对策建议。

　　本书是在国家社科基金青年项目"资源与环境双重约束下我国经济发展方式转变的实证研究"(项目号:11CJL052)的基础上形成的。2013年年底完成初稿,2014年3月提交结项审批,2015年10月完成修改,形成本书。本书的研究着重于资源与环境双重约束下的我国经济发展方式转变的实证研究,历时三年多的时间,期间搜集了大量有关资源、环境、经济、社会发展的数据,由于部分数据搜集的滞后性和不可获性,书中大部分数据截止到2013年,对于大量模型构建而言,全方位描述了资源、环境约束下我国经济发展方式转变的全貌,已能较好地刻画了我国经济发展方式转变的基本情况和关键问题,取得了一定的研究成果。在进一步修改期间,笔者又更新完善了部分数据,重新构建了评价指标体系和系统动力等模型。在后续的研究中,我们将继续关注我国经济发展方式转变的进程,通过实践验证本书研究获得的相关结论,并进一步在实践活动的基础上一方面不断调整模型的适用性,一方面不断完善对策体系,为加快我国经济发展方式转变做出更多的探索。

在本书即将出版之际,感谢全国哲学社会科学规划办公室给予的资助,感谢江苏大学专著出版基金的资助,感谢本书参考文献中的各位学者,他们的研究成果为我带来了许多启发和帮助。此外,我的研究生朱华丽、江婷、魏啸、李馨、张悦、李纪参与课题的研究和本书的修改。特别感谢施佳烨同学对本书进行了认真的修改和校对。江苏大学出版社编辑柳艳和校对老师为本书的出版付出了辛劳和汗水,在此一并表示感谢!